Christoph Biermann hat ein so außergewöhnliches wie verblüffendes Fußballbuch geschrieben. Auf der Suche nach dem perfekten Spiel hat er mit Meistertrainer Felix Magath Fußball und Schach verglichen, ist in die Welt der Fußballdaten eingetaucht und hat das geheimnisvolle Laboratorium des AC Mailand besucht. Mit Lionel Messi hat er über Computerspiele gesprochen und einen Ökonomen gefunden, der Fußball berechenbar machen will.

Fußball ist unschlagbar einfach. Zugleich aber sind seine Möglichkeiten unerschöpflich und in den letzten Jahren immer weiter erforscht worden. Fußball hat seine digitale Wende erlebt und eine Invasion der Wissenschaftler. Das Spiel ist dadurch schneller geworden, taktisch anspruchsvoller und aufregender. Dieses Buch beschreibt den Stand der Dinge und dringt zugleich in die Grenzbereiche der neuen Fußballwissenschaft vor.

Der Leser erfährt, warum die wahre Fußballkunst in der Offensive liegt und wie man sie am besten erlernt. Biermann erklärt, wie man einen Elfmeter schießen sollte, warum die Drei-Punkte-Regel den Fußball defensiver gemacht hat und wie Klubs grobe Fehler bei Spielertransfers vermeiden können. Wir werden von überkommenen Meinungen Abschied nehmen müssen, aber in den allgegenwärtigen Diskussionen über Fußball smartere Antworten darauf geben können, wie es zu Sieg und Niederlage kommt.

Christoph Biermann
Die Fußball-Matrix

Auf der Suche
nach dem perfekten Spiel

Kiepenheuer
& Witsch

Mix
Produktgruppe aus vorbildlich
bewirtschafteten Wäldern und
anderen kontrollierten Herkünften
Zert.-Nr. SGS-COC-1940
www.fsc.org
© 1996 Forest Stewardship Council

Verlag Kiepenheuer & Witsch, FSC-DEU-0096

5. Auflage 2009

© 2009 by Verlag Kiepenheuer & Witsch GmbH & Co. KG, Köln
Alle Rechte vorbehalten. Kein Teil des Werkes darf in irgendeiner Form
(durch Fotografie, Mikrofilm oder ein anderes Verfahren) ohne schriftliche Genehmigung des Verlages reproduziert oder unter Verwendung
elektronischer Systeme verarbeitet, vervielfältigt oder verbreitet werden.
Umschlaggestaltung: Rudolf Linn, Köln
Umschlagmotiv: © Rudolf Linn, Köln,
unter Verwendung eines Fotos von Fotolia/Michael Flippo
Autorenfoto: © Bettina Fürst-Fastré
Gesetzt aus der Neuen Helvetica Condensed und der Stempel Garamond
Satz: Buch-Werkstatt GmbH, Bad Aibling
Druck und Bindung: GGP Media GmbH, Pößneck
ISBN 978-3-462-04144-6

Für Theo, meinen Vater

»Sinnloser als Fußball ist nur noch eins:
Nachdenken über Fußball.«
Martin Walser

Inhalt

Prolog
Fußball wie im Himmel 11

Kapitel 1
Der neue Weg zum Sieg 14

*Ein Fußballwunder in der Provinz 14 – David am Ball 20 –
Vom Zauber der Zahlen 22 – Statistik und Wahrheit 25 –
Der berechnete Spieler 30 – Eine Idee macht Karriere 34*

Kapitel 2
Die Digitalisierung des Fußballs 38

*Vom visuellen Gedächtnis zum optischen Speicher 38 –
Messi spielt sich selbst 44 – Fußball als Spiel der Zahlen 48 –
Der gläserne Spieler 52*

Kapitel 3
Von der Berechenbarkeit des Spiels 68

*Bestechung rechnen 68 – Der Fluch der drei Punkte 75 –
Der verschwundene Heimvorteil 79 – Spieltheorie vom Elfmeterpunkt 82 –
Die große Widerlegungsmaschine 88*

Kapitel 4
Körpertuning 93

*Fußball ist Schach 93 – Die ratlose Suche nach der Fitness 96 –
Formel 1 vs. Monster-Trucks 103 – Bordcomputer des Fußballs 108 –
Dark Side of the Moon 117*

Kapitel 5
In Raum und Zeit 127

Feldgrößen 127 – »Verteidigen kann jeder« 133 – Planvoll angreifen 142 – Speedfreaks 151

Kapitel 6
Superstars von morgen 158

Das Rätsel der frühen Früchte 158 – Talentsuche im Footbonaut 165 – Anders lernen 168

Kapitel 7
Wahrscheinlichkeiten am Ball 174

Von der Wahrscheinlichkeitsrechnung zum langen Ball 174 – Mathematiker am Tippzettel 180 – High-End des Wettens 186

Kapitel 8
Die hohe Kunst des Fehleinkaufs 190

Mein Auto, mein Haus, mein Fußballstar 190 – Video- und Datascouting 197 – Im Cluster von Zidane 204

Kapitel 9
Die Fußball-Matrix 208

Fußball als Modell 208 – Im Schatten der Zahlen 222 – Die Macht des Zufalls 230

Kapitel 10
Detail und Chaos 235

Das Genie des Otto Rehhagel 235 – Führer in die Unwahrscheinlichkeit 237 –

Danksagung 245
Register 248

Prolog
Fußball wie im Himmel

An diesem Maiabend des Jahres 1960 in Glasgow drängen sich 127 000 Zuschauer auf den Rängen des Hampden Parks, um Real Madrid gegen Eintracht Frankfurt spielen zu sehen. Die größte Menschenmenge, die jemals ein Europapokalfinale gesehen hat, ist erstaunlich leise. Es gibt keine Gesänge, keine Anfeuerungsrufe, sondern immer nur ein fast andächtiges Raunen, wenn den Stars um Alfredo di Stefano und Ferenc Puskás wieder ein kleines Kunststück am Ball gelingt. Wenn der Ball zu kreiseln beginnt, tut er das ohne die Dynamik, Athletik und Schnelligkeit von heute. Trotzdem ist es auch heute immer noch schön anzuschauen. Es gibt prasselnden Beifall für die sieben Tore der Spanier und die drei Treffer der Frankfurter, und immer spürt man die unschuldige und zutiefst ehrliche Freude des Publikums darüber, dass sie das hier sehen dürfen. »Die beste Vereinsmannschaft, die die Welt jemals gesehen hat«, sagt der Kommentator der BBC.

Zehn Jahre später sind die Bilder des WM-Endspiels zwischen Brasilien und Italien schon in Farbe, doch es stellt sich das gleiche Gefühl ein: So muss Fußball im Himmel sein. Hier sind es die Südamerikaner um Pelé, die mit ihren Kombinationen, mit ihrer Ballsicherheit und Dynamik einen neuen Standard setzen. 1986 ist es Maradona mit seinem Solo bei der Weltmeisterschaft in Mexiko gegen England, dem wahrscheinlich besten

Dribbling aller Zeiten, das Lionel Messi im Trikot des FC Barcelona gegen Getafe auf gespenstische Weise fast exakt wiederholte.

2000 schaue ich in den belgischen und holländischen Stadien zu, wie Frankreich Europameister wird, und denke erneut, dass es kaum besser geht als mit dieser Mannschaft und diesem Zidane. Doch dann kommt 2009 der FC Barcelona, und erreicht er beim Gewinn der Champions League nicht Perfektion? Jetzt aber wirklich und endgültig!

Die Geschichte des Fußballs ist voll solcher Momente, in denen das Spiel ganz bei sich ist. Doch schon im nächsten Moment ist das perfekte Spiel verflogen, und die Suche danach beginnt von vorn. Immer aufwendiger wird sie, ständig neue Wege geht sie, und was dabei passiert, davon handelt dieses Buch.

Es erzählt von einer Recherche-Reise, die von Kalifornien über Nordbaden nach London, Wolfsburg, Barcelona und Mailand führt. Es beschreibt die digitale Wende des Fußballs und seine Verwandlung in ein Spiel der Zahlen. Es stellt die Entwicklung zu einem weniger zufälligen Spiel vor und gerät in Grenzbereiche, wo Fußball auf Science-Fiction trifft. Die Dinge ändern sich, während so viel über Fußball gesprochen und geschrieben wird wie nie. Doch einfach nur Meinungen zu haben ist passé. Heute geht es um Wissen – oder den Versuch, es zu erlangen.

Viele Fans schauen mit großer Sorge auf die vermeintliche Verwissenschaftlichung des Fußballs. Dabei hat sich nichts geändert. Die Idee des Spiels bleibt unschlagbar einfach, und zugleich sind seine Möglichkeiten komplex und unerschöpflich. Deshalb wird das Spiel auch nichts von seinem Zauber verlieren, wenn wir smartere Antworten darauf finden, wie es zu Sieg und Niederlage kommt. In Wirklichkeit macht es die Diskussionen darüber sogar noch aufregender und interessanter. Und die Bemühungen der Spieler, Trainer und Manager führen nur dazu, dass wir bald wieder andächtig und staunend dasitzen, weil wir einen neuen Moment der Perfektion erleben, der vermutlich nie übertroffen wird. Jedenfalls nicht bis morgen.

Kapitel 1
Der neue Weg zum Sieg

Ein Fußballwunder in der Provinz

Ich kam an einem jener Tage nach Hoffenheim, als der Trainingsplatz neben der Tankstelle am Ortseingang wieder mal eine internationale Pilgerstätte war. Vor dem Pressecontainer standen Journalisten aus Bosnien, die mit wackeligen Videokameras jeden Schritt ihres Landsmanns Vedad Ibišević dokumentierten, der so viele Tore zur Hoffenheimer Sensation beigesteuert hatte. Drinnen machten sich Reporter aus Belgien und Frankreich Notizen, weil ihnen Assistenztrainer Peter Zeidler alles in fließendem Französisch erklären konnte. Auf dem Tisch lag ein dicker Ordner mit Zeitungsausschnitten. Die *New York Times*, der *Observer* aus London oder die italienische *Gazzetta dello Sport* waren schon da gewesen, und selbst japanische Zeitungen hatten über das Fußballwunder aus Deutschland geschrieben.

Nirgendwo auf der Welt konnte man sich in diesen Wochen im November 2008 dem Reiz der Geschichte vom Klub aus dem Dorf mit gut dreitausend Einwohnern entziehen, der dank eines schwerreichen Unternehmers, der als Jugendlicher selbst in diesem Verein gespielt hatte, in die höchste Spielklasse aufgestiegen war. Das allein wäre schon verblüffend genug gewesen, aber die TSG 1899 Hoffenheim spielte in ihrer ersten Bundesligasaison auch noch so mitreißend, dass sie am Ende der Hinserie den ersten Platz belegte. So etwas hatte es in Deutschland noch nie gegeben.

Trotzdem hatten der rasante Aufstieg des Klubs und sein Mäzen gemischte Reaktionen hervorgerufen. Gegnerische Fans hatten Dietmar Hopp teilweise heftig beleidigt. Sie warfen dem milliardenschweren Unternehmer vor, durch gewaltige Investitionen Hoffenheim einfach in die Bundesliga gekauft zu haben. Das war nicht ganz von der Hand zu weisen, denn vom langsamen Aufbau mit Nachwuchsspielern aus der Region war man in Hoffenheim irgendwann abgekommen und hatte viel Geld in junge Talente aus der ganzen Welt investiert. Statt aus Heidelberg oder Mannheim stammten sie nun aus Brasilien, Nigeria oder Frankreich. Doch mit den Siegen und den teilweise mitreißenden Auftritten waren die Beschwerden leiser geworden, weil die Mannschaft deutlich besser spielte, als es der Personaletat vorgegeben hätte. Dem Team von Trainer Ralf Rangnick gelang, was in der Finanzwelt *Outperformance* oder auch *Overperformance* genannt wird. Es war besser als der Markt, in diesem Fall als die Konkurrenz in der Bundesliga. Tabellenführer Hoffenheim ließ eine Halbserie lang, in der alles passte, namhafte Klubs wie den FC Bayern, Schalke 04, den Hamburger SV oder Werder Bremen hinter sich, die deutlich mehr für Spieler ausgaben. In der Wahrnehmung des Publikums wurden die anfangs skeptisch beobachteten Hoffenheimer zu einem David, der sich mit besonderer Raffinesse gegen die Goliaths der Branche durchsetzte.

In aller Welt lieben Fußballfans Geschichten von erfolgreichen Underdogs. Manchmal beschränken sich die Legenden auf einzelne Spiele, wie den deutschen Finalsieg bei der Weltmeisterschaft 1954 gegen die zuvor über vier Jahre unbesiegten Ungarn. Mal erzählen sie vom sensationellen Ausgang internationaler Turniere, wie dem Gewinn der Europameisterschaft 1992 durch Dänemark, die als Nachrücker quasi ohne Vorbereitung antraten. Zwölf Jahre später konnte der große Außenseiter Griechenland den Titel gewinnen, obwohl damit niemand gerechnet hatte.

Einzelne Spiele oder auch der Verlauf von Turnieren können maßgeblich vom Glück beeinflusst sein. Wenn Phänomene jedoch eine längere Halbwertszeit haben, reicht Zufall als Erklärung nicht mehr aus. Dann stellen sich die Fragen grundsätzlicher. Warum haben die Niederlande seit vier Jahrzehnten fast ununterbrochen eine hervorragende Fußball-Nationalmannschaft, obwohl das Land nur 16 Millionen Menschen hat, während das der traditionsreichen Fußballnation Rumänien mit fünf Millionen Einwohnern mehr nur hin und wieder gelingt? Wie hat es Norwegen in den neunziger Jahren bis auf Platz zwei der FIFA-Weltrangliste geschafft, obwohl dort sogar nur fünf Millionen Menschen unter klimatischen Bedingungen leben, die oft auch zum Fußballspielen nicht gut sind?

Im Vereinsfußball gibt es ebenfalls immer wieder Klubs, die ihre Möglichkeiten weit übertreffen. Diese werden eigentlich von der finanziellen Ausstattung bestimmt, von der Größe des Stadions und wie viele Zuschauer regelmäßig kommen, von der Wirtschaftskraft seiner Region und wie attraktiv ein Verein für Sponsoren ist. Mancherorts ist die Konkurrenz anderer Fußballklubs in der Nähe stark oder die anderer Sportarten. Manche Mäzene oder Vereinseigentümer gleichen bestehende Nachteile aus. Doch nimmt man all diese Faktoren zusammen, ergibt sich ein Rahmen – den einige Klubs regelmäßig sprengen.

Der AJ Auxerre schaffte es, sich mit dem knorrigen Trainer Guy Roux über fast drei Jahrzehnte in der französischen höchsten Spielklasse zu halten. Der Klub erreichte zwischendurch sogar die internationalen Wettbewerbe, trotz eines Standortes von nur 40 000 Einwohnern, weit abgelegen in der französischen Provinz. Der FC Wimbledon marschierte in den achtziger Jahren mit seiner *Crazy Gang* verrückter Spieler aus dem Amateurfußball in die erste Liga durch. Er hielt sich dort 14 Jahre und gewann sogar den englischen Pokal, dabei hatte der Klub aus dem Südwesten Londons die schlechtesten Zuschauerzahlen der Liga. Wie konnte ein Oberstudienrat für Sport, Geschichte und Gemeinschaftskunde namens Volker Finke den verschlafenen Zweitligisten SC Freiburg in die Bundesliga führen und dort etablieren? Warum tauchte Rosenborg Trondheim regelmäßig in der Champions League auf, und was macht man eigentlich im spanischen Städtchen Villarreal richtig, wo es der kleine FC ebenfalls mehrfach in die Championsleague schaffte.

All diese Klubs glichen Konkurrenznachteile durch besondere Strategien aus, die manchmal bewusst gewählt waren und manchmal nur intuitiv. Auch bei meinem Besuch in Hoffenheim standen Beobachter am Trainingsplatz, die herausfinden wollten, ob es dort ebenfalls solche Strategien gab. Die Gruppe der finnischen Trainer und jene aus Kroatien wollten Erkenntnisse für die Arbeit mit ihren eigenen Mannschaften nutzen. Mit jedem Sieg hatten mehr Trainer angefragt, ob sie in Hoffenheim hospitieren dürften. Es hatte intern sogar kontroverse Diskussionen darüber gegeben, wie weit sie ihre Türen für Kollegen öffnen wollten. Rangnick war eher entspannt in dieser Frage gewesen, doch andere wollten nicht so gerne das preisgeben, was sie für ihre Betriebsgeheimnisse hielten.

So freute es mich, dass mir Manager Jan Schindelmeiser ausführlich die Arbeitsweise des Klubs erklärte und die Pläne für das neue Trainingszentrum zeigte, das damals noch in Bau war und inzwischen eines der modernsten der Welt ist. Außerdem machte Schindelmeiser eine kleine Führung durch das bestehende Gebäude. Als er dort Tür um Tür öffnete, wurde das zu einer Vorführung dessen, was Fußball heute auch ausmacht. Zehn Jahre zuvor wäre es kaum vorstellbar gewesen, dass im Kraftraum eines Bundesligisten ein Athletiktrainer wie Rainer Schrey sich nicht nur inmitten modernster Trainingsgeräte befindet, sondern mit zwei Ingenieuren auch noch die Programmierung einer sogenannten *twall* überarbeitet. An dieser Wand mit wechselnden Lichtern sollen die Profis ihre Reaktionsfähigkeit verbessern. Eine Etage tiefer saßen zwei junge Männer bei der Videoanalyse des kommenden Gegners, während ein Videobeamer Spielszenen an die Wand projizierte. Und im Keller, bei den Physiotherapeuten, war gerade Dr. Mosetter vom Bodensee zu Gast. Während der Spezialist für Myoreflextherapie am Hinterkopf von Verteidiger Andreas Beck hantierte, erklärte er, dass viele Fußballprofis allein durch eine falsche Körperhaltung an Schnelligkeit verlieren und zugleich verletzungsanfälliger werden.

Ein weiterer Betreuer in Hoffenheim war der Psychologe Hans-Dieter Hermann, der bei der Weltmeisterschaft 2006 zum Team von Jürgen Klinsmann gehört hatte und inzwischen einen Lehrstuhl für Sportpsychologie hat. Bernhard Peters, der ehemalige Nationaltrainer im Hockey, war offiziell Leiter der Nachwuchsabteilung. Für Rangnick war er aber auch – so erzählte der Trainer mir später – sein Spezialist für das Spiel mit dem Ball. Gemeinsam hatten sie Trainingsformen diskutiert, mit denen man Rangnicks Idee von Angriffsfußball am besten vermitteln konnte – und die von den Hospitanten aus ganz Europa nun aufmerksam protokolliert wurden. Es gab mit Helmut Groß auch einen Experten für das Spiel gegen den Ball, der eine ungewöhnliche Vorbildung mitbrachte. Inzwischen über sechzig Jahre alt, war er früher Ingenieur im Brückenbau und kannte Rangnick schon lange. Er hatte den damals jungen Trainer bereits vor zwanzig Jahren davon überzeugt, dass die Ära der Manndeckung vorbei sei.

Als ich auf Rangnick wartete, setzte sich Assistenztrainer Zeidler zu mir, und wir sprachen darüber, was die Arbeit in Hoffenheim ausmachte. Man merkte, dass die Erfolge nicht nur Spieler, sondern auch die Mitarbeiter auf einer Welle der Euphorie trugen. »Manchmal müssen wir aufpassen, dass wir nicht glauben, den Fußball neu erfunden zu haben«, sagte Zeidler. Aber es machte nicht den Eindruck, als ob sie in Hoffenheim den Boden unter den Füßen verloren hätten. Das Trainingszentrum wirkte eher wie eine unter Volldampf arbeitende Manufaktur für hochwertigen Fußball, in der Spezialisten eifrig herumwerkelten. Doch stand in Hoffenheim wirklich eine große Strategie dahinter, oder bestand sie einfach darin, möglichst viele neue Dinge auszuprobieren? Ins Wintertrainingslager der Saison 2008/2009 nahm kein Klub so viele Betreuer mit wie 1899 Hoffenheim. 29 waren es für 27 Spieler. 316 waren es ligaweit für 463 Profis, was eine enorme Zahl ist, die aber nur über den Umfang der Bemühungen Auskunft gibt, aber nicht über deren Qualität.

David am Ball

In der Wirtschaft kann man bei erfolgreichen Unternehmen unterscheiden, ob ihr Wettbewerbsvorteil gegenüber den Mitkonkurrenten eher produktionsmittel- oder wissensbasiert ist. In Branchen mit einer großen Homogenität der Produktionsmittel haben oft die wirtschaftlich stärksten Unternehmen den Zugriff auf die besten Ressourcen. Das gilt auch für den Profifußball, denn die reichsten Klubs können die wertvollsten Produktionsmittel erwerben, also die besten Spieler.

Wer da nicht mithalten kann, der muss eine wissensbasierte Strategie entwickeln. David kann beim Kampf gegen Goliath dann zwischen zwei weiteren Ansätzen wählen. Er kann einen Mechanismus erschaffen, der Ressourcen von hoher Qualität deshalb für einen niedrigen Preis findet, weil Unsicherheit über deren zukünftige Leistungsfähigkeit besteht. Oder er veredelt seine Produktionsmittel. Auf den Fußball übertragen, bedeutet das: Wenn es einem Klub gelingt, bei den Transfers solche Spieler zu verpflichten, deren Fähigkeiten von der Konkurrenz unterschätzt oder unterbewertet werden, kann er dadurch Wettbewerbsnachteile ausgleichen. Oder er verbessert seine Spieler durch besonderes Training, durch taktische Raffinesse, gute psychologische Betreuung, so wie es SC Freiburg oder Wimbledon, Holland oder Norwegen auf ganz unterschiedliche Weise vorgemacht haben.

Längst ist die Welt des Fußballs geteilt. Es gibt jene, die auf ausgetretenen Pfaden gehen und Innovationen erst einsetzen, wenn sie anderswo getestet und etabliert worden sind. Das sind die Klubs, die sich darauf verlassen, dass ihre Produktionsmittel ausreichend sind. Und es gibt die anderen, die strategisch vorgehen und systematisch versuchen, sich einen Vorteil zu verschaffen. Sie sind in der Minderzahl, dabei müssten eigentlich alle im Fußball solche Anstrengungen unternehmen, weil die Rolle zwischen David und Goliath ständig wechselt.

Nur wenige Klubs wie Manchester United oder Real Madrid gehören durch ihre gewaltige Wirtschaftskraft immer zu den Riesen. Der FC Bayern mag in Deutschland ein Gigant sein, doch im Vergleich zur europäischen Spitze ist er schon nicht mehr ganz so groß, wie er in den letzten Jahren schmerzhaft spüren musste. Fußball lebt auch davon, dass die Rollen des Kleinen und Großen nicht fest vergeben sind, weshalb sich eigentlich alle auf die Suche nach einem strategischen Vorteil machen müssten.

Doch zur Wirklichkeit des Profifußballs gehört es auch, dass sich viele Manager in den Klubs über diesen Mechanismus nicht im Klaren sind. Sie strengen sich zwar bei der Rekrutierung von Spielern und der Suche nach dem richtigen Trainer an, mühen sich um die optimale medizinische Betreuung der Profis und um gute Jugendarbeit. Doch sie suchen nicht systematisch danach, worin ihr strategischer Vorteil bestehen könnte. Wenn ein kleiner Bundesligist das Gleiche tut wie der FC Bayern, nur mit weniger Geld, wird er kein David, sondern ein Goliath, der zu klein ist. Dabei gibt es immer wieder Innovationsmöglichkeiten. Zu ihrem Wesen gehört es aber, dass sie anfangs oft fantastisch und unmöglich zugleich wirken.

Vom Zauber der Zahlen

Die Geschichte von Walter Jakobs beginnt in einem abgeschiedenen Dorf im Bayerischen Wald, wo es sich in seiner Kindheit fast nur um Fußballstatistiken dreht. Viele Kinder begeistern sich für Ergebnislisten und Tabellen, doch bei Jakobs vergeht die Lust darauf im Laufe der Jahre nicht. Er studiert Wirtschaftswissenschaft, aber nach dem Abschluss des Studiums entschließt er sich, als Nachtwächter zu arbeiten. Denn so kann er ungestört seine Fußballberechnungen fortsetzen.

Die Tabellenspielereien werden zu komplexen Ermittlungen des Heimvorteils, Jakobs erstellt Charts über die Chancen des Torwarts beim Elfmeter oder klassifiziert die Effektivität von Torjägern im Ligavergleich. Doch je länger er an diesen statistischen Untersuchungen arbeitet, umso mehr nervt Jakobs es, wie leichtfertig im Fußball mit ungesicherten Informationen argumentiert wird. Trainer oder Spieler, die Experten im Fernsehen und Kolumnisten der Zeitungen haben zu allem eine vehement vorgetragene Meinung, aber Belege haben sie keine.

Also beschließt Jakobs, die Ergebnisse seiner Berechnungen zu veröffentlichen, und publiziert sie im Eigenverlag. Es finden sich einige wenige Leser, Jakobs fühlt sich durch das bescheidene Interesse ermutigt. Ein Verlag wird ebenfalls auf ihn aufmerksam und nimmt seine nun jährlichen statistischen Analysen ins Programm. Immer mehr Fußballfans stoßen darauf und sind begeistert. Die Bücher werden Bestseller, nur die Fußballbranche ignoriert Jakobs und seine Erkenntnisse. Hinter vorgehaltener Hand oder auch ganz offen sagen Trainer, Manager und Experten, dass sie ihn für einen Spinner halten. Wie kommt dieser komische Typ dazu, diese seltsame Fußballmathematik zu betreiben. Und wie kann er es sich auch noch herausnehmen, ihre Arbeitsweise zu kritisieren, weil sie angeblich nicht systematisch ist?

Er stellt Forderungen auf, wie man einen Elfmeter schießen soll, und sagt, welche Eckballvariante am erfolgversprechendsten ist. Er stellt Theorien zum Defensivspiel auf und glaubt zu wissen, wie man am effektivsten eine Mannschaft zusammenstellt. Er fordert überprüfbare Beweise, wo die Fußballbranche doch auf die Erfahrung von Hunderten von Spielen zurückblicken kann.

So vergehen fast zwei Jahrzehnte, bis sich der Manager von Arminia Bielefeld dazu entschließt, bei der Arbeit auf die Ansätze von Jakobs zurückzugreifen. Er hat schon lange dessen Bücher gelesen und richtet trotz der heftigen Widerstände fast aller im Klub seine Einkaufspolitik an den dort gemachten Überlegungen aus. Er will sich bei der Auswahl der Spieler nicht mehr allein auf das gute Auge seiner Scouts verlassen, des Trainers oder seine eigene Erfahrung. Bei Außenbahnspielern schaut er auf die von Jakobs errechnete Doppelpass-Flanken-Quote. Im defensiven Mittelfeld zieht er den Rebound-Faktor nach Jakobs in Betracht und im Spiel nach vorn die Visions-Quote.

Der Erfolg ist durchschlagend: Obwohl die Arminia zu den finanzschwächsten Klubs der Bundesliga gehört, landet die Mannschaft gleich im ersten Jahr im oberen Drittel der Tabelle und qualifiziert sich erstmals für den UEFA-Pokal. Auch in den kommenden Jahren hält sie sich dort und übertrumpft dabei Vereine, die deutlich höhere Etats haben. Offenbar hat die Arminia eine Strategie entwickelt, die sie im ungleichen Kampf gegen überlegene Gegner regelmäßig gut aussehen lässt.

Als ein renommierter Reporter ein Buch über den

sensationellen Aufschwung der Arminia schreibt, wird auch die Bedeutung von Jakobs und dessen Statistiken für die Erfolge deutlich. So beginnt die Fußballbranche den verrückten Statistiker endlich ernst zu nehmen, und der FC Bayern München ringt sich dazu durch, ihn als Berater unter Vertrag zu nehmen. Jakobs' Ratschläge kombiniert mit den finanziellen Möglichkeiten des Klubs werden zu einem unschlagbaren Mix. In der Bundesliga und international triumphieren die Bayern. In den folgenden fünf Jahren gewinnen sie aber nicht nur jede Deutsche Meisterschaft, sondern dreimal auch die Champions League. Es ist die erfolgreichste Ära der Vereinsgeschichte.

Inzwischen dürfte den meisten Lesern gedämmert sein, dass es sich bei dieser Geschichte vom Fan, der verzaubert von den Zahlen die Geschichte des Fußballs veränderte, um ein Märchen handelt. Denn der FC Bayern hat die Champions League seit 2001 nicht mehr gewonnen und auch fünf Meistertitel hintereinander noch nie. Arminia Bielefeld stand am Ende noch keiner Saison im ersten Drittel der Bundesliga und hat sich bislang noch für keinen Europapokalwettbewerb qualifizieren können. Von einem Statistiker namens Walter Jakobs haben wir so wenig etwas gehört wie vom Rebound-Faktor oder einer Visions-Quote. Und wie sollten die überhaupt im Fußball aussehen?

Die Frage ist berechtigt, doch es gibt eine Sportart, die von einem wie Walter Jakobs revolutioniert worden ist.

Statistik und Wahrheit

Bill James wurde 1949 in einem abgelegenen Ort in Kansas geboren, in dem außer ihm noch 208 weitere Einwohner lebten. Er mochte die Abgeschiedenheit, denn der Umgang mit Menschen fiel ihm schwer. »Ich habe schreiben gelernt, weil ich einer dieser Leute bin, die irgendwie nicht über die Möglichkeit der Kommunikation durch Lachen oder Gesten verfügen, sondern Worte benutzen müssen, um etwas sagen zu können, wofür andere Menschen gar keine Worte benötigten«, sagt er über sich.

Allerdings schrieb er keine Erzählungen, Romane oder Gedichte. James suchte sich einen seltsamen Gegenstand, um mit seiner Umwelt in Kontakt zu treten. »Vielleicht wäre ich Schriftsteller geworden, wenn es Baseball nicht geben würde. Aber es gibt Baseball, und ich kann mir nicht vorstellen, über etwas anderes zu schreiben.« James befasste sich ausschließlich mit dessen berechenbarer Seite. Er interessierte sich für alles, was mit Statistiken zu tun hatte.

Selbst sein Wirtschaftsstudium münzte er in ein Baseballstudium um. Alles, was er dort lernte, wandte er direkt auf Baseball an. Und nach dem Ende der Zeit an der Universität und nach abgeleistetem Wehrdienst arbeitete James als Nachtwächter in einer Konservenfabrik. Dort konnte er sich in aller Ruhe über ellenlange Statistiken hermachen.

1977 veröffentlichte er seine erste Schrift. Sie hieß »Baseball Abstract«, umfasste 68 fotokopierte Seiten mit vielen Zahlen und wenig Text. Sie trug den Untertitel: »18 Kategorien statistischer Informationen, die Sie nirgendwo anders finden«. James schaltete in einer Sportzeitschrift eine winzige Kleinanzeige, verkaufte 75

Exemplare zu 3,50 Dollar das Stück. Durch den bescheidenen Erfolg fühlte er sich trotzdem unglaublich ermutigt.

In den folgenden fünf Jahren wuchsen die Umfänge des jährlich erscheinenden »Baseball Abstract«, und die Leserschaft vervielfachte sich. Schließlich nahm ein großes Verlagshaus die Publikation in ihr Programm auf, wo sie zum Bestseller wurde. So fand James im Laufe der Jahre eine Fülle von Nachahmern. Für die epidemisch werdende Ausdeutung von Baseballstatistiken entstand sogar ein neues Wort: Sabermetrics. SABR war die Abkürzung der *Society for American Baseball Research,* und diese Gesellschaft für die Erforschung des amerikanischen Baseballs ist eine Gruppe von Hobbywissenschaftlern, die sowohl die Historie des Spiels in allen Facetten als auch seine berechenbaren Seiten untersuchten. Es gab sie seit Beginn der siebziger Jahre, und Bill James wurde ihr Star.

Der streitbare Autor stellte aber nicht nur Statistiken auf, er zog daraus auch scharfe Schlüsse. »Eine ganze Menge des traditionellen Wissens über Baseball ist lächerlicher Mumpitz«, teilte er seinen Lesern mit. James verstand sich als Aufklärer im klassischen Sinn. Er wollte Licht in das Dunkel von Aberglauben und Halbwissen werfen, falsche Wahrheiten ausrotten und alle Baseballfans dazu bringen, dass sie sich nicht mehr mit dem Kram abspeisen ließen, den sie von Managern und Trainern, Journalisten und Experten vorgesetzt bekamen.

»Wenn Zahlen die Kraft von Sprache gewinnen, dann bekommen sie die Macht, all jene Dinge zu werden, die Sprache werden kann: Roman, Drama und Poesie«, schrieb er. Das klingt überspannt, aber James ging es darum, durch Statistik verborgene Wahrheiten zu enthüllen. Er wollte auf seine Weise zeigen, was auf der Bühne eines Baseballfeldes wirklich passiert.

Baseball ist seit den siebziger Jahren des 19. Jahrhunderts ein Profisport. Er wurde von Beginn an umfassend statistisch erfasst und galt immer schon als ein »Spiel der Zahlen«. Unsere klassische Fußballstatistik, die meist aus nicht mehr als der Aufstellung der beiden Mannschaften, Auswechselungen, Torschützen, Namen der Schiedsrichter, Verwarnungen, Platzverweisen und den Zuschauerzahlen besteht, nimmt sich kärglich im Vergleich zu den Box Scores des Baseballs aus. Die langen Zahlenreihen, die zu jedem Spiel die Zahl der Hits, Walks oder Runs jedes Spielers auflisten, geben dem Eingeweihten auch Hinweise darauf, wie das Spiel verlaufen ist und wer besonders gut gespielt hat.

James produzierte viele neue Statistiken, indem er aus dem bestehenden Material weitere Ableitungen machte. Er schuf Kategorien wie den *Game Score,* um die Leistung eines Werfers während eines einzelnen Spiels zu klassifizieren. Mit den *Similarity Scores* wollte er gar durch die Jahrzehnte springen, um Vergleiche zwischen den Leistungen von Spielern aus unterschiedlichen Zeitaltern anstellen zu können. Er wetterte gegen die Kategorie des *Errors,* weil er die dabei verwendete Definition von Irrtum für veraltet und zu subjektiv hielt. Er versuchte zu ermitteln, ob bestimmte Stadien für einige Spieler besser waren als andere. Und mit eigenen Statistiken untermauerte er seine Ranglisten der besten Werfer oder Fänger. Seine Lust darauf, jeden Aspekt des Spiels auszuleuchten, war grenzenlos.

Als James 1977 seine erste Schrift veröffentlichte, begannen zwei Entwicklungen, die seine Arbeit mittel- und langfristig beförderten. Einerseits wurden ab dem Ende der siebziger Jahre die Computer beständig leistungsstärker und gleichzeitig billiger. Damit war es für ihn und für seine Epigonen einfacher, immer größere Mengen von Daten zu sammeln und zu analysieren. Außerdem stieg die Bezahlung in der Major League Baseball (MLB) dramatisch, weshalb die Klubs verstärkt vor der Frage standen, was man bei der Verpflichtung von Spielern beachten musste.

1979 entwarf James zum ersten Mal eine Formel, die mehr wollte, als das Augenmerk auf interessante Einzelaspekte des Spiels zu werfen. Er wollte wissen, welche Faktoren dafür entscheidend sind, dass man ein Baseballspiel gewinnt. Nach seiner Ansicht wurden jene Schlagmänner dramatisch unterschätzt, die den Ball nicht spektakulär aus den Stadien droschen, sondern gegnerische Werfer in vielen kleinen Schritten erschöpften. Deshalb errechnete er ein *On Base Percentage,* bei dem sich nachweisen ließ, dass es in größerem Maße über den Ausgang eines Spiels entschied.

James drang damit zur zentralen Frage vor, die sich die Fans in allen Mannschaftssportarten stellen: Welche Faktoren entscheiden über den Sieg? Ob beim Baseball oder Basketball, Handball oder Fußball streiten Experten darüber, wie man am besten spielt oder welcher Spieler am meisten zum Sieg beiträgt. So verschieden die Sportarten auch sind, weil der Ball geschlagen, geworfen oder getreten wird, weil er in Körbe oder Tore gebracht werden muss, bewegen sich doch alle auf ungesichertem Terrain. Sie ahnen, glauben, fühlen und meinen etwas, aber sie wissen nicht. Auch im Fußball, das werden wir noch sehen, ist es nicht anders.

Mit seinem Beharren auf Wissen gewann James eine nicht nur wachsende, sondern auch hochrangige Leserschaft. Sowohl Physiker in wissenschaftlichen Instituten interessierten sich für seine Überlegungen wie auch

Ökonomen, professionelle Statistiker, Analysten an der Wall Street, besessene Mathematiker und andere Zahlenfreaks mit einer Liebe für Baseball. James bekam von ihnen eine Fülle von Hinweisen, Tipps und Korrekturen, die seine Argumentation immer komplexer machte.

1980 begann ein Spiel, das James und seine Statistiken noch populärer machen sollte. Als Rotisserie Baseball wurde in den USA das ein großer Erfolg, was gut zehn Jahre später in Europa unter dem Titel Fußball-Manager oder Fantasy Football populär wurde. Dabei stellen Fans fiktive Teams aus realen Spielern zusammen. Deren reale Leistungen auf dem Platz entscheiden darüber, wie gut die fiktive Mannschaft abschneidet. Baseball hat dabei den großen Vorteil gegenüber Fußball, dass subjektive Bewertungen kaum eine Rolle spielen. Bei den Manager-Spielen im Fußball ist die Spieler-Benotung durch Journalisten oft ein wichtiger Faktor, beim Baseball nimmt man einfach die Spielstatistiken. Die Fantasieligen sorgten in den USA dafür, dass die Baseballfans verstärkt wie Manager zu denken begannen. Außerdem wurden die Statistiken nun zu einem lukrativen Geschäft, weil immer mehr Fernsehsender und Zeitungen für ihre Analysen danach verlangten.

Sabermetrics waren populär und die Bücher von James Bestseller, nur die offizielle Welt des Baseballs zeigte ihm weiter die kalte Schulter. Als er den berühmten Manager Sparky Anderson, immerhin ein Mitglied der *Hall of Fame* des Baseballs, aufgrund statistischer Berechnungen als »eher glücklich denn talentiert« beurteilte, keilte der zurück. James sei »ein fetter bärtiger Typ, der nichts von gar nichts versteht«. Daran stimmte zweifellos, dass James einen Bart trug und ein paar Kilogramm zu viel hatte.

Der berechnete Spieler

Baseball unterscheidet sich als Sportart ganz grundsätzlich vom Fußball, von den Wettbewerbsbedingungen aber ist es der amerikanische Sport, der Fußball am nächsten ist. Beim American Football oder beim Basketball wird viel Wert darauf gelegt, dass die Ligen möglichst ausgeglichen sind, weshalb es komplizierte Verfahren zur Verteilung der besten Nachwuchsspieler und zur Begrenzung des Personaletats gibt. Dagegen herrschen in der Major League Baseball gewaltige wirtschaftliche Unterschiede, die Personaletats der größten Klubs sind mehr als viermal so groß wie die der wirtschaftlich schwächsten. Das ähnelt der Situation im europäischen Fußball, in der Bundesliga etwa gab der FC Bayern München in der Spielzeit 2008/2009 das ungefähr Fünffache dessen für sein Personal aus wie Arminia Bielefeld, die den niedrigsten Personaletat hatten.

Als Bill James bei den Baseballfans für Aufsehen sorgte, sah kaum einer der Verantwortlichen in der MLB die Möglichkeit, dessen Überlegungen nutzbar zu machen, um finanzielle Nachteile auszugleichen. Eher zur Beruhigung des Publikums, dass man sich auch diesem Aspekt des Spiels widmete, als aus wirklichem Interesse, beschäftigten einige wenige Klubs vereinseigene Statistiker. Eine wirkliche Rolle spielten sie nicht.

Das änderte erst Billy Beane, als er 1997 General Manager der Oakland Athletics wurde. Die Oakland A's waren damals zwar ein populärer Klub mit vielen Zuschauern, hatten aber ein veraltetes Stadion und geringe Einnahmen. Ihr Etat gehörte regelmäßig zu den niedrigsten im Profibaseball, sie waren eine Art Arminia Bielefeld der MLB.

Beane war entschlossen, die Traditionen seines Sports

grundsätzlich in Frage zu stellen. Der ehemalige Baseballprofi krempelte vor allem die Rekrutierung von Spielern grundlegend um, denn diese war für die Oakland A's entscheidend. Sie mussten die richtigen Spieler finden, bevor sie Stars wurden, später würden sie sich diese nicht mehr leisten können.

Es ging also um eine wissensbasierte Strategie, und diese sah zunächst einmal vor, bei der Auswahl von Nachwuchsspielern den Fokus von der High School zum College zu verlegen. Die älteren College-Spieler galten vielen Scouts als gescheitert, weil sie nicht schon an der High School entdeckt worden waren. Beane teilte diese Einschätzung nicht, außerdem fand er die zur Verfügung stehenden Statistiken bei den älteren College-Spielern aussagekräftiger.

Aus den Berechnungen des *On Base Percentage* von Bill James zog er ganz praktische Schlüsse. Normalerweise gibt es in der MLB einen Zusammenhang zwischen den Statistiken eines Spielers und seiner Bezahlung. Wenn man aber davon ausging, dass die gängige Interpretation der Statistiken falsch war, wurde eine bestimmte Art von Hittern überbezahlt, während andere zu wenig Geld bekamen. Beane wollte daher von seinen Scouts nichts über »gute Körper« und »feste Arme« hören, sondern schaute sich lieber die Profile an, die seine Informatiker ermittelt hatten. Das hatte erstaunliche Folgen: Beane interessierte sich für Spieler, die seine Scouts, aber auch die Talentsucher der Konkurrenz übersehen hatten. In der Folge verpflichteten die Oakland A's bessere Spieler für weniger Geld.

Es kam auf diese Weise eine Mannschaft zusammen, die zwischen 2000 und 2006 insgesamt viermal die West Division der American League gewann. Auch wenn es gegen die Sieger der East und Central Division nicht zum Gewinn der Liga oder gar zur *World Series* genannten amerikanischen Meisterschaft reichte, war das für den vergleichsweise wirtschaftsschwachen Klub ein riesiger Erfolg. Die Oakland A's gehörten 2002 sportlich zu den Top Acht der MLB, obwohl sie von den 30 Klubs die sechstniedrigsten Personalkosten hatten. Sie gewannen 103 der insgesamt 162 Ligaspiele, was ein Vereinsrekord war, obwohl sie nur 42 Millionen Dollar für ihre Spieler ausgaben. Die reichen New York Yankees erreichten die gleiche Zahl von Siegen, gaben aber 126 Millionen Dollar aus.

Vielleicht wäre noch heute den meisten Baseballfans nicht klar, was im Nachbarort von San Francisco genau passierte, wenn sich der Journalist Michael Lewis nicht der Geschichte angenommen hätte. Er begleitete Beane monatelang und verfasste ein Buch mit dem Titel »Moneyball«, das 2003 in den USA erschien. Es wurde zum wohl einflussreichsten Sportbuch, das jemals geschrieben wurde, denn es veränderte nachhaltig eine ganze Sportart. Lewis beschrieb nicht nur, auf welche neue Weise Beane die Auswahl seiner Spieler betrieb. Er konnte auch davon berichten, dass sie in den Spielen selbst anders eingesetzt wurden als zuvor.

So dämmerte es allen Managern, Trainern und Scouts, dass es wohl an der Zeit war, althergebrachte Wahrheiten über Bord zu werfen, die offensichtlich keine mehr waren. Der nach Football populärste Sport in den USA trat in eine neue Ära ein, in der neben den sentimentalen Momenten im sommerlichen Ballpark auch Computerprogramme eine Bedeutung hatten. »Moneyball« löste bei den Besitzern eines der ganz großen Klubs zudem die naheliegende Überlegung aus: Wenn man die Prinzipien der Sabermetrics mit Finanzkraft kombinieren würde, müsste der Erfolg doch eigentlich garantiert sein.

Und warum sollte man dazu nicht den Mann engagieren, der sich dessen Grundprinzipien ausgedacht hatte? Also bekam Bill James in dem Jahr, als »Moneyball« erschien, ein Angebot der Boston Red Sox. Deren neue Eigentümer hatten 2002 fast 700 Millionen Dollar für den Klub, sein Stadion und einen lokalen Sportsender ausgegeben. Jetzt wollten sie durchstarten und den Fluch brechen, der über den Red Sox lag. Als einer der traditionsreichsten Klubs hatten sie zwar bereits fünf Mal die *World Series* gewonnen, doch der letzte Titelgewinn resultierte aus dem Jahr 1918. Seither waren mehr als acht Jahrzehnte lang alle Anläufe gescheitert.

James nahm das Angebot aus Boston an, nannte sich nun »Senior Advisor of Baseball Operations«, und schon im zweiten Jahr sorgte die Kombination aus seiner Beratung und dem zweithöchsten Personaletat der Liga für den Durchbruch. Goliath ging mit der Raffinesse von David vor, und die Boston Red Sox gewannen 2004 die *World Series,* drei Jahre später gelang es ihnen erneut.

Wie seine Ratschläge genau ausgesehen haben, hat James nicht verraten, obwohl er nach wie vor alles andere als schweigsam ist. Weiterhin veröffentlichte er meinungsfreudige Abhandlungen zu allen Baseballfragen, bei denen er sabermetrische Begründungen liefern kann. Er füttert seine Internetseite mit Kolumnen und berät die Boston Red Sox. 2006 nahm ihn das *Time Magazine* auf seine Liste der 100 einflussreichsten Persönlichkeiten der Welt.

Eine Idee macht Karriere

Die Erfolge von Billy Beane in Oakland und Bill James in Boston sorgten nicht nur in der Welt des Baseballs für Aufsehen, sondern beeinflussten in den USA bald auch andere Sportarten. Beim American Football feierte Aaron Schatz erstaunliche Erfolge, nachdem er 2003, beeinflusst von Bill James und ermutigt vom Durchbruch von »Moneyball«, die Internetseite *Football Outsiders* gegründet hatte. Sie setzte sich rasant bei den Fans durch, inzwischen geben Schatz und sein Team vor jeder Saison den *Pro Football Prospectus* heraus, eine statistische Analyse von Spielern und Mannschaften im Football. Außerdem beliefern sie den Fernsehsender Fox mit exklusivem Material.

Football Outsiders musste nicht so lange wie James um Anerkennung kämpfen, weil sich American Football traditionell für technische Innovationen und systematisch-strategische Überlegungen offen gibt. Es ist der Mannschaftssport, in dem es früher als anderswo regelmäßige Videoanalysen gab. Bereits in den sechziger Jahren sammelte der legendäre Scout Gil Brandt bei den Dallas Cowboys Informationen über Spieler im Computer, um bei deren Verpflichtung zu fundierteren Entscheidungen zu kommen.

Im Basketball war es Dean Olivers Buch »Basketball on Paper«, das 2003 erschien und laut Untertitel »Regeln und Werkzeuge für die Leistungsanalyse« liefern wollte. Auch Oliver war in den Jahren zuvor auf den Spuren von James unterwegs gewesen, hatte neue statistische Kategorien wie die »Vier-Faktoren-Analyse« entwickelt oder eine »Evaluation von Cheftrainern«. Er lag damit im Trend und wurde 2004 der erste festangestellte Statistiker in der NBA, als ihn die Seattle Supersonics unter Vertrag nahmen, für die er zuvor schon vier Jahre als freier Berater gearbeitet hatte.

Hockeyanalytics.com versprach schließlich auch den Eishockeyfans das »Ersetzen der Eindrücke durch Fakten« und stellte sich unter das Motto: »Gewidmet der wissenschaftlichen Erforschung des Hockeyspiels.«

Nur am populärsten Mannschaftssport der Welt schien die Entwicklung unbemerkt vorbeizugehen. Zwar wurden den Zuschauern von Fußballspielen im Fernsehen immer wieder Statistikhäppchen geliefert, aber viel Substanz schienen sie nicht zu haben. Was sollte man damit anfangen, dass ein Mittelfeldspieler genau 10 486 Meter gelaufen war und ein Verteidiger 81 Prozent aller Zweikämpfe gewonnen hatte? Was hatte man davon, dass die Heimmannschaft 15 Mal aufs Tor geschossen hatte, aber meistens ziemlich weit vorbei? Klar, es gab mitunter erstaunliche Zahlen, wie die eines Stürmers, der mit nur 15 Ballkontakten in 90 Minuten drei Tore erzielte. Für mehr als ein interessiertes »Ach so« sorgten sie aber selten. Oder könnte man weiter gehende Schlüsse aus diesen Informationen ziehen?

Im November 2007 reiste Billy Beane nach London. Der Mann, der Baseball revolutioniert hatte, war zu einer exklusiven Konferenz mit dem großspurigen Titel »Future of Football« eingeladen worden. Auf dem Podium an seiner Seite sollte er mit Sir Alex Ferguson, dem Trainer von Manchester United, und anderen hochrangigen Figuren des englischen Fußballs über die Zukunft des Spiels diskutieren. Trotz aller Bemühungen, an der Konferenz teilnehmen zu dürfen, erhielt ich keinen Zutritt. Die Veranstalter wollten den exklusiven Charakter wahren und ließen keine Journalisten zu. Allerdings sorgten sie zumindest dafür, dass ich am Tag nach der Konferenz mit Beane telefonieren konnte.

Der Manager der Oakland A's stand, als ich mit ihm sprach, noch ganz unter dem Eindruck der Tagung und dass er legendäre Figuren des englischen Fußballs persönlich hatte kennenlernen können. 2003 war Beane in London zum ersten Mal mit europäischem Fußball in Berührung gekommen, und es war für ihn ein Erweckungserlebnis, wie viele Emotionen das Spiel freisetzte. Die Gefühlsaufwallungen gefielen ihm aber nicht nur, er sah darin ein geschäftliches Potenzial. »Das hat auch mein wirtschaftliches Interesse geweckt, denn wo viele Gefühle im Spiel sind, werden viele emotionale Entscheidungen gefällt.« Er hätte auch sagen können: unvernünftige Entscheidungen.

Beane war Fan von Tottenham Hotspur geworden, deren Spiele er daheim in Kalifornien am Fernseher sooft wie möglich verfolgte. 2006 reiste Beane trotz laufender Baseballsaison zur Fußball-Weltmeisterschaft nach Deutschland und hatte dort »die beste Zeit meines Lebens«. Bei der Konferenz in London hatte er sich mit Ratschlägen trotzdem zurückgehalten, »denn ich habe Fußball nicht wie Baseball in der DNA«. Aber das bedeutete seiner Ansicht nach nicht, dass man Fußball nicht ebenfalls würde statistisch analysieren können. »Meine Erfahrung sagt mir, dass es in jedem Geschäft eine Matrix gibt.« Die Frage war nur, was man berechnet, und Beane wusste aus eigener Erfahrung, wie schnell man sich dabei verläuft. »Die Leute werden immer konfuser, je größer das Zahlenmaterial ist. Das gilt auch für Baseball, obwohl dieser Stop-Start-Sport sehr viel mehr Angaben über Wahrscheinlichkeiten erlaubt.«

Beim Baseball steht das Duell zwischen dem Werfer und dem Schlagmann im Mittelpunkt, und fast jede andere Handlung kann man als Zweikampf begreifen. Football, Basketball und Eishockey sind ebenfalls wesentlich leichter in kleine Einheiten zu zerteilen als das fließende Fußballspiel. Könnte es also sein, dass sich Fußball einfach nicht dafür eignet, statistisch kompakt erfasst zu werden? Beane lachte über die Frage, offensichtlich hörte er sie nicht zum ersten Mal: »Ein richtiger Mathematiker wird angesichts hoher Komplexität nicht aufstecken.«

Mit etwas Mühe würde man also auch im Fußball neue Erkenntnisse errechnen können. Die Frage, ob sich seines Wissens schon Leute zu einer Expedition ins Innere des Fußballspiels aufgemacht hatten, mochte Beane nicht beantworten. Aber wenige Monate später erwarb Lewis Wolff, der Besitzer der Oakland A's, auch den Fußballklub San José Earthquakes. Den hatte es zwei Jahre lang nicht gegeben, zur Saison 2008 wurde er wieder in die amerikanische Major League Soccer aufgenommen, Beane wurde Miteigentümer und beriet die sportliche Leitung. Im Oktober des Jahres schlossen die Earthquakes einen Kooperationsvertrag mit jenem traditionsreichen englischen Klub, für den sich Beane so begeistert hatte, mit Tottenham Hotspur.

Beane wollte in Kalifornien versuchen, seine Erfahrungen aus dem Baseball auf Fußball zu übertragen. »Große Klubs wie Manchester United können die besten Spieler kaufen, aber die meisten anderen Klubs müssen andere Geschäftsmodelle entwickeln, um mithalten oder zumindest überleben zu können. Der Trick dabei ist es, Statistiken zu benutzen und Bereiche zu finden, die vernachlässigt worden sind. Stellen Sie sich vor, Sie liegen normalerweise bei Transfers zu 30 Prozent richtig und finden einen Ansatz, der die Trefferquote auf 35 Prozent steigert.« Doch wenn man sich auf die Suche nach einer Matrix macht, muss man zunächst verstehen, wie Fußball funktioniert und was das Spiel ausmacht.

Kapitel 2
Die Digitalisierung des Fußballs

Vom visuellen Gedächtnis zum optischen Speicher

Im Frühjahr 2008 saß die nächste Generation von Fußballspionen im Hörsaal 3 der Deutschen Sporthochschule in Köln und rätselte. War die Spielszene wichtig, die sie sich gerade ansahen? Mussten sie diesen scheinbar belanglosen Querpass in der Abwehr erfassen, weil er zeigte, dass es im Aufbauspiel nicht zügig genug voranging? Oder war es eben ein belangloser Querpass, der in einer qualitativen Analyse nichts zu suchen hatte? Und hatte in der anschließenden Szene der Mittelfeldspieler den Ball so angenommen, dass sie es positiv bewerten mussten? Etliche Male liefen die nur wenige Sekunden langen Sequenzen über die Leinwand, dann waren sie so kategorisiert, wie es auch Urs Siegenthaler gefallen hätte, dem Chefscout der deutschen Nationalmannschaft.

Zur Weltmeisterschaft 2006 hatte der Schweizer das Projekt initiiert. Eine Gruppe von Studenten des Fußballdozenten Jürgen Buschmann hatte daraufhin alle WM-Teilnehmer im Rahmen eines Decodierungsprogramms analysiert, das berühmt wurde, als Jens Lehmann im WM-Viertelfinale gegen Argentinien vor dem Elfmeterschießen auf einen Zettel schaute. Er hielt zwei Schüsse, die Informationen dazu waren in Köln recherchiert worden. Nach dem Turnier war das Projekt weitergeführt worden und sollte auch bei der Europameisterschaft wieder wichtig werden.

Zum Turnier in der Schweiz und Österreich hatten Buschmanns Studenten das Spiel der anderen EM-Teilnehmer nach Siegenthalers Maßgaben erneut auseinandergenommen. Die Ergebnisse fanden sich diesmal in 15 Handbüchern, die wie Magisterarbeiten aussahen. Auf gut 80 Seiten wurde dort jede Mannschaft mit ihren sportlichen Stärken und Schwächen detailliert vorgestellt, entsprechende Szenen lagen auf DVD bei. Bundestrainer Joachim Löw konnte in den Dossiers darüber hinaus nachlesen, welche Verletzungen Polens Mittelstürmer gehabt hatte, ob sich ein österreichischer Verteidiger bei der EM profilieren musste, weil er auf der Suche nach einem neuen Klub war, und wie die Erwartungen an die kroatische Mannschaft im eigenen Land aussahen.

Im Sprachgebrauch der deutschen Nationalmannschaft bilden jene Studenten, die unter Leitung von Buschmann die Informationen zusammenstellten, das »Team Köln«. Immer wieder war Siegenthaler gekommen, um es so zu schulen, dass einheitliche Kategorisierungen vorgenommen wurden. Bewertet werden sollen die Gegner auf der Basis der Spielphilosophie des DFB, die für alle seine Nationalmannschaften gilt. Spielphilosophie ist dabei kein vager Begriff, sondern eine konkrete Anleitung. Noch unter Jürgen Klinsmanns Leitung war schriftlich festgelegt worden, was auf dem Platz in welcher Situation passieren soll. Das ist der Quellcode des deutschen Fußballs, und entsprechend geheim sind diese Anweisungen, denn die Fußballspione anderer Nationalteams würden sich darüber freuen, wären sie in ihrem Besitz. Dass Löws Mannschaft nach innen verteidigt, den Gegner also nicht auf die Flügel abdrängt, sondern in eine Art Trichter vor dem Tor locken will, haben sie wahrscheinlich trotzdem schon erkannt. Oder dass die Verteidiger stets einen Abstand von acht Metern voneinander haben sollen, wie es internationaler Standard in der Defensivarbeit ist. Und dieser Rahmen ist eben auch zu beachten, wenn man sich mit dem Gegner auseinandersetzt. Wenn man selber einen Plan hat, erkennt man auch, auf welche Weise die gegnerische Mannschaft ihn am meisten gefährden kann.

Es ist erstaunlich, dass gute Trainer oft ein ausgeprägtes visuelles Gedächtnis haben und sehr genau abspeichern, was auf dem Platz passiert. Einige von ihnen können noch Jahre später die genauen Umstände nacherzählen, unter denen ein Tor gefallen ist. Sie wissen noch, welcher Spieler sich wo auf dem Platz befunden und wie verhalten hat. Doch nicht jeder Trainer verfügt über dieses besondere Talent, und bei einem wichtigen Spiel, wenn draußen 50 000 Zuschauer toben, kann der spontane Eindruck leicht der falsche sein. Daraus entsteht der Wunsch, die eigene Erinnerung systematisch zu überprüfen. Das Gleiche gilt dafür, das Spiel des Gegners einer genaueren Überprüfung zu unterziehen.

Gewachsen ist dieser Wunsch auch mit den technischen Möglichkeiten. Noch bei der Weltmeisterschaft 1966 in England verzichtete Frankreich völlig darauf, andere Mannschaften des Turniers zu beobachten. Einigen Teams reichte es, die Spiele am Fernsehen anzuschauen oder darüber in den Zeitungen zu lesen. Dies ergab eine Nachfrage bei den WM-Teilnehmern, die von der FIFA damals für ihre technische Analyse gemacht wurde. Gäbe heute ein Coach zu, dass er zur Vorbereitung auf ein Spiel über den Gegner nur in der Zeitung gelesen hätte, würde er vermutlich auf der Stelle entlassen.

Die ersten Videoanalysen im Fußball kamen zu Zeiten ins Spiel, als Netzer noch aus der Tiefe des Raums kam. Nachdem die deutsche Nationalmannschaft am Abend des 29. April 1972 erstmals in England gewonnen hatte, wurde ein junger Sportwissenschaftler damit beauftragt, den historischen Sieg auszuforschen. Er sollte herausfinden, wie das Wechselspiel zwischen dem Libero Franz Beckenbauer und dem Spielmacher Günter Netzer funktioniert hatte. Er sollte eine Anatomie des Spiels entwerfen und begann zu zählen: Wer hatte den Ball wie oft zu wem gespielt? Wer hatte die meisten Zweikämpfe gewonnen? Wie viele lange Pässe und wie viele kurze waren für den Triumph in Wembley nötig gewesen? Die Strichlisten mit den Ergebnissen bewahrt Prof. Jürgen Buschmann von der Sporthochschule in Köln noch heute auf, als Erinnerungsstück an seine Studentenzeit. »Fertig waren wir mit der Auswertung zwei Jahre später«, sagt er und lacht. Zwei Jahre mögen im Rahmen akademischer Forschungen ein angemessenes Tempo sein, aber einen praktischen Wert hatten die Analysen nicht mehr. Was sollte Bundestrainer Helmut Schön 1974 mit den Erkenntnissen eines Spiels aus dem Jahr 1972 anfangen?

In den folgenden Jahren verringerte sich der zeitliche Abstand zwischen Spiel und Analyse deutlich, aber selbst in den neunziger Jahren war noch immer ein großer Aufwand damit verbunden. Weil die Spiele nicht digitalisiert auf DVD oder Festplatten verfügbar waren, sondern nur auf Videokassette, mussten sie hin- und hergespult werden. Auch der Zusammenschnitt von Szenen für die Mannschaft war aufwendig.

Dennoch wurden Videos bald zu einem wichtigen Hilfsmittel. Ob wirklich der Innenverteidiger oder sein Kollege im Mittelfeld nicht gemacht hatte, was ihnen aufgetragen war, klärte sich oft erst beim (zumeist nächtlichen) Videostudium. Auch der Spielweise der Gegner, ihren strategischen Konzepten und taktischen Kniffen kam man eher auf die Schliche, wenn man, statt vielleicht nur ein Spiel im Stadion zu beobachten, sich mehrere Partien am Fernseher anschaute. Ottmar Hitzfeld erkannte die Vorteile dieser Arbeitsweise schon früh. Bereits zu Beginn seiner Trainerkarriere Mitte der achtziger Jahre in der Schweiz arbeitete er mit einem Videoanalytiker zusammen. Auch sein langjähriger Assistent Michael Henke war versiert darin und gründete eine der ersten Firmen in Deutschland, die sich professionell mit der Spielanalyse beschäftigten. Das Unternehmen bot spezielle Mitschnitte an, die sich von denen der Fernsehstationen unterschieden, weil sie das Spielfeld in der Totale erfassten. Das Fernsehen bevorzugt Naheinstellungen, in denen der Trainer dann aber nicht mehr die Übersicht hat, was taktisch auf dem Platz passiert.

Auch Streitfälle im Team half die Videoaufzeichnung zu beseitigen. So musste Paul Steiner, der bei Bayer Leverkusen einer der ersten spezialisierten Videoanalytiker in der Bundesliga war, 1997 auf Bitten von Trainer Christoph Daum einer Beschwerde des Nationalstürmers Ulf Kirsten nachgehen. Dieser hatte darüber geklagt, dass er vom Brasilianer Émerson nie einen Ball bekam. Also musste Steiner einige Nächte lang die Leverkusener Spiele daraufhin auswerten, wen Émerson wie oft mit Pässen bediente. Es stellte sich heraus, dass er zwar eifrig die Bälle verteilte, aber Kirsten dabei wirklich geflissentlich übersah.

Heute würde Steiner das in Windeseile wissen. Im Hörsaal 3 in Köln hatten alle Studenten Laptops vor sich, ein Analyseprogramm war vorinstalliert, und die Spiele waren bereits auf der Festplatte abgespeichert. Im

Grunde war die Spielanalyse hier zunächst nichts anderes als ein intelligentes Ablagesystem. Die Analysten kategorisieren die Szenen danach, ob man es mit einem Pass oder Schuss, einer Flanke oder einem Zweikampf zu tun hat. Oder man schaut nach den prekären Umschaltsituationen, wenn der Ballbesitz zwischen den beiden Mannschaften wechselt. Im nächsten Schritt sollen diese Szenen danach bewertet werden, ob der Spieler oder die Mannschaft sie gut oder schlecht gelöst haben. Das ist inzwischen weder technisch aufwendig noch inhaltlich kompliziert.

Hat man das Spiel solchermaßen in Häppchen zerlegt, kann man die Teile nach Wunsch neu zusammensetzen und der eigenen Mannschaft zeigen, was gut war und was nicht. Man kann auf diese Weise einzelne Spieler, Mannschaftsteile oder das ganze Team schulen, denn Wissensvermittlung über optische Informationen ist erfolgreicher als sprachliche. Bei den meisten professionellen Klubs ist es inzwischen selbstverständlich, so mit den Spielern zu arbeiten. Immer häufiger wird mittlerweile sogar das Training aufgezeichnet, um Spieler auf besondere Probleme aufmerksam machen zu können. Klubs wie Borussia Dortmund, 1899 Hoffenheim und der 1. FC Köln haben erfolgreich damit experimentiert, kurze Videosequenzen in der Halbzeitpause einzusetzen.

Der 1. FC Köln stattet seine Profis überdies mit mobilen Abspielgeräten aus, auf denen die Spieler neben ausgewählten Spielszenen zur Fehlerkorrektur auch persönliche Highlights anschauen können, die motivieren sollen. Bei der deutschen Nationalmannschaft werden die Spieler regelmäßig mit DVDs versorgt, auf denen sie sich anschauen können, was gut war und woran noch gearbeitet werden muss. Die Nachwuchsspieler des

FC Chelsea können sich sogar in ein Computersystem einloggen, wo sie Zugriff auf Videosequenzen haben, die von ihrem Spiel gemacht wurden.

Die Videoanalyse ist inzwischen Standard auch bei Traditionalisten. Selbst Trainer und Manager, die sich mit modernen Gerätschaften schwertun, haben den Wert längst erkannt. Man kann sein eigenes Urteil überprüfen und hat ein hervorragendes didaktisches Hilfsmittel. So entsteht gerade ein neuer Beruf im Fußball. Die Spielanalytiker aus Köln sollen später einmal Trainern zuarbeiten können oder als Trainer selber über die Fähigkeiten verfügen, mit Computern zu arbeiten. An der John Moores University in Liverpool gibt es sogar einen Studiengang in diesem Bereich, bei dem die Studenten im Umgang mit allen üblichen Analyseprogrammen ausgebildet werden, ob sie nun ProZone, Amisco, Dartfish oder Match Analysis heißen.

Messi spielt sich selbst

Den Anfang machte ein afrikanischer Spieler fortgeschrittenen Alters, der angeblich sogar von seinem Staatspräsidenten ins WM-Aufgebot von Kamerun berufen wurde. Roger Milla war nicht nur erfolgreichster Torjäger seines Überraschungsteams bei der Weltmeisterschaft 1990 in Italien, er revolutionierte auch den Torjubel. An der Eckfahne feierte er jeden Treffer mit wiegenden Hüften und fand in den folgenden Jahren viele Nachahmer.

In der Geschichte des Torjubels spielen die Medien eine besondere Rolle, weil sie auch im Sport nicht nur etwas abbilden, sondern beeinflussen, was passiert. Mit dem Privatfernsehen veränderte sich die Regie von Fußballspielen. Es gab mehr Kameras und mehr Großeinstellungen, man wollte näher ran und emotionaler sein. Und was ist schon emotionaler im Fußball als der Moment, in dem ein Tor fällt.

Fußballprofis haben längst ein klares Bewusstsein davon, dass die Spielfelder von Kameras umstellt sind. Das führt einerseits zu gesteigerter Selbstkontrolle, weil es nicht mehr reicht, dass der Schiedsrichter eine Tätlichkeit nicht sieht, sondern sie auch von den Kameras nicht festgehalten werden darf, wenn man einer nachträglichen Bestrafung entgehen will. Das Spielfeld als Bühne befördert Eitelkeiten bei der Auswahl der Schuhe oder bei der Frisur. Und es hat den Torjubel immer exaltierter werden lassen. »Moderne Stürmer deuten selbst nach simplen Abstaubern eitel auf ihre Rückennummern oder recken die Zeigefinger bedeutungsschwanger in Richtung Himmel. Ganz so, als habe der liebe Gott gerade partout nichts Besseres zu tun, als beim Montagsspiel der Zweiten Liga reinzuschauen«, spottet Philipp Köster im Fußballmagazin *11 Freunde*.

Der Fußballprofi von heute begegnet sich aber nicht nur wieder, wenn er den Fernseher anstellt. Mediale Rückkopplungen sind durch die Videoanalyse ein selbstverständlicher Teil des Berufsalltages geworden. »Strategie und Taktik erhalten durch mediale Visualisierungsverfahren Realität«, schreibt Markus Stauff. Für den Medienwissenschaftler von der Universität in Amsterdam ergibt sich daraus die Frage: »Kann man Taktik sehen?«

Die Antwort darauf ist ein klares »Ja«. Taktik wurde schon sichtbar gemacht, als die Medien der Vermittlung noch eine Magnettafel mit aufgemaltem Fußballfeld oder eine Flipchart sowie ein paar Filzstifte waren, mit deren Hilfe die Trainer zu zeigen versuchten, wie sie beabsichtigten zu spielen. Stauff weist auf das interessante Detail hin, dass Herbert Chapman als eines der größten Genies in der Geschichte des Fußballs immer ein medial denkender Mensch war. Der legendäre Manager von Arsenal London sorgte sich nicht nur um die gute Sichtbarkeit des Spiels für die Zuschauer, indem er die braun-grauen Bälle mit weißer Farbe anstrich, den Spielern Rückennummern gab und schon in den frühen dreißiger Jahren für Flutlichtbeleuchtung plädierte. Chapman erfand auch besagte Magnettafel, um taktische Züge erklären zu können.

»Medien werden genutzt, um Situationen zu definieren und zu modellieren«, schreibt Stauff weiter. Sie zeigen den Idealfall einer Viererkette an, wie er im Spiel so nie vorkommt, weil dort niemand in irgendwelchen idealen Positionen verharrt, sondern die Dinge dynamisch und flexibel sind. Trotzdem nehmen sich die Spieler selbst inzwischen wie auf ihren Lehrvideos wahr. Videoanalyse und Videoschulung verändern den Fußball nachhaltig. Das Bewusstsein dafür, was richtiges und was falsches Verhalten auf dem Platz ist, wird den Spielern durch die Bilder deutlicher. Und es verstärkt den Stil, dass die meisten Mannschaften inzwischen defensiv gut organisiert sind und gut umschalten, was wir später in diesem Buch noch genauer untersuchen werden.

Doch es gibt noch weitere mediale Rückkopplungen, auf die als Erster Klaus Theweleit in seinem Buch »Tor zur Welt« hingewiesen hat. Der Kulturwissenschaftler hat dort die These vom »digitalisierten Fußballspieler« aufgestellt. Die Spielweise von Fußballprofis sei heutzutage, so meint Theweleit, auch durch ihre Erfahrungen in virtuellen Welten beeinflusst, vor allem durch Computerspiele.

Eine überraschende Bestätigung der These bekam ich in der Präsidentenloge im Stadion Camp Nou. Der Raum ist vom Licht aus den Pokalvitrinen nur matt erleuchtet, an Spieltagen empfängt der FC Barcelona hier seine Ehrengäste, nun war es der Ort für ein Gespräch mit dem besten Fußballspieler der Welt. Lionel Messi kam in Latschen direkt vom Training, war noch ungeduscht und nahm Platz in einem der schwarzen Ledersessel. Ich fragte mich unwillkürlich, wie dieser freundlich-schüchterne junge Mann der Schrecken aller Abwehrreihen werden konnte.

Messi lächelte viel, dosierte aber seine Auskünfte homöopathisch und sprach so leise, als wolle er nahelegen, dass man um das Gesagte nicht so viel Aufhebens machen soll. Ich hatte gelesen, dass der Argentinier wie viele Fußballprofis viel Zeit an der Spielkonsole verbringt. Außerdem hieß es, dass er dort ausschließlich Fußball spielte und dabei ziemlich gut sei. »So wird zumindest behauptet«, sagte Messi zurückhaltend.

Messi ist 1987 geboren und in einer Zeit aufgewachsen, in der die Prozessoren der Computer und Spielkonsolen immer leistungsfähiger geworden waren. Er begegnet daher am Bildschirm animierten Spielern, die einen hohen Grad an optischer Ähnlichkeit mit realen Fußballstars haben. Ich fragte ihn, mit welchem Team er spielt. Messi grinste: »Mit unserem.«

Der beste Spieler der Welt spielt also in einem Videospiel seine Mannschaft, spielt er auch sich selbst? Messi grinste noch immer und nickte erneut.

Es war allerdings eine besonders verblüffende Vorstellung von Identitätsverknotung, dass er am Bildschirm mit sich selbst spielte. Ich fragte ihn, ob er von den Erfahrungen am Bildschirm eventuell sogar etwas mit ins reale Spiel nehmen könne? »Man sieht gewisse

Dinge und versucht, sie auf dem Spielfeld nachzuahmen. Aber manches davon ist auf dem Platz unmöglich.«

Also ist der Messi auf dem Bildschirm, zumindest wenn er von Messi gespielt wird, besser als der reale?

Messi nickte erneut.

Fußball als Spiel der Zahlen

In Deutschland sahen sich die Fans erstmals 1992 mit dem Umstand konfrontiert, dass man Fußball auch zählen kann. Damals wurde zum Start der Bundesligasendung *ran* bei Sat.1 auch die *ran*-Datenbank aufgebaut, die das Publikum plötzlich mit Informationen versorgte, wie es sie vorher nicht gegeben hatte. Da erfuhr man auf einmal, dass eine Mannschaft die meisten Gegentreffer nach Flanken von der linken Seite kassiert oder erstmals seit 23 Spielen wieder nach einem Eckball ein Tor erzielt hatte. Meistens stießen diese Informationen auf Ablehnung, sie galten vielen Fans als typisches Beispiel für jene Überbewertung von Nebensächlichkeiten, die man der Fußballberichterstattung im Privatfernsehen damals sowieso unterstellte.

Die Datensammlung war beileibe kein deutsches Phänomen. 1996 begann die Firma Opta Index die Spiele der englischen Premier League statistisch so aufzubereiten, wie es der ehemalige Assistenztrainer der englischen Nationalmannschaft Don Howe vorgeschlagen hatte. Als das Unternehmen im Jahr 2000 vom Fernsehsender BSkyB gekauft wurde, wurden so auch die Spiele der ersten Ligen in Spanien, Holland und Japan erfasst. Ab 1998 kamen die Welt- und ab 2000 die Europameisterschaften hinzu. Inzwischen ist Opta unter dem Namen Opta Sport Daten auch in Deutschland vertreten und konkurriert mit der Firma Impire, die aus der *ran*-Datenbank hervorgegangen ist.

In England wurden die Ergebnisse der Datenerhebung in der Premier League einige Spielzeiten lang in einem Jahrbuch veröffentlicht, das vom Liga-Sponsor Barclays Bank in Zusammenarbeit mit Opta Index entstanden war. Dort gab es eine Fülle von statistischen Ergebnissen zu Teams und einzelnen Spielern. Im letzten Jahrbuch, das nach der Saison 2001/2002 erschien, konnte man etwa nachlesen, wie effektiv eine Mannschaft vor dem gegnerischen Tor gewesen ist. Manchester United war hier am besten, die Mannschaft hatte 15,6 Prozent ihrer Torschüsse zu Toren gemacht. Der FC Sunderland war in dieser Kategorie mit nur sieben Prozent Letzter. In der Tabelle wirkte sich das anders aus, als man erwarten würde: Manchester wurde nur Dritter, Sunderland rettete sich als Viertletzter vor dem Abstieg.

Dass Passgenauigkeit etwas über die Qualität einer Mannschaft aussagt, liegt auf der Hand. Doch auch hier landeten die beste und die schlechteste Mannschaft am Ende der Saison nicht an der Spitze oder am Ende der Tabelle. Manchester United erzielte sowohl die höchste Passgenauigkeit (81,3 Prozent) insgesamt als auch bei den Pässen in der gegnerischen Hälfte, den Kurzpässen und den lang gespielten Bällen. Der Fünftletzte, Bolton Wanderers, kam auf die geringste Zahl angekommener Pässe insgesamt (65,8 Prozent) und lag auch bei den Bällen in der gegnerischen Hälfte, den Kurz- und Langpässen hinten. Manchester United schlug zudem die besten Flanken – kein Wunder angesichts von Spielern wie David Beckham und Ryan Giggs auf den Flügeln. 28,3 Prozent fanden den Mitspieler, beim schlechtesten Team in dieser Kategorie, Derby County, waren es nur 20 Prozent.

Warum die Mannschaft von Sir Alex Ferguson jedoch 2002 nicht englischer Meister wurde, ließ eine weitere Statistik ahnen. Bei den Tacklings hatte sie eine Erfolgsquote von nur 70,7 Prozent – die schlechteste Mannschaft der Premier League. Angeführt wurde die Statistik vom Champion Arsenal mit 76 Prozent. Wie stark das Team von Arsène Wenger in jener Saison in der Defensivarbeit war, zeigte auch, dass es den Gegnern im Laufe der Saison nur 110 Schüsse aufs eigene Tor erlaubte, Absteiger Derby County kam auf 225. Auch in der Kategorie »Clearances«, was man als Rettungstaten im eigenen Strafraum übersetzen kann, lag Manchester United am Ende der Tabelle, dort glänzte vor allem Liverpool mit dem hünenhaften Finnen Sami Hyppiä und dem Schweizer Stéphane Henchoz, der früher beim Hamburger SV gespielt hatte.

Auf den Spielstil lassen die Statistiken ebenfalls Rückschlüsse zu. Dass Arsène Wenger beim FC Arsenal schon damals am Kombinationsfußball arbeitete, der auf schnellen Flachpasskombinationen fußt, zeigte sich im verblüffend geringen Anteil von Kopfballtoren. Sieben waren es insgesamt und damit nur 8,9 Prozent aller Treffer, so wenig wie bei keiner anderen Mannschaft. Aston Villa schoss fast jedes dritte Tor per Kopf. Doch bewegte Arsenal den Ball auf dem Rasen, ging es knallhart zu: Das Team wurde nicht nur am meisten gefoult, sondern beging selbst die drittmeisten Fouls. Die Mannschaft brachte so eine Reihe knappe Siege über die Zeit, elf davon mit nur einem Tor Unterschied.

Auch absolute Zahlen können deutlich machen, was während einer Saison auf dem Platz passiert. Manchester United und die Bolton Wanderers schnitten 2001/2002 nicht nur bei der prozentualen Passgenauigkeit am besten bzw. am schlechtesten ab. Auch in absoluten Zahlen waren die Unterschiede gewaltig. United spielte insgesamt 20 255 Pässe, die Wanderers nur 11 965, der Tabellen-Sechzehnte spielte auch nur 7395-mal Pässe in der gegnerischen Hälfte (Manchester 11 747-mal). Offenbar versuchten die Bolton Wanderers in ihrer Not, den Ball möglichst zügig nach vorn zu hauen.

Auch Statistiken zu einzelnen Spielern sind aufschlussreich. Der Franzose Patrick Vieira vom FC Arsenal machte die meisten Tacklings, hatte die höchste Erfolgsrate (79,7 Prozent), aber gemessen an Fouls, Gelben und Roten Karten, war er auch der unfairste Spieler der Saison. Sein Gegenstück war der nordirische Innenverteidiger Aaron Hughes, der damals bei Newcastle United spielte und nur alle 277 Minuten ein Foul beging, also lediglich in jedem dritten Spiel. Er wurde in 34 von 38 Saisonspielen eingesetzt und kam auf insgesamt nur elf Fouls.

Auf diese Weise kann man die Bilanz jedes Spielers in der Premier League nachschlagen, ob im Passspiel, bei den Flanken, Dribblings oder der Defensivarbeit. So kam der deutsche Nationalspieler Dietmar Hamann in 31 Ligaspielen für den FC Liverpool auf eine beeindruckende Passgenauigkeit in der gegnerischen Hälfte. Die 81 Prozent angekommener Bälle waren der Spitzenwert seiner Mannschaft. Außerdem erwies sich Hamann als Meister des kurzen Passes. Er spielte 1239 davon, 249 mehr als der Zweite seiner Mannschaft in dieser Kategorie. Außerdem hatte er eine verblüffende Erfolgsquote bei Dribblings, von denen er 90 Prozent erfolgreich bestritt.

Man sieht an diesen Beispielen, dass solche Arten von Statistiken eine ähnliche Art von Rückmeldungen geben, wie es die Videoanalyse tut. Die Statistiken können dabei helfen, bestehende Eindrücke zu bestärken oder zu verwerfen. Vielleicht wurde Trainer Gérard Houllier erst beim Blick auf die Passstatistik von Didi Hamann richtig klar, wie wertvoll er für das Gefüge beim FC Liverpool war.

Doch einen Nachteil haben solche Daten: Sie werden von Menschen erhoben. Bei Opta sitzen bei jedem Spiel ein Analyst pro Mannschaft und ein Supervisor zur Erfassung der Aktionen und Qualitätskontrolle vor dem Bildschirm. Die Analysten bewerten und spezifizieren die Events in Echtzeit und geben diese über Mausbefehle und Tastaturkombinationen mit exakter Positionsangabe direkt in die Datenbank ein. Dass da trotz aller Sorgfalt immer wieder Fehler passieren, kann man sich leicht vorstellen.

Dennoch liefern diese Daten nicht nur interessantes Material für Journalisten und ihre Analysen in Zeitungen oder im Fernsehen. Für die professionelle Nutzung durch die Fußballklubs bedarf es aber der kompletten Digitalisierung des Fußballs und der Verwandlung des Spiels in eines der Zahlen.

Der gläserne Spieler

Fußball setzt auf der ganzen Welt auch deshalb so viele Gefühle frei, weil uns das Hin- und Herwogen auf dem Platz während der 90 Minuten immer im Griff behält. Es gibt, abgesehen von der Halbzeitpause, keine Unterbrechungen, die es erlauben würden, unsere Aufmerksamkeit abzuwenden. Der Film des Spiels läuft immer weiter, und seine Dramaturgie ist die eines Auf- und Abschwellens. Mal baut sich Bedrohung auf, wenn der gegnerische Stürmer sich dem Tor unserer Mannschaft nähert, den ersten Gegner ausspielt und für Unordnung im Spiel unserer Abwehr sorgt. Dann wieder hoffen wir voller Vorfreude auf ein Tor, weil unsere Mannschaft den abgefangenen Ball nun sehr schnell nach vorn spielt, wo unser Mittelstürmer schon in aussichtsreicher Position wartet. Und selbst die öden Abschnitte langweiligen Ballgeschiebes können unversehens zum entscheidenden Moment, zum entscheidenden Treffer führen.

Doch wenn Christofer Clemens sich ein Spiel anschaut, ist vom Hin- und Herwogen nichts mehr übrig. Das Spiel hat eine technische Verwandlung hinter sich und ist nun gleichsam abstrakt. Clemens schaut mit einem Blick darauf, der dem eines Pathologen nicht unähnlich ist. Er will offenlegen und finden, was sich verborgen im Inneren befindet. Clemens will erkennen, wie es im Laufe der 90 Minuten dazu gekommen ist, dass eine Mannschaft erfolgreich war oder nicht. Wie der Pathologe nach Organfehlern sucht, nach beschädigten Blutgefäßen oder den Spuren einer Vergiftung, fahndet Clemens nach Stellungsfehlern und falschen Laufwegen, missglücktem taktischem Verhalten, individuellen Patzern. Und wie ein Arzt auf verdächtige Blutwerte reagiert, nimmt er auffällige Zahlen genauer in den Blick.

Das Spiel, wie der Spielanalytiker es sieht, ist erst in einen gigantischen Datensatz verwandelt und anschließend in seine Einzelteile zerlegt worden. 2500 bis 3000 Aktionen, die Clemens »ballgebunden« nennt, sind einzeln zu identifizieren. Alle 1,8 bis 2,2 Sekunden wird im Schnitt der Ball vom Torwart abgeworfen oder von Spielern gepasst, geflankt oder geschossen. Dazu kommen noch 2000 laufgebundene Aktionen, schließlich sind die Spieler meistens nicht am Ball und müssen dennoch rackern, Lücken schließen, Passwege verstellen oder sich freilaufen.

Clemens, Anfang 30, ist einer der profiliertesten Spielanalytiker oder Analysten, wie er manchmal selber sagt. Auf der Visitenkarte seines Arbeitgebers *Mastercoach* steht »Vertriebsleiter«, denn Clemens besucht Klubs, um deren Managern oder Trainern die Möglichkeiten und Vorzüge der Computersysteme aufzuzeigen, die das Unternehmen aus Düsseldorf anbietet, dessen Mutterhaus an der französischen Côte d'Azur in Nizza zu Hause ist.

Clemens vertreibt aber nicht nur Hard- und Software zur Analyse von Fußballspielen, er nimmt auch selbst Spiele auseinander und war damit sogar im Kino zu sehen. In Sönke Wortmanns WM-Film »Deutschland – Ein Sommermärchen« gibt es eine Szene, in der das Trainerteam um Jürgen Klinsmann bespricht, wie man das nächste Spiel angehen soll. Der damalige Nationaltrainer, sein Assistent Joachim Löw und Torwarttrainer Andreas Köpke sitzen dabei mit Chefscout Urs Siegenthaler zusammen, dessen Assistent Clemens ist. Er spielt vom Laptop aus Spielszenen zu, die beide in der Nacht zuvor als relevant herausgesucht hatten und nun bei der Entscheidungsfindung helfen sollen.

Das Material für solche Analysen ist das Ergebnis eines Vorgangs, der Tracking heißt und der größte technische Fortschritt ist, den es bei der Analyse von Fußballspielen in den letzten Jahren gegeben hat. Auf Deutsch könnte man den Begriff als »Standortverfolgung« übersetzen, denn die Bewegungen der Spieler auf dem Feld, wie sie von Kameras verfolgt und erfasst sind, werden in den Computer eingelesen.

Ungefähr seit der Jahrtausendwende gibt es das Tracking im Zusammenhang mit Fußball, wobei es unterschiedliche Verfahren gibt. Die meisten Anbieter von Spielanalysesystemen benutzen eigene Kameras, um das Spielfeld zu erfassen. Ein System aus Schweden namens Tracab arbeitet mit 16 Kameras und einer Technologie aus der Militärindustrie. Sie wurde ursprünglich zur Ortung gegnerischer Flugzeuge und zur Lenkung von Waffen benutzt. Sport Universal Process setzt mit Amisco Pro auf die aufwendigste Technologie, im Stadion werden unter dem Tribünendach acht Wärmekameras fest installiert und verkabelt. Das ist in Leverkusen, Hamburg, Freiburg, Hoffenheim, Stuttgart oder München der Fall und bei den meisten Klubs der Spitzenligen in Spanien und Frankreich sowie einigen Vereinen in England.

Ein technisches Problem der letzten Jahre bestand darin, dass die Übersetzung der Bewegungen auf dem Feld in Daten nachkontrolliert werden musste. Wenn Spieler in Zweikämpfe verwickelt waren, tat sich die Erkennung schwer, sie nach Ende des Zweikampfes wieder richtig zu identifizieren. Deshalb muss der Vorgang überprüft werden, wenn man zu wirklich exakten Ergebnissen kommen wollte.

Das ist auch der Grund dafür, weshalb es kein zuverlässiges Live-Tracking gibt, bei dem die Geschehnisse auf dem Platz sofort als Daten zur Verfügung stehen. Als Fernsehzuschauer kennen wir es von den Spielen bei Welt- und Europameisterschaften oder der Champions League zwar, einige Daten wie die Laufleistung von Spielern sofort geliefert zu bekommen. Doch waren sie bislang weder umfangreich noch exakt genug, um den Ansprüchen der Trainerstäbe zu genügen.

Die Informationen werden im Fall von Amisco über Nacht in Nizza aufbereitet, sodass die Analysten der jeweiligen Klubs am nächsten Morgen auf die Daten zurückgreifen können. Wie das aussieht, zeigt das Beispiel eines der spektakulärsten Länderspiele des Jahres 2009. Alle, die dort gewesen waren, schwärmten von der großartigen Leistung der argentinischen Mannschaft bei ihrem 2:0-Sieg im Februar in Marseille gegen Frankreich.

	Argentinien			Frankreich		
Spieldaten	1. HZ	2. HZ	**Gesamt**	1. HZ	2. HZ	**Gesamt**
Gesamte Spielzeit (mm:ss)	45:05	47:14	92:20	45:05	47:14	92:20
Effektive Spielzeit (mm:ss)	28:20	25:57	54:18	28:20	25:57	54:18
Ballbesitz (%)	55,35	55,69	55,51	44,65	44,31	44,49
Ergebnis	1	1	2	0	0	0
Fouls	6	7	13	11	12	23
Eckbälle	2	2	4	1	2	3
Abseits	0	1	1	0	0	0
Taktische Daten						
Schüsse	5	2	**7**	7	3	**10**
Schüsse auf das Tor (%)	80	50	**71**	57	0	**40**
Erfolgreiche Pässe aus dem Spiel	233	255	**488**	170	178	**348**
Erfolgreiche Pässe aus dem Spiel (%)	85	75	**80**	82	75	**78**
Pässe vorwärts aus dem Spiel	72	93	**165**	68	64	**132**
Erfolgr. Pässe vorwärts aus dem Spiel (%)	71	55	**62**	71	55	**63**
Anzahl Vorstöße in das Angriffsdrittel	22	25	**47**	29	24	**53**
Anzahl erfolgreiche Vorstöße ins Angriffsdrittel	64	32	**47**	55	58	**57**
Anzahl Vorstöße in das Angriffsdrittel links	10	9	**19**	5	9	**14**
Erfolgr. Vorstöße in das Angriffsdrittel links (%)	60	22	**42**	80	78	**79**
Anzahl Vorstöße in das Angriffsdrittel zentral	7	13	**20**	13	10	**23**
Erfolgr. Vorstöße ins Angriffsdrittel zentral (%)	71	23	**40**	38	30	**35**
Anzahl Vorstöße in das Angriffsdrittel rechts	5	3	**8**	11	5	**16**
Erfolgr. Vorstöße in das Angriffsdrittel rechts (%)	60	100	**75**	64	0	**69**
Anzahl Vorstöße in den Strafraum	1	3	**4**	6	3	**9**

	Argentinien			Frankreich		
	1. HZ	2. HZ	**Gesamt**	1. HZ	2. HZ	**Gesamt**
Erfolgreiche Vorstöße in den Strafraum (%)	100	0	**25**	50	100	**67**
Flanken	5	4	**9**	10	11	**21**
Erfolgreiche Flanken (%)	20	25	**22**	0	9	**5**
Abspiele pro Schuss	56	149,5	**82,71**	30,71	75,67	**44,2**
Abspiele pro Min. bei indirektem Ballbesitz	40,99	52,83	**46,35**	38,87	52,71	**44,93**
Individueller Ballbesitz	310	334	**644**	251	271	**522**
Anzahl indirekter Ballbesitz im letzten Drittel	51	56	**107**	74	46	**120**
Durchschnittliche Anzahl Ballkontakte pro ind. Ballbesitz	2.24	1.95	**2.09**	2.15	1.87	**2.01**
Zeit in ind. Ballbesitz (mm:ss)	06:49	05:39	**12:29**	05:31	04:18	**09:50**
Gewinn des Ballbesitzes	48	72	**120**	47	64	**111**
Verlust des Ballbesitzes	59	84	**143**	58	85	**143**
Verlust Ballbesitz / Ind. Ballbesitz	0,19	0,25	**0,22**	0,23	0,31	**0,27**
Anzahl Zweikämpfe	62	54	**116**	62	54	**116**
Gew. Zweikämpfe (%)	60	52	**56**	40	48	**44**
Bodenzweikämpfe	42	18	**60**	42	18	**60**
Gew. Bodenzweikämpfe (%)	60	50	**57**	40	50	**43**
Tacklings	0	18	**18**	0	18	**18**
Gew. Tacklings (%)	–	67	**67**	–	33	**33**
Luftzweikämpfe	20	18	**38**	20	18	**38**
Gew. Luftzweikämpfe (%)	60	39	**50**	40	61	**50**
Physische Daten						
Gesamte Laufdistanz (m)	56796	54388	**111184**	54600	53548	**108149**
Laufdistanz – Sprint (m)	123,4	119,3	**242,6**	137,7	112,3	**250,0**
Laufdistanz – Schnell Laufen (m)	164,3	128,7	**293,1**	139,2	127,7	**266,9**
Laufdistanz Hohe Intensität (m)	287,7	248,0	**535,7**	277,0	239,9	**516,9**
Durch. Erholungszeit zw. 2 Läufen hoher Intensität	02:35	03:21	**02:56**	02:40	03:05	**02:52**
Anzahl Läufe in Sprint und Schnell Laufen	188	153	**341**	120	182	**302**

	Argentinien			Frankreich		
	1. HZ	2. HZ	**Gesamt**	1. HZ	2. HZ	**Gesamt**
Anzahl Sprints	62	54	**116**	60	73	**133**
Durch. Länge Sprint (m)	21,9	24,3	**23**	20,8	20,6	**20,7**

Quelle: Amiscopro

Dies ist nur eine Überblicksseite des insgesamt 34 Seiten umfassenden Spielberichts, in dem sowohl die physischen wie taktischen Daten für jeden einzelnen Spieler und zu unterschiedlichen Phasen der Partie genau aufgeschlüsselt werden.

Experten wie Clemens haben einen klaren Blick dafür, welche Daten für sie jeweils interessant oder auffällig sind. Die Spieldaten etwa kann man in diesem Fall überspringen, während schon der erste der taktischen Werte zeigt, dass Argentinien beim Torabschluss präziser und effizienter war, denn sie schossen zwar weniger, aber dafür kamen mehr Bälle aufs Tor.

Deutlicher werden die Unterschiede zwischen beiden Teams, wenn man auf das Passspiel schaut. 488 Pässe stehen insgesamt bei den Argentiniern, 348 bei den Franzosen, das sind 30 Prozent weniger und sagt viel über den Stil der Mannschaften. Die Argentinier haben den Ball erfolgreich so zirkulieren lassen, wie wir es bei der Europameisterschaft auch von den Spaniern gesehen haben oder im internationalen Vereinsfußball vom FC Barcelona. Dass der Ball auch mal quer und nicht immer nur nach vorn gespielt wird, zeigen die Zahlen ebenfalls. Die Quote der Abspiele pro Schuss bestätigt erneut, dass der Ball lange durch die eigenen Reihen lief, bevor der Abschluss gesucht wurde. Dagegen spielte das klassische Flügelspiel mit Flanken in die Angriffsmitte kaum eine Rolle, anders als bei den Franzosen, wo es mit Thierry

Henry und Nicolas Anelka auch Abnehmer dafür gab. Der Begriff »individueller Ballbesitz« besagt, dass der Spieler jeweils den Ball kontrolliert hat, er hängt damit indirekt mit der Passquote zusammen. Er ist eine erneute Bestätigung dafür, dass die Argentinier mit großer Ballsicherheit agierten.

Die physischen Daten sind nicht sonderlich auffällig, denn eine Gesamtlaufleistung von etwa 110 Kilometern pro Team liegt im Rahmen des Normalen. Gut sind die Durchschnittswerte von Läufen hoher Intensität bzw. der reinen Sprints. Hier unterscheiden sich beide Teams nicht sehr – und doch gravierend. Dazu muss man sich dann aber die Daten einzelner Spieler anschauen und die Aufzeichnung des Spiels. Denn Frankreich lief oft sehr flink dem Gegner hinterher. So kam der defensive Mittelfeldspieler Jérémy Toulalan auf eine für seine Position bemerkenswert lange Strecke schneller Läufe, zumeist war er aber damit beschäftigt, die argentinischen Konter einfangen zu helfen.

Man muss die Zahlen also immer ins Verhältnis setzen. Nicht der absolute Wert ist von Belang, sondern der Bezug zu anderen und der Vergleich mit denen aus anderen Spielen. So wird man vielleicht im ersten Moment denken, dass es nicht viel ist, wenn Lionel Messi in der Partie in Marseille nur 2 Minuten und 12 Sekunden am Ball war. Das Gegenteil ist aber richtig, denn es ist ein überragender Wert. Sein französischer Gegenpart Franck Ribéry kam auf 1 Minute und 40 Sekunden, was ein Drittel Zeit weniger ist, aber immer noch bemerkenswert. Ein durchschnittlicher Bundesligastürmer ist oft nur 45 bis 50 Sekunden pro Spiel am Ball.

Lionel Messi

Spieldaten	1. Halbzeit	2. Halbzeit	Gesamt
Einsatzzeit	45:05	47:14	92:20
Tore	0	1	1
Fouls	1	1	2
Abseits	0	0	0
Gelbe Karte	0	0	0
Rote Karte	0	0	0
Taktische Daten	**1. Halbzeit**	**2. Halbzeit**	**Gesamt**
Schüsse	1	1	2
Schüsse aufs Tor (%)	100	100	100
Anzahl Pässe	19	25	44
Erfolgreiche Pässe (%)	79	84	82
Anzahl Pässe vorwärts	2	6	8
Erfolgr. Pässe vorwärts (%)	100	67	75
Anzahl Pässe quer	11	10	21
Erfolgreiche Pässe quer (%)	64	80	71
Anzahl Befreiungsschläge	0	0	0
Flanken	1	0	1
Flanken zum Mitspieler	0	0	0
Ballbesitz (Anz.)	35	40	75
Ballbesitz letztes Drittel (Anz.)	15	11	26
Durch. Anz. Ballkontakte pro ind. Ballbesitz	3.14	2.75	2.93
Zeit ind. Ballb. (mm:ss)	01:02	01:10	02:12
Gewinn des Ballbesitzes	1	7	8
Verlust des Ballbesitzes	8	8	16
Anzahl Zweikämpfe	5	9	14
Anzahl gew. Zweikämpfe	2	3	5
Gew. Zweikämpfe (%)	40	33	36
Bodenzweikämpfe	3	3	6
Gew. Bodenzweikämpfe	1	0	1
Gew. Bodenzweikämpfe (%)	33	0	17

Lionel Messi			
Luftzweikämpfe	2	1	3
Gew. Luftzweikämpfe	1	1	2
Gew. Luftzweikämpfe (%)	50	100	67
Tacklings	0	5	5
Gew. Tacklings	0	2	2
Gew. Tacklings (%)	–	40	40
Physische Daten	**1. Halbzeit**	**2. Halbzeit**	**Gesamt**
Gesamte Laufdistanz (m)	4808	4662	9471
Distanz Hohe Intensität (Sprint + Schnell Laufen)	263,7	350,8	614,6
Durch. Zeit zw. Läufen in hoh. Intensität	03:10	02:12	02:36
Sprints (m)	152,1	152,0	304,2
Anzahl Sprints	7	7	14
Schnell Laufen (m)	111,6	198,8	310,4
Anzahl Schnelle Läufe	7	14	21
Anz. Läufe in d. Strafraum	4	2	6
Anz. Läufe i. letzte Drittel	9	11	20
Anzahl Sprünge	2	2	4
Anzahl Diagonalläufe	14	17	31
Anzahl Läufe zurück	4	5	9

Die insgesamt 9,5 Kilometer Laufleistung sind typisch für Messi, er ist nicht der große Dauerläufer. Wichtiger sind seine Sprints und schnellen Läufe, von denen er in der zweiten Halbzeit noch ordentlich nachlegen konnte. Dass er kein klassischer Flügelstürmer ist, sondern oft nach innen zieht, zeigen die 31 Diagonalläufe am Ball, und wenn es vorn mal nicht weitergeht, dann geht es eben auch mal zurück.

Zusätzlich zu diesen Daten bekommt der Analyst einen Fernsehmitschnitt des Spiels sowie dessen zweidimensionale Animation. Auf dieser kann man die Wege der Spieler nachverfolgen, wie sie sich im realen Spiel bewegt haben. Sie laufen als farbige Punkte über ein animiertes Spielfeld. Dabei ist es auch möglich, den Abstand zwischen den Spielern zu überprüfen und zu klären, ob die Abwehrspieler nah genug zusammenstanden oder ihr Abstand zum Mittelfeld richtig war.

Die Möglichkeiten der Videoanalyse sind hier also mit denen der Datenerhebung kombiniert, nur dass diese Daten genau sind und noch mehr Parameter beinhalten. So kann man jeden Aspekt des Spiels isolieren und neu ordnen, dabei verfügt man nun über das Fernsehbild, die Animation und die Daten. Die Analysten können sich also jede Szene eines einzelnen Spielers anschauen, seine physischen Daten durchforsten und im sogenannten »Soziogramm« nachschauen, wem der Spieler wie viele Pässe zugespielt hat oder von wem er wie oft angespielt wurde.

In England, wo es mit ProZone einen mit Amisco technisch fast identischen Anbieter gibt, verfügen alle Klubs der Premier League über eine solche High-End-Einrichtung. Bei den großen Klubs der Premier League ist es nicht ungewöhnlich, dass dort sieben bis zehn Analysten arbeiten, um das Material aufzuarbeiten. »Die englischen Mannschaften sind so gut auf den Gegner vorbereitet wie sonst niemand«, sagt Clemens. So werden stets die drei letzten Spiele des Gegners gesichtet, und nicht nur das letzte. Durch das umfangreiche Programm mit Ligapokal und dem FA-Cup, wo es bei Unentschieden Wiederholungsspiele gibt, fallen mehr Partien als bei uns an. Außerdem arbeiten einige Analysten noch für die Nachwuchsmannschaften, die den Profimannschaften zugeordnet sind.

Dennoch gilt auch bei dieser aufwendigen Kombination von Bild, Animation und Datenerhebung, dass es dadurch allein noch keinen Erkenntnisgewinn gibt. Man kann über eine ozeanische Fülle von Informationen verfügen und doch nicht wissen, was auf dem Platz passiert ist. Nach wie vor müssen die Szenen richtig gedeutet und für die Mannschaft richtig aufgearbeitet werden. Nicht jeder Trainer und nicht jeder Analyst wird die Fehler der eigenen Mannschaft finden oder die Spielweise einer gegnerischen Mannschaft nur deshalb erkennen können, weil er das Material dazu hat.

Bei der deutschen Nationalmannschaft ist Clemens meist auch in die Nachbereitung eingebunden, wo das Trainerteam überprüft, ob während der 90 Minuten die Vorgaben umgesetzt wurden oder wo es damit haperte. So war im Herbst 2008 vor dem wichtigen WM-Qualifikationsspiel gegen Russland die Maxime ausgegeben worden, nach Ballgewinn möglichst schnell nach vorn zu spielen. Also schaute sich Clemens noch einmal alle Ballgewinne an und was danach passierte. Wenn die Innenverteidiger einen Ball eroberten, sollten sie im Schnitt jeden zweiten zur Seite und die andere Hälfte nach vorn spielen, aber möglichst nicht nach hinten. »Wenn der Innenverteidiger bei 50 Balleroberungen den ersten Pass 25-mal zur Seite, zehnmal nach hinten und 15-mal nach vorn gespielt hätte, wäre die Vorgabe nicht erfüllt gewesen«, sagt Clemens. Dass daraus aber schematisch der Schluss gezogen wird, dass die Innenverteidiger ihre Arbeit nicht gut gemacht hätten, wäre falsch. Man muss dann noch einmal genauer gucken, bei wie vielen dieser Rückpässe die Situation so war, dass ein Pass nach vorn fatal gewesen wäre. Vielleicht wäre das fehlende Spiel nach vorn auch nicht die Schuld der Verteidiger, sondern der Kollegen aus dem Mittelfeld, die sich nicht angeboten hatten. Die deutsche Verteidigung arbeitete gegen Russland übrigens so, wie sie sollte.

Die Vorgaben muss ein Analyst nicht nur kennen, eigentlich sollten seine Vorstellungen von dem, was auf dem Platz gemacht werden muss, zu denen des Cheftrainers passen. Schließlich interpretiert nicht jeder Trainer das Verhalten auf dem Platz gleich. Soll in der deutschen Nationalmannschaft unbedingt das schnelle Spiel nach vorn gesucht werden, ist beim spanischen Nationalteam genau das Gegenteil richtig. Der eine Trainer möchte, dass der Gegner beim Verteidigen nach außen auf den Flügel gedrängt wird, der andere möchte ihn unbedingt in die Spielfeldmitte ziehen. Daher ist es schon notwendig, dass der Spielanalytiker die Ideen des Trainers teilt oder zumindest ganz genau kennt.

Außerdem darf er sich bei der Analyse nicht zu sehr von seinen Erwartungen lenken lassen. »Wenn ich schon vor dem Spiel sage, dass Holland mit drei Stürmern, Brasilien mit Kurzpassspiel und Mexiko technisch gut und aggressiv spielt, sehe ich das auch«, sagt Clemens. Andererseits kann man bei der Nachbetrachtung auch eine falsche Selbstwahrnehmung korrigieren, wie es bei der deutschen Nationalmannschaft nach dem Gruppenspiel der Europameisterschaft 2008 gegen Kroatien der Fall war. Dort hatte das gesamte Trainerteam den Eindruck, von Beginn an eine äußerst schlechte deutsche Mannschaft gesehen zu haben. Doch bei der Auswertung der Daten stellte sich heraus, dass sie zwar nicht gut gespielt hatten, aber bis zum Rückstand nach 25 Minuten immerhin durchschnittlich und keinesfalls katastrophal. »Man wollte gegen Kroatien ein dynamisches Spiel und Überlegenheit sehen, und als das nicht so kam, war alles schlecht«, sagt Clemens.

Die Verfügbarkeit von Videos und inzwischen auch

von verlässlichen Daten hat die Arbeitsweise von Trainern verändert. »Ich glaube zwar nicht, dass man das ganze Spiel auf Zahlen reduzieren kann, aber sie geben dir eine bessere Sicht auf die Parameter, die wirklich wichtig sind«, sagt Arsène Wenger. »Ich muss zugeben, dass ich am Morgen nach einem Spiel wie einer bin, der seine nächste Dosis braucht. Deshalb nehme ich alle Zahlen, die ich nur bekommen kann.«

Die Daten haben aber nicht nur dazu beigetragen, den Blick aufs Spielfeld zu objektivieren. Fußball ist dadurch auf eine Weise zu einem Spiel der Zahlen geworden, wie Baseball es schon lange ist. Und die Menge der Fußballdaten wird in Zukunft noch explosionsartig zunehmen, wenn sich deren umfangreiche Erhebung nicht nur die Topklubs leisten können. Schon länger wird daran gearbeitet, das Tracking verlässlich zu automatisieren. So wird eine entsprechende Software vermutlich schon bald die Videobilder eines Fußballspiels lesen können. Dann bedürfte es keiner speziellen Wärmekameras unter dem Stadiondach mehr, um das Geschehen auf dem Rasen digitalisieren zu können. Man würde einfach eine Videokamera aufbauen, die das ganze Spielfeld erfasst, und anschließend würde die Partie am Computer digitalisiert und in all die Kategorien aufgeschlüsselt, die wir kennengelernt haben.

Doch auch jetzt schon wird die Menge der Daten mit jedem Spieltag größer. Sie sammeln sich bei Firmen wie Amisco oder ProZone an oder bei Unternehmen wie Opta und Impire. Je größer die Masse der Daten, desto größer ist einerseits die Unübersichtlichkeit und auf der anderen Seite das Versprechen, darin Erklärungen zu finden, warum die Dinge so sind, wie sie sind. Die Suche nach versteckten Informationen in großen Datenmengen gehört schließlich außerhalb des Fußballs längst zu unserem Alltag, weil sie in vielen Bereichen wirtschaftlich wichtig ist.

Der Erfolg von Online-Partnerbörsen etwa beruht darauf, dass Computerprogramme die Daten von Zehntausenden Partnersuchenden so durchleuchten, dass diejenigen gefunden werden, bei denen Persönlichkeitsmerkmale oder Interessen zueinander passen. Wenn wir im Internet etwas kaufen wollen, werden wir ständig mit dem Hinweis konfrontiert, »Kunden, die dieses Produkt gekauft haben, kauften auch ...«. Inzwischen funktionieren diese Ratschläge so gut, dass sie für mehr Umsatz sorgen.

Bei der amerikanischen Supermarktkette Wal-Mart fand 2004 ein Programm, das die Belieferung der Filialen organisiert, den Zusammenhang zwischen Kuchen und Naturkatastrophen heraus. Als der gewaltige Hurrikan Ivan über Florida hinwegraste, verkauften sich Pop-Tarts auffallend besser. Die Erklärung dafür lag im teilweisen Zusammenbruch der Energieversorgung: Diesen Kuchen konnte man auch essen, ohne ihn erwärmen oder kühlen zu müssen. Daher versorgte Wal-Mart seine Filialen in der Schneise des Hurrikans schon vorher mit größeren Mengen des Produkts.

Im Grunde geht es immer wieder darum, durch Datenanalyse bessere Voraussagen machen zu können, ob über das Konsumentenverhalten, über mögliche Erdbeben oder den Erfolg von Filmen. Die britische Firma Epagogix hat ihre Computer mit Informationen über Kassenschlager bei Filmen gefüttert und glaubt anhand des Filmdrehbuchs den Erfolg abschätzen zu können. Das bedeutet auch, dass man nach Ansicht von Epagogix die Story eines Films oder ihr Setting mithilfe von Computerberechnung erfolgreich verändern kann.

Auch die Arbeit des Baseballstatistikers Bill James

gehört in einen Bereich, wo Muster und Strukturen in großen Datenmengen ausfindig gemacht und daraus Formeln entwickelt werden, um Voraussagen treffen zu können. Seine berühmte Formel der *On Base Percentage*, die den Sport nachhaltig verändert hat, war ein Ergebnis davon. Er hat die Sportwelt damit gelehrt, dass in den Zahlen noch weitaus mehr Wahrheiten stecken können als die vordergründigen. Und er hat seinen Sport gelehrt, sich nicht allein auf Experten und Meinungen zu verlassen, sondern sich auf die Suche nach überprüfbarem Wissen zu machen. Doch wie können wir Fußball berechnen?

Kapitel 3
Von der Berechenbarkeit des Spiels

Bestechung rechnen

Im Frühjahr 2006 verfolgten die beiden Arbeitsökonomen Tito Boeri und Battista Severgnini die Enthüllungen im italienischen Fußball genauso atemlos wie die meisten anderen Fans des Landes. Die Polizei hatte Telefone von Fußballmanagern, Verbandsfunktionären sowie Schiedsrichtern abgehört und war dabei auf ein riesiges Netzwerk der Korruption gestoßen. Einflussreiche Männer verschiedener Klubs hatten sich abgesprochen und reihenweise Schiedsrichter unter Druck gesetzt, um Spiele in der Erstligasaison 2004/2005 zu beeinflussen. Rekordmeister Juventus Turin wurde nach den Ermittlungen der Titel aberkannt und musste in die zweite Liga absteigen. Andere Klubs wurden mit Punktabzug bestraft und reihenweise Offizielle aus ihren Ämtern entfernt.

Der *Calciopoli* genannte Skandal war Höhepunkt einer langen Geschichte der Korruption im italienischen Fußball. Bereits 1927 wurde dem AC Turin der Gewinn der Landesmeisterschaft vom italienischen Fußballverband aberkannt, weil der Manager des Klubs einen Spieler des Lokalrivalen Juventus vor dem Derby bestochen hatte. 1980 wurden zwei der größten italienischen Vereine, der AC Mailand und Lazio Rom, in die zweite Liga zwangsversetzt, weil sie für illegale Fußballwetten Spiele verschoben hatten. Anderen Vereinen wurden Punkte abgezogen und einzelne Profis für Jahre gesperrt.

Boeri, der einen Lehrstuhl an der renommierten Bocconi Universität in Mailand hat, und Severgnini, Wissenschaftlicher Mitarbeiter an der Humboldt-Universität zu Berlin, beschäftigen sich im Rahmen ihrer Forschungen vor allem mit Fragen von Arbeitsleistung und Produktivität. 2006 wollten sie zunächst eigentlich die von Fußballspielern ermitteln, weil sich Fußball ihrer Meinung nach besonders gut für derartige Berechnungen eignet. Schließlich steht am Ende einer Saison immer eine Tabelle, die über Erfolg und Misserfolg eindeutig Auskunft gibt. Doch unter dem Eindruck von *Calciopoli* begannen sie sich eine andere Frage zu stellen: Kann man Spielmanipulationen möglicherweise rechnerisch ermitteln?

Auch sie wollten also verborgene Informationen aus einer großen Menge von Daten bergen. Sie wollten korrumpierte Partien von den sauberen trennen und nach den ausschlaggebenden Faktoren suchen, um das tun zu können. Zunächst stellten die beiden Ökonomen dazu eine Art Wahrscheinlichkeitsrechnung an, die der von Buchmachern zur Ermittlung von Wettquoten nicht unähnlich ist. Dann rechneten sie die Medienkonzentration im italienischen Fußball ein und das Auswahlverfahren, nach dem Schiedsrichter den Spielen zugewiesen wurden. Das mag sich zunächst einmal seltsam anhören, hat aber mit den Besonderheiten des italienischen Fußballs und des Skandals selbst zu tun.

Bei *Calciopoli* ging es nämlich nicht um bestochene Spieler, sondern ausschließlich um manipulierende Unparteiische. In diesem Zusammenhang ist es auch wichtig, dass man versteht, wie Journalisten als Handlanger der Klubs agierten. In populären Fernsehsendungen wie *Il Processo* (Der Prozess) lobten sie im Auftrag von

Klubs gefällige Schiedsrichter oder kritisierten vehement jene, die nicht nach Wunsch pfiffen. Vereinseigner wie die Agnelli-Familie kontrollieren nicht nur Fernsehrechte, sondern sind auch Eigentümer von Zeitungen.

Machten die Journalisten auf Geheiß Stimmung gegen einen Schiedsrichter, war die Wahrscheinlichkeit größer, dass dieser weniger Spitzenspiele zugewiesen bekam und nicht für sportlich interessante sowie finanziell lukrative internationale Begegnungen nominiert wurde. Über die Ansetzung der Unparteiischen entschied die Schiedsrichterkommission des italienischen Fußballverbandes, die, wie durch *Calciopoli* ebenfalls offengelegt wurde, durch Vereinsfunktionäre beeinflusst worden war.

Als Boeri und Severgnini auch noch die vertraulichen Bewertungen der Schiedsrichterleistungen der Saison 2004/2005 zugespielt bekamen, zeigten diese, dass die Spiele von Juventus Turin eher von Schiedsrichtern gepfiffen wurden, die nicht gut in Form waren, während die Partien des größten Konkurrenten AC Mailand stets von den gerade besten Referees geleitet wurden.

Boeri und Severgnini rechneten nun all diese Faktoren in ein hochkomplexes ökonometrisches Modell und versuchten, damit verschobene Spiele zu identifizieren. Das Verfahren war letztlich ähnlich dem jener Firma, die Voraussagen über Filmerfolge machte, oder dem Computerprogramm, das einen hohen Kuchenverbrauch im Katastrophengebiet errechnete.

Die beiden italienischen Ökonomen konnten ihre Theorie mit der Wirklichkeit abgleichen, als ihnen die komplette Liste mit allen 78 Erstligaspielen zugespielt wurde, die von der italienischen Polizei nach der Auswertung von abgehörten Telefonaten für manipuliert gehalten wurden. Dabei zeigte sich, dass ihr Modell treffende Aussagen gemacht hatte. Auch deckte sich die errechnete Kurve, zu welchem Zeitpunkt der Saison am häufigsten manipuliert wird, mit der wirklichen Verteilung. Sie hatten als Höhepunkt den 19. Spieltag berechnet, und wirklich wurden 2004/2005, als die Spielzeit 38 Runden umfasste, die meisten Partien um die Saisonmitte verschoben. Also nicht zum Ende, wie man hätte vermuten können.

Die *Calciopoli*-Liste umfasste durch bewusste Fehlentscheidungen der Schiedsrichter direkt manipulierte Spiele. Es gab aber auch eine indirekte Beeinflussung, die darin bestand, dass nicht das Spiel selber verschoben wurde, sondern ein Gegner in der Vorwoche durch Platzverweise oder Gelbsperren geschwächt wurde, sodass ihm starke Spieler fehlten.

Die Calciopoli-Liste	
4. Spieltag:	Udinese – Brescia 1:2
5. Spieltag:	Udinese – Juventus 0:1
6. Spieltag:	AC Florenz – Siena 0:0
7. Spieltag:	Siena – Juventus 0:3
8. Spieltag:	Chievo – Sampdoria 0:2
	Juventus – AS Rom 2:0
	AC Milan – Atalanta Bergamo 3:0
9. Spieltag:	Juventus – Chievo 3:0
	Messina – Reggina 2:1
	Siena – Bologna 1:1
10. Spieltag:	AC Florenz – Inter 1:1
	AC Milan – AS Rom 1:1
	Reggina – Juventus 2:1
11. Spieltag:	Brescia – AC Milan 0:0
	Siena – Lecce 1:1
12. Spieltag:	Cagliari – Inter 3:3
	AC Milan – Siena 2:1

Die Calciopoli-Liste

13. Spieltag:	Atalanta Bergamo – Reggina 0:1
	Messina – AC Florenz 1:1
	Siena – AS Rom 0:4
14. Spieltag:	Parma – AC Milan 1:2
	Reggina – Brescia 1:3
	AS Rom – Sampdoria 1:1
15. Spieltag:	Bologna – Juventus 0:1
	Chievo – Palermo 2:1
	Lazio Rom – Lecce 3:3
16. Spieltag:	Juventus – AC Milan 0:0
	Palermo – Cagliari 3:0
	AS Rom – Parma 5:1
	Siena – Livorno 1:1
17. Spieltag:	Parma – Juventus 1:1
	Atalanta Bergamo – AC Florenz 1:0
	Brescia – Bologna 1:1
	Reggina – Palermo 1:0
18. Spieltag:	Inter – Sampdoria 3:2
	Lecce – Reggina 1:1
	Messina – Brescia 2:0
19. Spieltag:	Atalanta Bergamo – Siena 1:1
	Cagliari – Juventus 1:1
	Livorno – Messina 3:1
	Sampdoria – Bologna 0:0
20. Spieltag:	Inter – Chievo 1:1
	Lecce – Atalanta Bergamo 1:0
	Messina – Parma 1:0
21. Spieltag:	AC Milan – Bologna 0:1
	Parma – Udinese 1:0
	AS Rom – Messina 3:2
	Sampdoria – Siena 1:1

Die Calciopoli-Liste

22. Spieltag:	Inter – Atalanta Bergamo 1:0
	Juventus – Sampdoria 0:1
	Lazio Rom – Brescia 0:0
	Messina – AC Milan 1:4
23. Spieltag:	Cagliari – Lecce 3:1
	Chievo – Messina 1:0
	Palermo – Juventus 1:0
	AS Rom – Bologna 1:1
24. Spieltag:	AC Florenz – Parma 2:1
	Lazio Rom – Atalanta Bergamo 2:1
	Siena – Messina 2:2
25. Spieltag:	Palermo – Lecce 3:2
	Siena – AC Florenz 1:0
	Udinese – Inter 1:1
26. Spieltag:	Inter – AC Milan 0:1
	Lazio Rom – Parma 2:0
	Lecce – Messina 1:0
	Reggina – Chievo 1:0
27. Spieltag:	Atalanta Bergamo – AC Milan 1:2
	Messina – Lazio Rom 1:0
	AS Rom – Juventus 1:2
	Siena – Brescia 2:3
	Atalanta Bergamo – Parma 1:0
28. Spieltag:	Reggina – Messina 0:2
29. Spieltag:	Inter – AC Florenz 3:2
30. Spieltag:	AC Florenz – Juventus 3:3
	Udinese – AS Rom 3:3
31. Spieltag:	Livorno – AC Florenz 2:0
33. Spieltag:	Bologna – AC Florenz 0:0
	Lazio Rom – Juventus 0:1
36. Spieltag:	Messina – Cagliari 2:1
	Udinese – Sampdoria 1:1

Ich traf Battista Severgnini in Berlin, nach mehr als zwei Jahren Arbeit war er bester Laune und der Ansicht, über ein ausgereiftes Modell zu verfügen, um auch Spiele der Vergangenheit als manipuliert zu identifizieren. »Wir gehen davon aus, dass wir weitere Spiele entdeckt haben, die nicht auf der Liste stehen und ebenfalls manipuliert waren«, sagte er. Die rechnerische Überprüfung der letzten Jahre wies zunächst zwei Partien von Juventus Turin in der Saison 2003/2004 als manipuliert aus: ein 1:0 gegen Perugia und einen 2:0-Sieg bei Modena. Vom Erfolg in Modena findet man noch heute ein Video auf YouTube, wo der Schiedsrichter in einer Fülle von strittigen Situationen für die Gäste aus Turin entscheidet.

Im Frühsommer 2009 überarbeiteten Severgnini und Boeri die Liste noch einmal und nahmen den Sieg von Juventus in Perugia herunter, obwohl die Wahrscheinlichkeit einer Manipulation immer noch hoch war. Aber ihre Neuberechnungen ergaben nicht mehr ganz so deutliche Ergebnisse. Dafür stießen sie auf drei andere Spiele. Es handelt sich dabei um einen 1:0-Heimsieg von Lecce über Udinese in der Saison 1999/2000, bei dem ein irreguläres Tor von Lecce anerkannt wurde, einen 2:0-Sieg von Chievo über Udinese in der Saison 2005/2006 und im gleichen Jahr einen 2:0-Sieg von Juventus Turin über Siena.

Der ehemalige Manager von Juventus Turin, Luciano Moggi, der im Mittelpunkt von *Calciopoli* stand, hatte die beiden Wissenschaftler bereits attackiert, als sie Ende 2006 mit ihren Überlegungen erstmals in die Öffentlichkeit gingen. Er drohte damals mit einer Klage, die allerdings nie eingereicht wurde. Außerdem lancierte Moggi, die beiden Wissenschaftler wären voreingenommen, weil sie Freunde des im September 2006 zurückgetretenen Präsidenten von Telecom Italia und Vorstandsmitglied von Inter Mailand, Marco Tronchetti Provera, seien. »Dabei haben wir den noch nie in unserem Leben gesehen«, sagt Severgnini. Er selbst ist Fan des Drittligisten US Pergocrema, Boeri ist Anhänger des AC Mailand.

Ihre Berechnungen beinhalten trotz aller italienischen Besonderheiten eine Erkenntnis für den Fußball allgemein. »Unser Modell zeigt, dass die Wahrscheinlichkeit von Korruption im Fußball generell steigt, wenn nur wenige Klubs am Wettbewerb an der Spitze beteiligt sind«, sagt Severgnini. In Italien ist es aufgrund von stark ungleich verteilten Fernsehgeldern so, dass die beiden Mailänder Vereine und Juventus Turin den Wettbewerb dominieren. In England machen seit Jahren Manchester United, der FC Liverpool, Chelsea und Arsenal die ersten vier Plätze unter sich aus. Auch in anderen europäischen Ligen bildet ein mehr oder minder geschlossener Kreis von Klubs die Spitzengruppe. Das birgt aber nicht nur die Gefahr der Langeweile, sondern, wenn man den Berechnungen aus Italien glaubt, die der Korruption.

Der Fluch der drei Punkte

Fußball ist nicht nur der Ballsport, in dem wohl die wenigsten Treffer erzielt werden, es werden auch immer weniger. Die Entwicklung schreitet nicht linear voran, aber der Trend ist seit Jahrzehnten ungebrochen, wie der Wirtschaftswissenschaftler Ignacio Palacios-Huerta von der Brown University 2004 belegt hat. Er untersuchte alle Spielergebnisse im englischen Fußball von 1888 bis 1996, das waren nicht weniger als 39 550 Spiele der ersten Liga, 39 796 der zweiten, 20 424 der dritten und 20 017 der vierten Liga. Dabei bestätigte sich, dass die Torquote kontinuierlich fiel.

Im Zeitraum von 1888 bis 1915 waren in der höchsten Spielklasse im Schnitt noch 3,3 Tore pro Spiel erzielt worden, von 1920 bis 1939 fielen durchschnittlich 3,28 Treffer, von 1947 bis 1982 waren es genau drei und von 1982 bis 1996 nur noch 2,65. Die Zahlen der unteren Klassen lagen etwas niedriger und machten die gleiche Abwärtskurve mit.

Darüber hinaus hatten Palacios-Huerta und Luis Garicano, der heute an der London School of Economics lehrt, mit einer gemeinsamen Arbeit im Jahre 2006 jedoch mehr im Sinn, als nur Tore zu zählen. Sie wollten vor allem herausfinden, wie sich eine der wichtigsten Regeländerungen auf den Fußball ausgewirkt hatte, von der jüngere Fußballfans vermutlich gar nicht mehr genau wissen, dass es sie nicht immer schon gegeben hat: die Drei-Punkte-Regel.

Bei der ersten Fassung von Fußballregeln im 19. Jahrhundert war festgelegt worden, dass es für den Sieger eines Spiels zwei Punkte geben sollte, für den Verlierer keinen und im Fall eines Unentschiedens die beiden Punkte geteilt werden. Eine erste Ausnahme von dieser Regel gab es beim Versuch der Etablierung von Profifußball in den USA zu Beginn der siebziger Jahre.

Anfang der neunziger Jahre, anlässlich der Weltmeisterschaft 1994 in den USA, begann erneut eine Debatte darüber, wie man im Fußball für mehr Angriffsschwung und eine größere Zahl von Toren sorgen könne. So beschloss die FIFA, bei der WM eine neue Regel auszuprobieren: Für einen Sieg sollte es einen Zusatzpunkt geben. Vor allem die amerikanischen Organisatoren hatten darauf gedrängt, weil die im Vergleich zu den amerikanischen Mannschaftssportarten geringe Zahl von Treffern in den USA ständig Anlass zu spöttischer Kritik gab.

Der Versuch bei der WM wurde als gelungen interpretiert, ab der Saison 1995/1996 wurde dann weltweit die Drei-Punkte-Regel eingeführt. Doch der gewünschte Effekt, dass offensiver gespielt und mehr Tore erzielt wurden, blieb aus. In Deutschland waren von Einführung der Bundesliga 1963 an bis zur Saison 1987/1988 mit der Ausnahme von zwei Spielzeiten durchschnittlich immer über drei Tore pro Spiel erzielt worden. Danach war sie unter diese Grenze gerutscht, nur in der Saison 1994/1995 fielen noch einmal 3,02 Treffer pro Spiel, anschließend wurde die Grenze von drei Toren pro Spiel nie wieder übertroffen.

Auch in den anderen großen europäischen Ligen zeigten sich die Mannschaften relativ unbeeindruckt davon, dass ein Sieg mit drei Punkten belohnt wurde. Die englische Premier League erreichte 2006/2007 sogar nur noch 2,45 Tore pro Spiel. Das unterboten nicht einmal die Defensivspezialisten aus Italien. Dagegen brach in Frankreich die totale Tordürre aus, 2005/2006 kam die Ligue 1 auf nur noch 2,13 Tore pro Spiel. In den fünf europäischen Spitzenligen in England, Italien, Spanien, Frankreich und Deutschland erreichte nach dem Jahr 2001 nur noch die Bundesliga einen Wert von 2,7 Toren, überall sonst waren es weniger.

Auf die Weltmeisterschaften hatte die Drei-Punkte-Regel ebenfalls keinen stimulierenden Einfluss. Seit der Endrunde 1994 in den USA wurden jedes Mal weniger Tore erzielt als beim Turnier zuvor. Die nur noch 2,30 Tore pro Spiel bei der Endrunde 2006 in Deutschland waren der zweitschlechteste Wert aller Zeiten.

Erklärt wurde diese Entwicklung gemeinhin damit, dass die Spieler immer besser austrainiert seien, die taktischen Maßnahmen raffinierter und rigider wurden. Dass die Drei-Punkte-Regel selbst etwas mit dieser Entwicklung zu tun haben könnte, dachte niemand. Erst

Palacios-Huertas und Garicano zeigten auf, welchen Schaden die Regeländerung angerichtet hatte. Statt offensiven Fußball zu fördern, hatte sie genau den gegenteiligen Effekt.

Die beiden Wissenschaftler sind ausgewiesene Fachleute für Spieltheorie, ein Teilgebiet der Mathematik zur Analyse von Systemen mit mehreren Akteuren, und sie hatten sich zuvor schon mit den Effekten von Anreizen beschäftigt. Denn nicht immer sorgen diese für die erwünschten Folgen. Als der amerikanische Geheimdienst CIA seinen Agenten Prämien dafür zahlte, Spione zu rekrutieren, stieg deren Zahl sofort. Weil aber nur deren Zahl und nicht ihre Qualität honoriert wurde, machten sich die CIA-Mitarbeiter keine Mühe mehr, die Spione in Spitzenpositionen zu schleusen. Berühmt geworden für die Auswirkungen von Anreizen ist auch das Beispiel betrügender Lehrer, das Steven David Levitt in seinem Buch »Freakonomics« beschreibt. Weil die Schulen für Lernerfolge der Schüler belohnt wurden, manipulierten Lehrer die Ergebnisse der Tests zugunsten der Schüler.

Wenn man für bestimmte Erfolge stärker belohnt wird, heißt es nicht zwangsläufig, die eigenen Anstrengungen zu erhöhen. Oft werden nur die Bemühungen anderer sabotiert, und genau das passierte nach Einführung der Drei-Punkte-Regel. Die beiden Wissenschaftler wiesen das im Vergleich der Saison 1994/1995 in der spanischen ersten Liga, der letzten nach altem Format, mit der Spielzeit 1998/1999 nach.

Dabei stellten sie fest, dass die Zahl der Unentschieden von 29,7 Prozent geringfügig auf 25,5 Prozent sank, während die Zahl der Siege mit einem Tor Unterschied von 31 Prozent auf 40 Prozent stieg. Außerdem wurden mehr Stürmer eingesetzt. Es wurden mehr Torschüsse abgegeben und Eckbälle herausgespielt, was durchaus ein gesteigertes Offensivbemühen belegte. Doch vor allem wurde das gegnerische Spiel massiver als zuvor unterbunden.

Bei der Auswertung von Spielstatistiken aus spanischen Sportzeitungen zeigte sich, dass häufiger gefoult wurde und es mehr Verwarnungen gab. Waren schon vor der Regeländerung tendenziell zusätzliche Defensivspieler eingewechselt worden, um eine Führung zu verteidigen, verstärkte sich dieser Effekt nach der Regeländerung noch. Das Spiel änderte sich wirklich, aber nicht auf die gewünschte Weise. Der Sieg war deutlich wertvoller geworden, es wurde deshalb aber nicht mutiger und mit offenem Visier gekämpft, sondern mit zäher und defensiverer Haltung.

Der verschwundene Heimvorteil

Vielleicht gibt es sogar einen Zusammenhang zu einer anderen Auffälligkeit, die Palacios-Huerta bei seiner Analyse der mehr als 120 000 Resultate aus mehr als hundert Jahren englischen Fußballs fand. Denn im Laufe der Zeit hatte der Heimvorteil abgenommen. Über den gesamten Zeitraum endete etwa jedes zweite Spiel mit einem Heimsieg, jeweils 25 Prozent mit einem Unentschieden bzw. einem Auswärtssieg. Doch in den frühen Jahren lag der Anteil der Heimsiege höher. Zwischen 1888 und 1915 endeten 56,6 Prozent der Spiele in der höchsten Spielklasse mit einem Heimsieg, zwischen 1983 und 1996 waren es nur noch 47,4 Prozent. Entsprechend stieg die Zahl der Auswärtssiege von 23,1 Prozent auf 25,3 Prozent. In den unteren Klassen war der Heimvorteil statistisch gesehen durchgehend größer.

Warum es diese Veränderung gegeben hat, dazu haben die beiden Wissenschaftler keine These geliefert. Eine Vermutung wäre aber, dass vor allem die Spitzenteams in England, die aufgrund von hohen Einnahmen in der Champions League einen großen Wettbewerbsvorteil haben, auswärts nur noch selten verlieren. So unterlagen FC Liverpool, Arsenal, Chelsea und Manchester United in der Premier League 2007/2008 zusammen nur noch in sieben Auswärtsspielen – abgesehen von Heimniederlagen, die sie sich gegenseitig zufügten.

Gänzlich aus dem Ruder lief aber in den letzten Jahren die Verteilung von Heim- und Auswärtsspielen in den Fußballligen auf dem Balkan. Dort sank der Heimvorteil nicht etwa, er explodierte geradezu. Besonders auffällig war das in der bosnischen Liga. Nur elf Prozent Auswärtssiege gab es in der Saison 2007/2008, und von den insgesamt 25 Siegen auf fremdem Platz, die es an 32 Spieltagen gegeben hatte, entfielen auch noch zwölf auf Spiele beim hilflosen Tabellenletzten.

Diese im internationalen Bereich völlig atypische Bilanz war aber weder eine statistische Abirrung noch ein Zufall, sondern sichtbarster Ausdruck der deprimierenden Situation des Fußballs in Bosnien. Die Liga ist komplett korrupt, weil Schiedsrichter entweder bestochen oder bedroht werden, außerdem ist die »Drei für Drei«-Absprache weit verbreitet. Mannschaften lassen dabei einander gegenseitig ihre Heimspiele gewinnen, so haben sie jeweils drei Punkte sicher, anstatt vielleicht nur mit zwei Unentschieden aus den Partien zu gehen. Längst hat sich das auch in den Köpfen der Spieler festgesetzt, die sich auswärts kaum noch mühen, weil es dort sowieso nichts zu gewinnen gibt. Den Rest erledigen die Fans, die Schiedsrichter und Gastmannschaften oft enorm unter Druck setzen.

Der Heimvorteil in Bosnien, in Serbien und einigen anderen osteuropäischen Ligen ist zum Ausdruck bizarrer Fehlentwicklungen geworden, wie er generell ein Indikator für die Korruption in einer Liga sein dürfte. Auch Severgnini und Boeri stellten bei ihrer Untersuchung von *Calciopoli* fest, dass nach Einführung der Drei-Punkte-Regel die Zahl der Heimsiege in der korruptionsanfälligen italienischen Liga, im Gegensatz zu anderen Ländern, zunahm.

Im Europapokal spielt der Heimvorteil eine besondere Rolle. Gemeinhin geht man bei den Begegnungen in den K.-o.-Runden davon aus, dass es besser ist, das zweite Spiel vor eigenem Publikum auszutragen. Die englischen Wirtschaftswissenschaftler Lionel Page und Katie Page haben dazu die Ergebnisse aller 12 364 Spiele in Europapokalwettbewerben von 1955 bis 2006 ausgewertet. Dabei mussten sie beachten, dass sich im Laufe der Jahre der Modus änderte. Früher wurden unentschiedene Begegnungen durch eine dritte Begegnung auf neutralem Platz oder durch Münzwurf entschieden. Außerdem gibt es inzwischen ein Setzsystem, nach dem teilweise stärkere Teams einen Heimvorteil im zweiten Spiel bekommen.

Rechnet man diese Faktoren heraus, zeigt sich jedoch immer noch: Die populäre Annahme vom Heimvorteil im Rückspiel stimmt. Er ist nicht dramatisch, liegt aber über die mehr als fünf Jahrzehnte bei einer Erfolgsquote von 54,33 Prozent für die Mannschaften, die im zweiten Spiel daheim antreten durften. Interessant in diesem Zusammenhang sind die historischen Veränderungen, die denen entsprechen, die wir am Beispiel England schon für den Ligafußball beobachtet haben. Im Laufe der Jahre ist der für Europapokalbegegnungen nachgewiesene Vorteil des Heimrechts im Rückspiel kontinuierlich geringer geworden. Er fiel von 56,14 Prozent für die Dekade zwischen 1955 bis 1965 auf nur noch 51,79 Prozent für den Zeitraum zwischen 1996 und 2006.

Richtig bedeutsam wird er jedoch, wenn es im Rückspiel in die Verlängerung geht. Bei solchen Konstellationen schnellt der Vorteil für die Heimmannschaft auf 66,42 Prozent hoch. Erst wenn sich die Gäste ins Elfmeterschießen retten, sinkt er wieder etwas, auf 57,33 Prozent.

Es gibt einige Erklärungsversuche für den schwindenden Heimvorteil. Einer liegt in den großen wirtschaftlichen Unterschieden, die nicht nur in England dafür sorgen, dass sich die großen Klubs fast nur noch untereinander besiegen. Man könnte das Phänomen auch damit erklären, dass es vielen Mannschaften leichter fällt, auswärts anzutreten, weil ihnen Konterfußball mehr liegt, als im eigenen Stadion das Spiel gestalten zu müssen. Oder es mag damit zu tun haben, dass Profis heutzutage psychologisch besser auf die Situation vorbereitet sind, unter hohem Druck von außen gute Leistungen zu bringen. Doch eindeutig belegt ist das alles nicht.

Spieltheorie vom Elfmeterpunkt

Wissenschaftler lieben Elfmeter, denn einen wunderbaren Moment lang ist die nervige Komplexität des Spiels drastisch reduziert. Statt des ständigen Gewusels aus Läufen, Flanken und Zweikämpfen, das die 22 Spieler produzieren, steht plötzlich fast alles still. Nur noch zwei Akteure sind übrig, der Elfmeterschütze und der Torwart. Der Ball liegt elf Meter vom Tor entfernt. Der Torhüter ist auf der Torlinie, muss dort auch bleiben, und der Schütze muss durchgehend anlaufen. Er hat nur eine Chance, danach steht das Ergebnis fest: drin oder nicht.

Der Ball braucht für den Weg zum Tor ungefähr 0,3 Sekunden. Daher reicht für den Torwart die Zeit nicht, erst den Schuss abzuwarten und dann darauf zu reagieren. Er muss sich also vor dem Schuss für eine Strategie entscheiden. Und er muss davon ausgehen, dass er nur eine Erfolgschance von 20 Prozent hat, denn durchschnittlich werden vier von fünf Elfmetern verwandelt.

Auch psychologisch ist die Situation meistens klar. Bei regelmäßigen Elfmeterschützen weiß man, wohin sie am liebsten schießen, aber die Schützen wissen selbstverständlich auch, dass die Torhüter das wissen, was auch wiederum den Keepern klar ist usw.

Die Dinge sind also so übersichtlich, wie man es sonst während eines Spiels nicht hat, und daher gibt es keine Aktion im Spiel, die so gut untersucht ist wie der Elfmeter. Mit den unterschiedlichsten Theorieansätzen haben sich Wissenschaftler verschiedener Disziplinen über das Geschehen hergemacht. Drei amerikanische Ökonomen haben alle 459 Elfmeter ausgewertet, die in der ersten französischen Liga zwischen 1997 und 1999 sowie der ersten italienischen Liga zwischen 1997 und 2000 geschossen wurden. Zum Forschertrio gehörte auch Steven D. Levitt, der Autor von »Freakonomics«.

Bei ihrer Untersuchung wandten sie die Spieltheorie an, ähnlich wie bei der Analyse der Drei-Punkte-Regel. Es ging Levitt und seinen Kollegen weniger um Fußball als darum, Theorien ganz allgemein an der Wirklichkeit abzugleichen. Trotzdem kamen sie bei der Videoauswertung der Elfmeter zu auch für Praktiker interessanten Ergebnissen. Sie überprüften, ob Schützen erfolgreicher beim Anvisieren der »natürlichen Seite« des Tores waren – beim Rechtsfüßler ist das die linke Ecke –, bei der Entscheidung für die andere Ecke oder für die Mitte. Die Schützen verwandelten 81 Prozent der Schüsse in die Mitte, 77 Prozent derer auf die »natürliche Seite« und nur 70 Prozent, wenn sie auf die andere Seite schossen. Außerdem hatten die Torhüter eine bessere Erfolgsrate bei der Abwehr des Schusses, wenn sie richtigerweise die »falsche Seite« oder die Mitte ahnten (27 Prozent) als die natürliche Seite (24 Prozent).

Eine noch umfangreichere Untersuchung machte 2003 Ignacio Palacios-Huerta, der Drei-Punkte-Forscher von der Brown University. Er wertete 1417 Elfmeter aus, die zwischen September 1995 und Juni 2000 in Spanien, Italien, England und anderen Ländern verhängt wurden. Auch hier wendete er auf den Datensatz die Spieltheorie an, hatte dabei aber ein anderes Ziel. Unter dem Titel »Professionals play Minimax« schaut Palacios-Huerta darauf, welche Strategien Profis in dieser Situation eines Nullsummenspiels entwickeln. Denn genau das ist ein Elfmeterduell, weil es immer einen Gewinner und einen Verlierer gibt. Der Erfolg des Schützen ist der Misserfolg des Torhüters, und umgekehrt. Nur der Schütze oder der Keeper können erfolgreich aus der Situation hervorgehen, unterm Strich steht eine Null. Der Schütze möchte die Chance auf einen Treffer maximieren, der Torhüter möchte sie minimieren, sie spielen also Minimax.

Palacios-Huerta stellte fest, dass die Rate der verwandelten Elfmeter im Laufe des Spiels deutlich sinkt. In der ersten Halbzeit liegt sie bei fast 83 Prozent, in der zweiten Halbzeit sind es nur noch gut 78 Prozent. Schaut man nur auf die letzten zehn Minuten, geht sie sogar auf etwas über 73 Prozent hinunter.

Für den Schützen sinkt die Erfolgsquote, wenn der Torhüter die richtige Ecke ahnt, das ist klar. Wenn nach links geschossen wird und der Torhüter die Ecke ahnt, gehen nur 55,2 Prozent der Bälle rein. Doch wird nach rechts geschossen und der Keeper ist da, gehen immer noch 71,1 Prozent der Bälle rein. Das könnte daran liegen, dass die meisten Torhüter Rechtshänder sind und hier zuerst die linke Hand einsetzen müssen.

Palacios-Huerta unterzog überdies 22 Schützen und 20 Torhüter, die an mindestens 30 Elfmetern beteiligt waren, einer genaueren Untersuchung. Er kam dabei zu dem Schluss, dass die meisten von ihnen dazu in der Lage waren, ihre Ecke quasi nach einem Zufallsgenerator zu wählen und entsprechend erfolgreich zu sein. »Die Ergebnisse zeigen, dass sie sich instinktiv und intuitiv so verhalten, als ob sie mit großer Präzision darauf programmiert wären, dieses strategische Spiel richtig anzugehen.«

Auch die beiden deutschen Wirtschaftswissenschaftler Wolfgang Leininger und Axel Ockenfels aus Dortmund und Köln nähern sich mit dem Instrumentarium der Spieltheorie und stellen sich die Frage: »Gibt es einen Neeskens-Effekt?« Der Holländer Johan Neeskens hatte beim WM-Finale 1974 in München gegen Deutschland in der zweiten Minute einen Strafstoß verwandelt, indem er den Ball mit Wucht einviertelhoch genau in die Mitte schoss. Leininger und Ockenfels bewerten das als eine Innovation des Elfmeterschießens, was etwas übertrieben ist, denn Neeskens war kaum der erste Elfmeterschütze der Fußballgeschichte, der die Mitte anvisierte. Aber sein Schuss in einem Endspiel um die WM popularisierte diese Möglichkeit zweifelsohne. Deshalb sagen Leininger und Ockenfels, dass der Elfmeter von einem 2×2 zu einem 3×3 wurde, denn fortan gab es neben den beiden Option, rechts oder links vom Torwart zu schießen, auch noch eine dritte: die Mitte.

Die beiden Wissenschaftler führten auch Interviews mit Torhütern über diesen dritten Weg und stellten fest, dass der ehemalige Nationaltorhüter Harald Schumacher in dieser Frage moralisch argumentierte. Er hätte sich immer für eine Ecke entschieden, denn stehen zu bleiben wäre »gegen meine Ehre« gewesen. Schumacher meinte sogar: »Wer in die Mitte schießt, hat es nicht verdient, einen Elfmeter gegen mich zu schießen.« Hans-Jörg Butt, mit 26 verwandelten Bundesliga-Elfmetern selber einer der erfolgreichsten Torhüter vom Elfmeterpunkt, sah vor allem den möglichen Gesichtsverlust des Schützen beim Schuss in die Mitte. Es wäre eine größere Pleite, wenn man einen Elfmeter auf diese Weise vergibt. Das leuchtet ein, denn bleibt ein Torwart stehen und hält den Ball, wirkt der Schütze überheblich und wenig ernsthaft. Gelingt es aber, wie dem Tschechen Antonin Panenka, der im Europameisterschaftsfinale 1976 gegen Deutschland den Siegtreffer im Elfmeterschießen elegant in die Mitte löffelte, ist es besonders schön.

Doch das Schießen von Elfmetern beim Elfmeterschießen ist sowieso noch mal eine ganz andere Angelegenheit. Denn hier stehen sich Torhüter und Schütze nicht gegenüber, weil es zuvor einen Regelverstoß im Strafraum gegeben hat, sondern um den Sieger eines Spiels zu finden. Genau das hat das Interesse von drei deutschen Wirtschaftswissenschaftlern geweckt. Martin G. Kocher, Marc V. Lenz und Matthias Sutter wollten vor allem wissen, welche Auswirkung der besondere Druck auf die Arbeitsleistung hat. Darin unterscheidet sich diese Situation bei Elfmeterschießen vom Strafstoß während der Spielzeit, der mitunter keine besondere Bedeutung mehr hat, weil die Partie sowieso schon entschieden ist.

Also untersuchten die drei Ökonomen die insgesamt

95 Elfmeterschießen, die es zwischen 1986 und 2006 im DFB-Pokal gegeben hat, und räumten erst einmal mit zwei Mythen auf: dass die Heimmannschaft im Elfmeterschießen im Vorteil ist und ebenfalls das Team, das zuerst schießt. In Wirklichkeit sind die Chancen fast gleich, es gewannen 53 Prozent der Heimmannschaften und 48 Prozent der zuerst schießenden Teams. Von den 1009 Elfmetern, die untersucht wurden, gingen über 74 Prozent ins Tor, was ziemlich genau dem Schnitt verwandelter Elfmeter während eines Spiels entspricht. Damit wäre eigentlich schon fast erwiesen, dass der besondere Druck sich nicht auf die Treffsicherheit auswirkt.

Es gibt noch eine Reihe weiterer Untersuchungen zum Thema, wie etwa die etwas bizarre des norwegischen Sportpsychologen Geir Jordet, der das Strafstoßtrauma der englischen Nationalmannschaft bei großen Turnieren erklären zu können glaubt. Er untersuchte dazu europäische Nationalteams im Elfmeterschießen bei Europa- oder Weltmeisterschaften und achtete darauf, ob sich die Schützen sorgfältig vorbereiteten oder eher hektisch, ob sie den Blickkontakt mit dem Torwart suchten oder nicht. Jordet behauptete anschließend, dass große Stars im Elfmeterschießen besonders viel zu verlieren hätten und daher der Druck auf sie größer sei. Und von dieser Sorte Stars fand er offensichtlich überdurchschnittlich viele im englischen Team, das überdurchschnittlich oft im Elfmeterschießen versagte. Jordet riet dazu, vor dem Elfmeterschuss einen tiefen Atemzug zusätzlich zu machen. Schaden kann das nie, aber es ist dann doch für den wissenschaftlichen Aufwand eine bescheidene Erkenntnis.

Auch der deutsche Statistiker Roland Loy, von dem noch ausführlicher die Rede sein soll, hat Elfmeter untersucht und klassifiziert, insgesamt rund 500 aus der

Bundesliga, dem Europapokal und Länderspielen zwischen 1988 und 1992. Seine Erhebungen decken sich weitgehend mit den hier schon genannten, aber erstaunlich war doch, was Loy bei der Verteilung der Treffer auf der Torfläche herausfand. Er unterteilte sie in 60 Felder und ermittelte, wie hoch die Trefferquote an welcher Stelle war. Bemerkenswerterweise wurden alle von ihm beobachteten Elfmeter verwandelt, die in die obere Hälfte des Tores trafen. Daraus lässt sich kein anderer Schluss ableiten als der: Elfmeter müssen hoch geschossen werden. Aber bitte nicht so hoch wie Uli Hoeneß, als er beim EM-Finale 1976 den Ball in den Nachthimmel über Belgrad ballerte.

Die große Widerlegungsmaschine

Man wird Roland Loy nicht wirklich gerecht, wenn man ihn den Bill James des Fußballs nennt. Denn anders als der Statistikguru des Baseballs ist der Sportwissenschaftler aus München nie ein Außenseiter des Fußballs gewesen. Loy war schon früh ein Schüler des »Fußballprofessors« Dettmar Cramer. Bei der Weltmeisterschaft 1990 in Italien war er mit erst 28 Jahren sportlicher Berater des damaligen Teamchefs Franz Beckenbauer. Von Loy stammt angeblich sogar die Idee, im Finale gegen Argentinien Maradona von Guido Buchwald in Manndeckung nehmen zu lassen.

Später baute er die *ran*-Datenbank mit auf. In den folgenden Jahren machte Loy Analysen für den europäischen Fußballverband UEFA oder internationale Spitzenklubs wie den AC Mailand. Bis heute arbeitet er als fachlicher Berater der ZDF-Sportredaktion bei Länderspielen oder großen Turnieren.

Während der Weltmeisterschaft 2006 traf ich ihn in einem Hotelzimmer am Potsdamer Platz, wo er gegenüber der Sendearena des ZDF sein Büro hatte. Er versorgte den Moderator Johannes B. Kerner und den Experten Jürgen Klopp, damals noch Trainer bei Mainz 05, mit Informationen und ärgerte sich, wenn sie mal wieder Unbewiesenes als Fußballweisheiten verkauften. Loy ist in diesen Fragen äußerst streitbar, seit Jahren kämpft er gegen solches Gerede. Deshalb schrieb er einerseits die tausendseitige Dissertation »Taktik und Analyse im Fußball« und später die populäre Variante, das erfolgreiche »Lexikon der Fußballirrtümer«.

Loy hat die unglaubliche Zahl von 3000 Fußballspielen analysiert und kann deshalb allen Trainern, Managern und Experten »Wahrheiten« benennen, die keine sind. Wer die meisten Zweikämpfe gewinnt, gewinnt auch das Spiel, war eine dieser Behauptungen, die er locker widerlegen konnte. Nach seinen Untersuchungen gewann nur in rund 40 Prozent aller Spiele das Team mit der besseren Zweikampfbilanz. Ähnlich war es bei der Behauptung, dass Ballbesitz entscheidend für den Erfolg im Fußball sei. Loy wies nach, dass sogar nur ein Drittel der Teams gewinnt, die während des Spiels häufiger am Ball sind.

Auch ist es falsch, dass Eckbälle zum Tor hin angeschnitten werden müssen. Nach einer Analyse von 3000 Eckbällen stellte sich heraus, dass sowieso nur 2,1 Prozent von ihnen zum Torerfolg führen, und dabei ist es egal, wohin sie geschossen wurden. Insgesamt fallen übrigens 8,5 Prozent aller Treffer nach Ecken, das jedenfalls kam bei Loys Untersuchung aller 16 730 zwischen 1989/1990 und 2007/2008 in der Bundesliga erzielten Tore heraus. Dabei stellte sich auch heraus, dass Doppelpässe in deren Entstehung eine erstaunlich kleine Rolle spielen. Sie gingen nur 0,9 Prozent aller Tore voraus, also nicht einmal jedem hundertsten Treffer. Auch die Verwertung von Torchancen hilft nicht, wenn man Erfolg erklären will. In der Saison 2006/2007 hatte Schalke 04 diesbezüglich die zweitschwächste Quote und wurde Zweiter, Alemannia Aachen war am besten und stieg als Vorletzter ab.

Loy zeigte außerdem, dass man weder nachweisen kann, dass man über die Flügel zum Erfolg kommt, noch dass der Weg durch die Mitte zwingend richtig ist. »Wir sind Lichtjahre davon entfernt zu verstehen, wie der Fußball funktioniert, und es trennen uns sogar ganze Galaxien davon zu wissen, wie Erfolg im Fußball zustande kommt«, sagte er in seinem Berliner Hotelzimmer, umgeben von Papierbergen. So fand ich den Satz auch später in seinem »Lexikon der Fußball-Irrtümer« wieder.

Doch der Fußball lebt weiter mit solchen Behauptungen, die unerschütterlich von Generation zu Generation weitergegeben werden, obwohl ihre Richtigkeit nicht bewiesen ist. Einige sind aber schon längst widerlegt, wie die vor allem in Deutschland sehr populäre Idee, dass es einen psychologisch richtigen Zeitpunkt gibt, um ein Tor zu erzielen. In England schüttelt man darüber nur den Kopf, dass es irgendwie von Vorteil sein könnte, wenn man kurz vor der Pause mit 1:0 in Führung geht und nicht schon in der 13. oder 27. Minute.

Aus England stammt auch eine Untersuchung der Psychologen Peter Ayton und Anna Braennberg, die anhand von 355 Spielen in der Premier League nachweisen konnten, dass es kaum für einen Unterschied bei der Siegwahrscheinlichkeit sorgt, ob man kurz vor der Pause trifft oder zu Beginn der ersten Halbzeit. Richtig wertvoll, und nicht nur psychologisch, so könnte man spotten, ist es sowieso nur, wenn man in der Schlussminute in Führung geht.

Die beiden Wissenschaftler räumten auch mit einem anderen Mythos auf. Oft wird angenommen, dass Mannschaften besonders anfällig für Gegentore sind, wenn sie gerade selbst ein Tor erzielt haben. Die Annahme dahinter ist, dass sie überwältigt von Glücksgefühl und Erfolgserlebnis die Konzentration verlieren. Doch sie erweist sich als Unsinn. Ayton und Braennberg untersuchten 127 Spiele der Premier League, die 1:1-Unentschieden endeten, und teilten die verbleibende Zeit nach dem Führungstreffer in vier Viertel. Würde die These stimmen, dass Mannschaften nach eigenen Toren anfälliger sind, hätte die Zahl der Gegentore im ersten Viertel besonders hoch sein müssen. In Wirklichkeit war sie es im vierten Viertel, was aber auch leicht nachvollziehbar ist. Wenn nur noch wenig Zeit bleibt, wächst auch die Bereitschaft zu hohem Risiko im Angriffsspiel.

Uns fällt es trotzdem schwer, solche wissenschaftlich belegten Ergebnisse zu glauben. Schließlich hat jeder von uns bereits Spiele erlebt, in denen der Torjubel noch gar nicht verebbt und über den Stadionlautsprecher der Torschütze noch nicht durchgesagt war, als bereits das Gegentor fiel. Die Erinnerung daran ist wesentlich stärker als an all die Spiele, in denen bis zum nächsten Gegentor viel Zeit verging oder es gar nicht fiel. Auch kann man sich gut an Spiele erinnern, wo ein Tor mit dem Halbzeitpfiff wirklich entscheidend war, während man die vielen anderen Partien vergessen hat, in dem das völlig bedeutungslos gewesen ist.

Die beiden englischen Psychologen konnten auch die Annahme widerlegen, dass die Wahrscheinlichkeit eines Torerfolgs steigt, wenn ein Spieler im vorangegangenen Spiel getroffen hat. Trotzdem würden die meisten

Fans oder auch Trainer behaupten, dass es so etwas wie Glückssträhnen bei Stürmern gibt. Menschen neigen eben dazu, in zufälligen Abfolgen Muster zu erkennen. Davon lebt auch die Glücksspielindustrie, weil viele Spieler den Lottozahlen oder dem Lauf der Roulettekugel eine tiefer verborgene Ordnung zubilligen, wo nichts als Zufall ist.

Das bedeutet aber noch lange nicht, dass es im Fußball keine Muster gibt. Außerdem enthebt die große Widerlegungsmaschinerie, die Roland Loy in Gang setzt, die Fußballtrainer nicht von der Notwendigkeit, Woche für Woche entscheiden zu müssen, ob sie über die Flügel spielen wollen oder doch eher durch die Mitte. Sie müssen ihrer Mannschaft sagen, dass sie Ballbesitz anstreben oder dem Gegner die Initiative überlassen soll. Und wohin schlägt man eigentlich die Eckbälle: zum Tor hin oder vom Tor weg?

Wenn wir aber nicht wissen, was beim Fußball zum Erfolg führt, wie will man dann intelligente Strategien entwickeln? Helfen dabei könnte eine Theorie des Fußballs.

Kapitel 4
Körpertuning

Fußball ist Schach

1978 erkrankte Felix Magath an Gelbsucht, er war 25 Jahre alt und stand beim Hamburger SV unter Vertrag. Magath musste wochenlang im Bett liegen und sich auskurieren, während die aufsehenerregenden Partien um die Schachweltmeisterschaft zwischen Wiktor Kortschnoi und Anatolij Karpow stattfanden. Kortschnoi war zwei Jahre vorher aus der UdSSR geflohen, Titelverteidiger Karpow galt als loyaler Repräsentant der Sowjetunion; über ihren Partien lag der Schatten des Kalten Krieges.

Magath zog die Begegnung aber nicht wegen ihres politischen Hintergrundes in den Bann, er war einfach dem Reiz des Schachspiels erlegen. Tagelang schaute er der Fernsehübertragung zu und folgte aufmerksam der Kommentierung durch den Großmeister Helmut Pfleger. Nach seiner Genesung meldete er sich beim Hamburger Schachklub von 1830 an und nahm bei dem bekannten Schachlehrer Gisbert Jacoby zusätzliche Privatstunden.

30 Jahre später spielte Magath immer noch Schach und war Trainer beim VfL Wolfsburg, als er mit Jacoby und einem befreundeten Journalisten eine Theorie des Fußballs zu entwickeln begann. Schach kennt schon lange eine ausgiebige Theoriebildung. Die drei Phasen des Spiels, Eröffnung, Mittel- und Endspiel, sind viel-

fach analysiert und seziert worden. Es gibt Theorien zum Spiel mit dem Bauern oder dem Turm, die Literatur zu all dem ist uferlos.

»Sowohl im Fußball wie im Schach stehen sich zwei Mannschaften in einem abgegrenzten Feld gegenüber, und das jeweilige Ziel liegt auf beiden Stirnseiten in der Mitte«, sagt Magath, »daraus leiten sich gleiche Taktiken ab.« Im Schach ist es das wichtigste Merkmal, das Zentrum in den Griff zu bekommen und zu kontrollieren. »Beim Fußball muss mir das ebenfalls gelingen, denn damit habe ich die Kraft, das Spiel zu entwickeln. So begreift man auch, dass die Position vor der Abwehr ganz wichtig ist. Wenn dieser Raum nämlich dem Gegner zur Verfügung steht, hat er eine unheimliche Kraft, und die Abwehr kann im Grunde wenig machen. Umgedreht müssen die Verteidiger nicht so stark sein, wenn der Raum vor ihnen kontrolliert wird.«

Die Feststellung, dass der Raum vor der Abwehr im Fußball entscheidend ist, schlägt sich auch in der Wichtigkeit nieder, die man heute im Fußball dem sogenannten Sechser zubilligt, dem Spieler vor der Abwehr. Und es erklärt auch, warum so viele Mannschaften diese Position doppelt besetzen. Zwei Spieler in diesem strategisch wichtigen Raum entlasten die Abwehr gewaltig und lassen weniger talentierte Verteidiger immer noch gut aussehen. Doch die Sechser sind nicht nur die Notstopfen vor der Abwehr, sondern auch von höchster Bedeutung in der Spieleröffnung. Denn oft beginnt das Angriffsspiel heutzutage dort, wo sie spielen. Vor allem im Moment des Umschaltens, wenn man dem Gegner den Ball abgejagt hat und seine kurzzeitige Unordnung ausnutzt, kann ein defensiver Mittelfeldspieler mit strategischen Fähigkeiten spielentscheidend sein.

Wenn sich aber auf dem Rasen oder auf dem Schachbrett alles in der Mitte zusammendrängt, gibt es eine Suche nach Aus- und Umwegen, die meistens auf den Flügeln zu suchen sind. »Entweder man findet in der Mitte eine Lücke, oder man zieht den Gegner so massiv auf eine Seite, dass er sich selbst einengt. Das gibt Raum, um über die andere Seite anzugreifen«, sagt Magath. Im Fußball versucht man daher, mit gezielten Seitenwechseln den Gegner zu destabilisieren.

Bei der Auseinandersetzung mit dem Schachspiel wurde Magath noch einmal deutlich, wie wichtig die so oft beschworene Kompaktheit ist. Dass »also keiner allein herumläuft«, sondern Figuren oder Spieler miteinander verbunden sind. Außerdem ist Magath über Schach zu dem Schluss gekommen, dass es auch im Fußball eine Suche nach dem Optimum geben muss. »Im Schach gibt es in jeder Situation eine beste Lösung.« Das Bewusstsein dafür will er seinen Spielern beibringen. Magath lehrt deshalb keine Konzepte, er grenzt sich sogar eindeutig von den Kollegen ab, die Laufwege festlegen oder Spielzüge entwerfen wollen. Ihm geht es darum, dass seine Spieler auf die wechselnden Anforderungen immer die passende Antwort finden.

Schach mag Magath viele Anregungen für seine Arbeit als Fußballtrainer geliefert haben, aber der Versuch, daraus einen großen Entwurf zu entwickeln, ist gescheitert. »Es hat sich als zu schwierig dargestellt, das Fußballspiel in eine Theorie zu fassen.« So wird es wohl noch etwas länger ohne bleiben, denn liest man die Lehrbücher von Magaths großen Kollegen, ist man immer wieder verblüfft, wie wenig systematisch sie sind. Es gibt dort viele, oft brillante Ideen zum Spiel, man findet raffinierte Handlungsanweisungen und pointierte Beobachtungen, aber keinen großen Wurf im Sinne eines theoretischen Überbaus.

Schach hilft als Folie nicht, meint Magath, weil Fußball so dynamisch ist und jeder Spieler auf dem Rasen im Unterschied zur Figur auf dem Brett eine vielfache Bedeutung hat. Der Wert einer Schachfigur ist genau zu benennen, und ihre Möglichkeiten sind klar definiert. Der Läufer zieht seine Diagonalen, der Turm bewegt sich entlang der Geraden, und das Pferd springt wie im Dribbling ums Eck. Doch ein Fußballspieler vereint im besten Fall alle Fähigkeiten, wird sie aber nie gleichmäßig abliefern können. »Schachfiguren verspringt kein Ball, weil sie schlecht geschlafen haben«, sagt Magath.

Als Steinbruch für Anregungen wird er das Schachspiel weiter nutzen. Zumal Magath der Ansicht ist, dass in beiden Spielen die Auseinandersetzung mit den gleichen Grundelementen nötig ist. »Beide Spiele bestehen aus den Faktoren Kraft, Raum und Zeit.« Und über den der Kraft ist im Rahmen der Fitnessdebatten der letzten Jahre besonders viel gestritten worden.

Die ratlose Suche nach der Fitness

Lucien Favre liebt brasilianischen Fußball, und das Endspiel der Fußball-Weltmeisterschaft 1970 zwischen Brasilien und Italien war für ihn ein Erweckungserlebnis. Der Schweizer Trainer von Hertha BSC war damals zwölf Jahre alt und verfiel in diesem Moment dem Weltmeister aus Südamerika. »Brasilien spielen zu sehen war ein Traum«, sagt er, und schon sprudelt die Beschreibung von Spielszenen aus ihm heraus. »Pelés erstes Tor: Einwurf, Rivelino spielt sofort und Kopfball von Pelé. Der überspringt fast 30 Zentimeter den Italiener Burgnich, und der war viel größer.« Als Favre 30 Jahre nach dem Finale eine Videokassette des Spiels geschenkt bekam, war er allerdings verblüfft, dass er sich nur an die halbe Wahrheit des Spiels zu erinnern schien.

Die Brasilianer von 1970 wirkten noch immer elegant und taktisch modern, doch nun fiel Favre Ungeheuerliches auf. »Es passieren verrückte Dinge in dem Spiel. Pelé schießt 15 Meter über das Tor. Damals fand ich das nicht schlimm, heute würde ich als Zuschauer pfeifen. Das Tempo war unglaublich langsam. Die Spieler hatten keine Muskeln. Eigentlich war nur Pelé einigermaßen kräftig. Die anderen waren alle lang und dünn, an denen war nichts dran, die wackelten von oben bis unten. Der legendäre italienische Verteidiger Facchetti war dünn wie ein Finger.«

Favre beantwortete damit indirekt auch eine der ältesten Fragen im Fußball: War das Spiel früher besser, oder ist es das heute? Bei der Antwort gibt es zwei Schulen. Die eine beteuert, dass Fußball früher schöner war, weil spielerisches Talent und der Umgang mit dem Ball im Vordergrund standen, und sie lässt sich auch nicht davon abbringen, wenn man zeigt, dass Fußballspiele der Vergangenheit heute wie in Zeitlupe ausgetragen erscheinen. Es stört sie auch nicht, dass kaum einer der deutschen Weltmeister von 1954 nach unserem Verständnis austrainiert wirkte. Einige erschienen sogar regelrecht moppelig.

Favre hingegen steht für die andere Schule. Sie sagt, dass man das Künstlerische nicht vom Athletischen trennen kann. »Die Qualität hat sich deutlich gesteigert. Du musst schnell spielen, du musst ständig in Bewegung sein, mit beiden Füßen schießen, mit dem Kopf spielen können. Du musst fit sein. Alles verbessert sich, auch der Fußball«, sagt er.

Neun Jahrzehnte ist es her, dass dieser Verbesserungsprozess erstmals auch eine wissenschaftliche Begleitung fand, denn 1920 wurde in Berlin die Deutsche Hochschule für Leibesübungen gegründet. Es war die erste sportwissenschaftliche Universität der Welt, und sie hatte von Beginn an Fußball auf dem Lehrplan. Zu den ersten Dozenten gehörte ein Trainer namens Richard Girulatis, der im Jahr zuvor das erste Lehrbuch zum Fußball in Deutschland geschrieben hatte, nach dem man auch trainieren konnte: »Fußball. Theorie, Technik, Taktik«. (Von Girulatis stammt auch jener berühmte Sinnspruch, der meist Sepp Herberger zugeschrieben wird: »Elf Freunde sollt Ihr sein, um Siege zu erringen.«)

Vorangegangene Lehrbücher hatten sich meist darauf beschränkt, entweder den moralischen Wert des damals oft noch angefeindeten Fußballspiels herauszustellen oder schlichtweg zu erklären, wie gespielt wurde. Viele Kicker jener Zeit kannten das Regelwerk nicht richtig, die Abmessungen eines Fußballplatzes oder die Größe eines Tores. Sie wussten nicht genau, was für Schuhe man am besten tragen sollte und wie Trikots auszusehen hatten. Bereits 1919 hatte der Deutsche Fußball-Bund Girulatis damit beauftragt, die Elementarstufe des Spiels in bewegten Bildern zu zeigen. So nahm er einen Lehrfilm auf, der im Kino mit großem Erfolg im Vorprogramm lief.

Doch weder dort noch in seinem Lehrbuch wurde die Frage nach Konditionsarbeit oder Fitnesstraining gestellt. Selbst in der Diplomarbeit von Sepp Herberger aus dem Jahr 1930 nimmt sie nur eine knappe Seite ein. »Der Fußballer braucht Kondition«, stellte der spätere Bundestrainer lapidar fest, »aber vieles lässt sich auch in Verbindung mit dem Ball erreichen.« Genaueres erfuhr man nicht.

Dass Fußballspieler nicht genug, auf jeden Fall aber falsch trainieren, ist seit Jahrzehnten ein immergrünes

Thema. Dabei hat die Diskussion oft keinen im engeren Sinn fachlichen Hintergrund. Man wundert sich nicht, wie Favre beim Blick auf die Weltmeister von 1970, über den athletischen Zustand der Fußballspieler. Oft ging es eher um soziale Fragen wie die, ob Profikicker in so kurzer Arbeitszeit überhaupt so viel Geld verdienen dürften. Doch nicht nur normale Arbeiter oder Angestellte wunderten sich, sondern auch Sportler aus anderen trainingsintensiven Sportarten der Leichtathletik oder dem Schwimmen machten immer wieder spitze Bemerkungen, weil sie selbst oft sehr umfangreiche Trainingspläne haben. Außerdem gab und gibt es noch fußballinterne Diskussionen über das richtige Training, vor allem wenn es um Kondition und Fitness geht. Und nach wie vor ist die Fitnessfrage eine der umstrittensten im Fußball.

Schwung bekamen die Debatten, als der Fußball sich stärker zu professionalisieren begann. 1981 etwa ging es hoch her, als der später in Sachen Doping umstrittene Sportmediziner Joseph Keul schrieb: »Bemerkenswert ist, dass Läufer auf Bezirksklassenniveau die Bundesliga-Fußballspieler nicht nur in ihrer maximalen Leistungsfähigkeit, sondern auch in ihrer Ausdauer und ihrem Stehvermögen überragen.« Der empörte Nationaltrainer Jupp Derwall antwortete, der Artikel des Freiburger Sportmediziners sei »tendenziös und zusammengeschmiert«.

Jupp Heynckes, damals Trainer bei Borussia Mönchengladbach, reagierte indes sachlicher und formulierte eine Argumentation, der man auch später immer wieder begegnen sollte. »Was die fußballspezifische Kondition betrifft, so bin ich gerne bereit, meine Spieler unter fußballgerechten Testsituationen prüfen zu lassen. Dann wird sich zeigen, dass man so etwas nicht auf dem Fahrrad oder Laufband prüfen kann. Fußball ist schließlich eine Synthese aus vielfältigen Einzelaktionen wie Zweikämpfen, Sprints, Kopfbällen usw.« Kurzum: Vergesst nicht, dass Fußball anders ist.

Zweifellos ist es wirklich ein Problem beim Fußballtraining, dass es verschiedene, teilweise im Widerspruch zueinander stehende Ziele gibt. Die Spieler müssen rund zehn Kilometer während einer Partie laufen, bei einigen kommen sogar zwölf oder 14 zusammen. Diese Strecke absolvieren sie aber nicht in gemütlichem Tempo, sondern sie sprinten 200 bis 400 Meter davon, 200 bis 500 Meter werden schnell gelaufen, und so geht es in Abstufungen weiter. Außerdem müssen die Spieler unterwegs Zweikämpfe bestreiten, aber frisch genug bleiben, um klug ihre Anspiele zu verteilen. Zwischen dem Training von Ausdauer und Erholungsfähigkeit und dem von Explosivität muss der richtige Weg gefunden werden.

Wie wenig einheitlich im Fußball zu Zeiten der erwähnten Debatte gearbeitet wurde, belegten 1986 medizinische Tests bei der Nationalmannschaft. Spieler aus den verschiedenen Vereinen wiesen dabei drastisch abweichende Leistungsniveaus auf. Noch war der Grad der Professionalität in dieser Frage sehr unterschiedlich, weil sich viele Trainer damals schwer damit taten, auf die Ratschläge von Sportärzten zu hören. Fitnesstrainer gab es sowieso nur wenige, und vieles passierte eher zufällig. So führte die deutsche Nationalmannschaft vor der Weltmeisterschaft 1990 in Italien Feldleistungstests durch. Als Teamchef Franz Beckenbauer gefragt wurde, wozu die denn gemacht würden, sagte er: »Das weiß ich auch nicht, aber wenn wir die nicht machen, wird der Liesen sauer.« Der Sportmediziner Heinz Liesen war Arzt des Nationalteams.

Noch immer gibt es keine gesicherten Standards, wie man Fußballprofis in einen optimalen körperlichen Zustand versetzt. Umso erstaunlicher, wenn man bedenkt, dass Fußball seit neun Jahrzehnten ein Gegenstand der Sportwissenschaft ist. Doch selbst heute noch gibt es deutliche Unterschiede im Trainingszustand von Profiteams.

Als Jürgen Klinsmann 2004 Trainer der deutschen Nationalmannschaft wurde, machte er die Fitnessfrage zu einem seiner zentralen Themen. Man kann dieses Vorgehen durchaus als eine David-Strategie verstehen. Denn allen Verantwortlichen um das Nationalteam war klar, dass dessen spielerisches Format nicht dazu ausreichen würde, um bei der Weltmeisterschaft im eigenen Land weit zu kommen. Daher sollte die Qualitätslücke zu Mannschaften wie Brasilien, Argentinien und Italien durch eine besonders gute Fitness geschlossen werden.

Klinsmann brach mit Traditionen und verpflichtete spezialisierte Fitmacher aus den USA, die den Spielern gleich beim ersten Training blaue Gummibänder um die Beine binden und sie im Entengang laufen ließen. Und wieder einmal kam die Diskussion darüber in Schwung, ob in Deutschland beim Fußball zu wenig oder falsch trainiert würde. Klinsmann und seine Experten handelten sich allein schon deshalb viel Ärger ein, weil sie den Nationalspielern spezielle Anweisungen für Sondertraining mit nach Hause gaben.

Im Umkehrschluss bedeutete das, die Spieler hätten vorher nicht genug getan. Dadurch fühlten sich viele Vereinstrainer provoziert. Ob der gute dritte Platz der deutschen Nationalmannschaft bei der WM 2006 ein Ergebnis besserer Fitness war, lässt sich nicht eindeutig beantworten. Die deutsche Mannschaft besiegte Polen in der 91. Minute und Argentinien im Elfmeterschießen, aber unterlag im Halbfinale den Italienern in der Verlängerung. Ob die Siege ein Ergebnis überragender Fitness waren und die Niederlagen sich durch die fußballerische Klasse der Italiener erklärte, ist weder zu widerlegen noch zu beweisen.

Klinsmanns maßgeschneiderte Trainingspläne für die einzelnen Nationalspieler unterstrichen aber die Entwicklung hin zu einer Individualisierung der Trainingsarbeit. Bis weit in die neunziger Jahre hatten alle Spieler einer Mannschaft mehr oder weniger das gleiche Trainingspensum absolviert. Doch mithilfe verbesserter Leistungsdiagnostik konnte man feststellen, dass unterschiedliche Spieler auch verschieden belastet werden müssen. Die Dauerläufer auf den Außenbahnen waren von dem unterfordert, was für die Innenverteidiger vielleicht der Laufleistung und des Tempos schon zu viel war. Ein Reservist muss schärfer trainieren als ein Spieler, der in einer Woche drei komplette Partien zu absolvieren hat.

Es gibt darüber schon Erkenntnisfortschritte, aber es besteht keine grundsätzliche Klarheit. Der deutsche Sportmediziner Tim Meyer, auch Arzt der deutschen Nationalmannschaft, hat auf dieses Problem hingewiesen. »Die Trainingsgestaltung im Leistungsfußball erfolgt zu großen Teilen ohne wissenschaftlich fundierte Basis«, schreibt er in einem Aufsatz für die *Deutsche Zeitschrift für Sportmedizin*. Das Problem, diese wissenschaftliche Basis zu schaffen, besteht auch darin, dass die Zahl der Auszuforschenden, also der Fußballprofis, relativ klein ist. Außerdem sind Probanden nicht leicht zu finden. Welcher Trainer würde in der Saisonvorbereitung die eine Hälfte des Kaders auf eine andere Weise trainieren wollen als die andere, um Vergleichswerte zu bekommen? Oder wo sollte man sonst eine Kontrollgruppe finden?

Formel 1 vs. Monster-Trucks

Vermutlich sind die Spieler im Laufe der Jahrzehnte wirklich fitter und sicherlich muskulöser geworden. Dass die Spieler des brasilianischen Weltmeisters weniger Masse und Muskulatur mitbrachten, dürfte Lucien Favre richtig beobachtet haben. Übrigens im Gegensatz zu Oliver Schmidtlein, einem der Fitnesstrainer von Jürgen Klinsmann, der in einem Interview sagte: »Mir fällt auf, dass die Spieler damals massiger, muskulöser und vielleicht ein bisschen schwerer waren. Heutzutage sind die Spieler zwar auch durchtrainiert, aber nicht mehr so massig. Es ist wie in der Formel 1: ein bisschen weniger Gewicht bei gleichbleibender PS-Zahl.«

Wenn man sich die Zahlen anschaut, müsste man beim Körpertuning aber eher an Monster-Trucks als an die Formel 1 denken. Das jedenfalls legt der Vergleich zwischen dem FC Bayern München der Saison 2008/2009 mit der Saison 1975/1976 nahe. Nimmt man die Daten aus dem jeweiligen Bundesliga-Sonderheft des *Kicker*, sind die Spieler von heute im Durchschnitt bemerkenswerte acht Kilogramm schwerer. Die 23 Spieler der siebziger Jahre um Uli Hoeneß, Franz Beckenbauer oder Gerd Müller brachten 73,8 Kilogramm auf die Waage, die Stars von heute hingegen 81,09 Kilogramm. Allerdings sind sie nicht nur schwerer, sondern durchschnittlich auch fünf Zentimeter größer: 1,84 statt 1,79 Meter. Auch wenn man das über den Body-Mass-Index, bei dem das Körpergewicht durch die Körpergröße zum Quadrat dividiert wird, ins Verhältnis stellt, haben die Spieler zugelegt: von 23,03 auf 23,95.

Wer über Fußballmannschaften nachdenkt, deren Physis in den letzten Jahren bemerkenswert war, dem kommen zwei Teams in den Sinn, die der Holländer Raymond Verheijen auf große Turniere vorbereitet hat. Mit seinem Landsmann Guus Hiddink machte er das russische Nationalteam fit für die Europameisterschaft 2008, sechs Jahre zuvor bei der Weltmeisterschaft in Fernost arbeiteten sie mit der südkoreanischen Mannschaft. Die Gastgeber der vorletzten WM spielten damals wie aufgedreht, schlugen im Achtelfinale Italien und im Viertelfinale Spanien im Elfmeterschießen. Am Tag nach dem sensationellen Einzug ins Viertelfinale verlangte ein Kamerateam des italienischen Fernsehens, mit Verheijen zu sprechen. Eine Fußballmannschaft, die so viel laufen könne, müsse gedopt sein. Während der EURO 2008 wurden in deutschen Zeitungen ähnliche Verdächtigungen geäußert, nachdem die russische Mannschaft beim atemberaubenden Viertelfinalspiel gegen Holland in der Verlängerung noch einmal entscheidend zugelegt hatte. »Es ist das größte Kompliment, das ich in meinem Leben bekommen habe. Denn damit wird gesagt, dass es unglaublich ist, was wir erreicht haben«, sagt Verheijen.

Wie viele Holländer hat er Vergnügen am Streit, außerdem will sich der Enddreißiger als internationaler Berater in Fitnessfragen etablieren. Und Aufmerksamkeit verschafft man sich durch pointierte Thesen: »In vielen Ländern geht man davon aus, dass man zunächst einmal Fitness haben muss, um Fußball spielen zu können. In Holland sagt man: Wenn du Fußball spielst, bekommst du Fitness.« Das ist ein Satz, der fast die Qualität eines guten Werbeslogans hat.

Auch Deutschland gehört zu den Fußballnationen, in denen man sich nur schwer von der Vorstellung verabschieden mag, dass erst die Fitness kommt und dann das Fußballspielen. Um kicken zu können, musste man früher in der Saisonvorbereitung durch die Wälder laufen – und heute teilweise auch noch. Wenn man Pech hat, muss man dabei vielleicht noch Medizinbälle schleppen. Bei Verheijen bleibt einem das erspart. »Das Spiel hat Intervalle, es geht um die Abfolge von Aktion und Erholung. Es gibt explosive Aktionen wie einen Sprint, einen Sprung, einen Zweikampf, und dann erholt man sich davon. Dabei geht man nicht an den Sauerstoff, sondern an die Energiedepots im Körper. Erst nach einem Sprint atmet man heftig, um den verbrauchten Sauerstoff und die Energiedepots im Körper wieder aufzufüllen. Im Fußball braucht man also Sauerstoff, um sich zu erholen. Wenn man Ausdauerläufe macht, geht die Atemrate gerade so hoch, dass genug Sauerstoff da ist, um das Tempo zu laufen. Das hilft jedoch nicht, wenn man sich schnell erholen muss, wie im Spiel. Laufen ist zwar nicht schlecht, aber auf eine andere Weise, als es im Fußball benutzt wird.«

Nach Verheijens Vorstellungen wird Konditionsarbeit ausschließlich mit dem Ball gemacht. Die Aufgabe des Trainers ist es dann, darauf zu achten, dass sich kein Spieler schont. Gerade Guus Hiddink sei großartig darin, keine Nachlässigkeiten der Spieler zu übersehen. »Nicht der Ansatz, Fitness durch Fußballspielen zu entwickeln, ist falsch, sondern die Ausführung ist oft nicht gut, weil der Spieler nicht läuft und der Trainer es nicht merkt. Aber man kann ihren Puls messen und sieht hinterher, ob jemand nicht richtig mitgemacht hat.«

Bei der Vorbereitung von Südkorea auf die Weltmeisterschaft im eigenen Land und sechs Jahre später von Russland auf die Europameisterschaft in den Alpen hätten sie nichts anderes gemacht, als Fußball zu spielen: elf gegen elf, sieben gegen sieben, vier gegen vier. Bei der südkoreanischen Mannschaft hatten sie den Luxus von drei Trainingslagern, die jeweils drei Wochen dauerten. Anfangs seien die südkoreanischen Spieler schon nach einer Stunde müde gewesen. »Also haben wir mit elf gegen elf angefangen, viermal über jeweils zehn Minuten. Je länger es dauerte, umso intensiver wurden die Spieler von den Trainern gecoacht, dass sie nicht nachlassen. Denn nur so hat man Trainingseffekte. Dann haben wir fünfmal zehn Minuten gespielt, dann sechsmal usw. Jedes Mal wurden die Spieler zum Ende müder, wurden angespornt, und wieder hatte es einen Trainingseffekt. Das ist so einfach! Um den Platz zu laufen ist eine gute Alternative, wenn der Trainer nicht coachen kann.«

Auch das ist ein guter Satz, schließlich liegen die Vorteile dieses Ansatzes auf der Hand: Der Ball ist immer dabei, und man kann zugleich taktische Formen trainieren. »Der Trainer ruft nicht ›Kämpf! Lauf! Hau dich rein!‹, wenn die Spieler in den letzten zehn Minuten nachlassen. Er gibt fußballspezifische Anweisungen: ›Umschalten! Press! Freilaufen! Draufgehen!‹ Er coacht nicht Motivation, sondern Fußball. Aber dazu muss man das Spiel lesen können, und dazu sind nur wenige Trainer in der Lage.«

Man muss einen Plan haben, wann man was in welcher Intensität macht. Wann spielt man elf gegen elf und wann vier gegen vier, spielt man es dreimal sechs Minuten oder sechsmal drei Minuten? Macht man zwischendurch eine halbe Minute Pause, zehn Minuten oder zehn Sekunden? Trainiert man fünfmal oder zehnmal in der Woche? Entscheidend beim Fitnesstraining ist dessen Periodisierung. »Von elf gegen elf erholt man sich innerhalb von 24 Stunden, sagt uns die Wissenschaft. Bei sieben gegen sieben sind es 48 Stunden. Bei vier gegen vier sind es sogar 72 Stunden. Also können wir vier gegen vier nur bis drei Tage vor dem Spiel machen, elf gegen elf aber noch am Vortag«, sagt Verheijen und hat damit trotzdem nicht verraten, wie er es genau macht.

Verheijen war ein talentierter Jugendspieler, dem eine schwere Verletzung die mögliche Profikarriere verwehrte. Er hat danach Bewegungswissenschaften studiert und während des Studiums seine Dozenten genervt. »Die haben schon abgewinkt, wenn ich meinen Arm gehoben habe: ›Ach, schon wieder eine Fußballfrage.‹« Verheijen ist besessen von seinem Thema, aber er überschätzt es nicht. »Wenn man sich die Daten aus den Spielen bei der Europameisterschaft anschaut, dann ist die russische Mannschaft im Halbfinale gegen Spanien genauso viel gelaufen wie im Viertelfinale gegen Holland. Aber in dem einen Spiel hat sie das mit dem Ball getan und im Spiel gegen Spanien ohne Ball. Fitness ist zwar wichtig, aber nicht das Wichtigste im Fußball. Spanien war gegen uns die bessere Mannschaft, und wir haben gegen Holland gewonnen, weil der Matchplan von Herrn Hiddink perfekt aufgegangen ist. Wenn man seinem Gegner taktisch überlegen ist, kann Fitness den taktischen Vorteil steigern. Aber sie kann nicht das Problem lösen, wenn man ein taktisches Problem hat, wie wir gegen Spanien. Deshalb muss ein Trainer das Hauptaugenmerk auf die Mannschaftstaktik und nicht die Fitness legen.«

Wahrscheinlich werden einige Bundesligatrainer angesichts der Idee von Verheijen abwinken, weil sie es längst so machen, und andere ihn für einen Wichtigtuer halten, weil es aus ihrer Sicht ohne Läufe zur Herstellung einer Grundlagenausdauer nicht geht. Und niemandem wird man nachweisen können, dass er falschliegt, weil die wissenschaftliche Basis eben fehlt.

So darf weiterhin jeder raunen, dass im Fußball zu wenig trainiert wird. Die Vorwürfe werden weiter von denen kommen, die täglich viele Stunden und Kilometer in Schwimmbecken absolvieren oder auf Langlaufskiern. Es wird weiter offene oder verdeckte Diskussionen darüber geben, ob der eine oder andere Trainer seine Mannschaft nicht richtig in Schuss bekommt.

Dazu gibt es eine im deutschen Fußball traditionell weit verbreitete Angst vor hohen Intensitäten im Training. Noch glauben viele Trainer, dass sie ihren Spielern schaden, wenn die beim Training im Laufe einer Saison einen Muskelkater bekommen, weil sie das bei den Trainerlehrgängen so gelernt haben. Niemand möchte seine Spieler unter der Woche überlasten, wie das bei den Schleifern alter Schule früher oft vorkam. Die Frage des Übertrainings stellt sich besonders bei den Klubs, die in den europäischen Wettbewerben spielen und viele Nationalspieler haben. Einer wie Magath befürchtet hingegen ständig, seine Spieler zu unterfordern. Das könnte man für Koketterie halten, doch ist es ihm ernst mit der Sorge. Das ist keine Lust an der Schinderei, sondern der Wunsch, die Spieler die ganze Saison über von der ersten bis zur letzten Minute in Schwung zu halten.

Der ein oder andere Fan mag angesichts der Armeen von Fitmachern und der immer neuen Gerätschaften zwischen Gummiband und Hightech das Gefühl bekommen haben, dass es mit der ganzen Wissenschaftsgläubigkeit im Fußball zu weit geht. Doch das Gegenteil ist richtig: Es gibt immer noch eine erstaunlich große Menge von Wissenslücken zu schließen.

Bordcomputer des Fußballs

Bruno Demichelis geht voraus durch den Gymnastikraum, in dem einige Spieler des AC Mailand gerade Übungen mit kleinen Gewichten machen und andere sich dehnen. Er geht vorbei an dem Raum, in dem die

Ergebnisse aus den Pulsuhren der Spieler von jungen Assistenztrainern ins Computernetzwerk eingelesen werden, und an der Außenseite des Gebäudes eine Treppe hinunter. Das Schloss zum Eingang öffnet sich erst nach biometrischer Prüfung. Der Leiter des MilanLabs hält seinen Daumen vor den Sensor, um sich zu identifizieren, aber der Sensor verweigert seine Arbeit. Demichelis muss an die Scheibe klopfen, damit ihn einer der beiden Mitarbeiter einlässt, die gerade auf einem Computerbildschirm Kurvenverläufe anschauen.

Nirgendwo ist die wissenschaftliche Revolution des Fußballs so manifest geworden wie auf dem Trainingsgelände eines der ruhmreichsten Klubs der Welt. Milanello liegt 50 Kilometer nordwestlich von Mailand zwischen einem Pinienwald und einem kleinen künstlichen See. Die Anlage hat den altmodischen Charme einer Sommerfrische, die Wege knirschen unter den Schuhen wie bei englischen Landsitzen.

Das MilanLab wurde kurz nach der Jahrtausendwende zu einem der großen Mythen des Fußballs. Kaum jemand durfte es betreten, und seine Macher mehrten den Ruf durch eine geschickte Mischung aus Halbinformation und Schweigen. So wurden die Gerüchte immer wilder. Dass sie dort die Leistungen der Spieler ungeheuer zu steigern vermochten und deren Karrieren zu verlängern. Dass sie im MilanLab über nie gesehene Möglichkeiten und alle Hilfsmittel verfügten, die es gab. »Wir haben bald auch so was wie das MilanLab«, flüsterte mir der sportliche Mitarbeiter eines großen Bundesligaklubs so stolz zu, als wäre damit eine glorreiche Zukunft gleichsam selbstverständlich gesichert. (Was sie übrigens nicht war.)

Bruno Demichelis gefällt das Geraune um sein Laboratorium. Er ist Anfang sechzig, war mal Vizeweltmeister im Karate und hat seither die Geisteshaltung eines Samurai. Das behauptet er jedenfalls, aber Demichelis liebt große Sätze. Wenn man wissen will, was das von ihm mitentwickelte Lab leistet, ist zunächst vom Sonnensystem und den Gesetzen des Universums die Rede. »Es geht um einen systemischen Ansatz, und der ist keine Theorie, sondern die Ethik des Lebens. Die Planeten und das Sonnensystem lehren uns einen systemischen Ansatz. Nähme man einen Planeten weg, würde das ganze System zusammenbrechen.«

Doch Demichelis öffnet nicht nur die Pforten des Himmels, sondern spricht auch von Autos, wenn er die Arbeitsweise des MilanLabs erläutert. Dann versteht man schon besser, worum es im Keller des Trainingszentrums eigentlich geht. »Der Bordcomputer im Auto sagt uns, wenn ein Wert von der Norm abweicht: der Ölstand oder die Bremsflüssigkeit. Er tut das, um uns vor einem Schaden zu bewahren und den Wert des Wagens zu schützen. Selbst in der Formel 1 werden die besten Fahrer der Welt auf diese Weise unterstützt. Mithilfe besserer Daten können sie bessere Entscheidungen fällen. Das MilanLab hat für unsere Fußballspieler die gleiche Funktion.«

Im Jahr 2000 begannen Demichelis und Jean-Pierre Meersseman, der Leiter des Projekts, eine Pilotstudie, um die hohe Zahl von Verletzungen beim AC Mailand zu reduzieren. Der Italiener und der Belgier, der als Chiropraktiker den Vereinspräsidenten Silvio Berlusconi behandelt hatte, wollten Faktoren oder Indikatoren dafür finden, wann ein Spieler ins Risiko gerät, sich zu verletzen. Zunächst sammelten sie Daten aus dem athletischen Bereich und gaben sie in ein künstliches neuronales Netzwerk ein. Diese Art von Computerprogramm, das Vernetzungen im menschlichen Gehirn modellhaft nachbildet, wird überall da eingesetzt, wo man in großen Datenmengen Muster finden möchte. Typische Einsatzgebiete sind militärische Frühwarnsysteme oder Erdbebenvoraussagen. Tauchen in bestimmten Informationen, deren Menge ohne Computeranalysen nicht zu bewältigen wäre, verdächtige Muster auf, meldet die Software das.

Dem MilanLab liegen also ähnliche Überlegungen zugrunde, wie wir sie schon im Zusammenhang mit der Baseballanalyse von Bill James kennengelernt haben. Nur geht es hier nicht darum, durch Spieldaten etwas über die Leistungsstärke einzelner Spieler zu erfahren, sondern ihre körperliche Verfassung zu optimieren, so wenig geklärt der Weg dahin auch ist.

Der Anfang beim AC Mailand war schwer, doch das Projekt profitierte von einem tragischen Vorfall. »Wir hatten eine Liste von Spielern, die unserer Meinung nach vor einer Verletzung standen, und dazu gehörte auch Redondo«, sagt Demichelis. Diesen Fernando Redondo hatte der AC Mailand im Sommer 2000 für 18 Millionen Euro von Real Madrid verpflichtet. Der Argentinier war einer der besten Spieler der Welt und unterzeichnete den damals höchstdotierten Vertrag, den es für einen Fußballspieler gegeben hatte. Noch vor Saisonbeginn riss er sich jedoch das Kreuzband, musste zwei Jahre pausieren und weitere zwei Jahre später nach etlichen Folgeverletzungen seine Karriere beenden. Die Tragödie von Redondo bestätigte Demichelis darin, wie wichtig Frühwarnung sein könnte, und der Klub stellte die Mittel zur Verfügung, das MilanLab aufzubauen.

»Wir haben alles erfasst, was eine Rolle spielen könnte: das Frühstück, das Wetter, welche Schuhe man trägt, der emotionale Zustand, das soziale Verhalten.« Und natürlich eine Vielzahl medizinischer, physiologischer und biometrischer Daten. Wenn man darüber verfügt, ist es aber noch lange nicht selbstverständlich, darin Zusammenhänge zu finden. »Am Anfang wird man fast verrückt, weil man nicht weiß, was wirklich wichtig ist. Aber wenn man den systemischen Ansatz wählt, muss man alles untersuchen.« Nach eigenen Angaben waren Demichelis und seine Mitarbeiter dabei erfolgreich: Sie reduzierten die Zahl der Verletzungen, die keine Sportunfälle waren, um 90 Prozent, wenn man die dreieinhalb Jahre nach dem Start des MilanLabs 2002 mit den vorangegangenen acht Jahren vergleicht.

Der AC Mailand ist nicht der einzige Klub, der in den letzten zehn Jahren die wissenschaftliche Begleitung der Trainingsarbeit deutlich intensiviert hat. Diese Jahre dürften insgesamt trotz der im vorangegangenen Kapitel beschriebenen Probleme bei der Trainingssteuerung als neues Zeitalter in die Geschichte des Fußballs eingehen. Fast überall wurde die Zahl der spezialisierten Trainer erweitert, und viele von ihnen brachten sportwissenschaftliche Erkenntnisse aus anderen Sportarten mit.

Daher gibt es im Fußball inzwischen eine erweiterte Funktionsdiagnostik, wozu etwa Sprungtests gehören. Oder es wird der Wassergehalt im Körper gemessen, was bei Spielern wichtig ist, die viel schwitzen. Man ermittelt, ob sie ein ausgeglichenes Verhältnis von Cortisol und Testosteron haben, weil ein Missverhältnis auf Übertraining schließen lässt. Der Immunstatus wird erhoben und geschaut, ob es Mangelerscheinungen gibt. Aufschlüsse über den Fitnesszustand liefert der Test der maximalen Sauerstoffaufnahme. Dazu müssen die Spieler auf dem Laufband oder auf einem Fahrradergometer ausgelastet werden. Anschließend wird gemessen, wie viel Milliliter Sauerstoff der Körper in diesem Zustand noch verarbeiten kann.

Durch eine biomechanische Laufanalyse können Fehlhaltungen festgestellt und korrigiert werden. Dabei müssen die Probleme gar nicht unbedingt in den Füßen liegen. Blockaden der Halswirbelsäule können dafür sorgen, dass der Spieler nicht richtig einatmet und den Körper nicht ausreichend mit Sauerstoff versorgt. Vermehrt wird auch darauf geachtet, dass es keine Disbalancen in der Muskulatur gibt, um Verletzungen zu vermeiden. Die Kräfteverteilung zwischen rechtem und linkem Bein, zwischen Oberkörper und Beinen soll möglichst ausgeglichen sein. Deshalb haben Stabilisierungsübungen, darunter selbst die guten alten Liegestütze, verstärkt Einzug ins Training gehalten.

Dutzende von Tests und Untersuchungen können heute bei den Profis durchgeführt werden. An der Sporthochschule in Köln werden im Rahmen des sportwissenschaftlichen Pilotprojekts »Momentum« auch die Spieler von Bayer Leverkusen untersucht. Sie durchlaufen vor jeder Halbserie eine umfangreiche Testbatterie, wozu neben differenzierten Muskelanalysen und 3-D-Bodyscans auch Sehtests gehören. Nach dem ersten davon gab es ein verblüffendes Ergebnis: Einige Spieler mussten zum Augenarzt. Und Neuzugänge aus Südamerika und Afrika werden inzwischen bei den meisten Klubs von Zahnärzten untersucht, weil schadhafte Zähne oft versteckte Infektionsherde sind.

In Leverkusen werden die medizinischen Werte, aber auch die Leistungsdaten der Spieler seit 2004 in einer Datenbank gesammelt. Beim DFB ist 2009 ebenfalls eine Datenbank für alle Nationalspieler, auch die in den Nachwuchsteams, eingerichtet worden. Wie man mit der Fülle von Daten umgeht, darauf haben Meersseman und Demichelis in Mailand schon länger eine Antwort zu geben versucht: das »Profil der Wellness«. Demichelis wirft sich in Pose und sagt: »Liebe Ärzte, hört auf einen dummen Psychologen. Ihr schaut auf klinische und subklinische Syndrome, ich schaue auf Symptome von Freude, Glück und Wellness. Und davon möchte ich Daten haben. Aber wo fängt man an? Zwei Spieler kommen morgens zum Training, und man fragt sie: ›Wie geht's?‹ Die beiden sagen: ›Super!‹ Das ist der Moment, in dem man sie untersucht, und wiederholt es jeden Tag, tausend Tage lang. Dann hat man einen objektiven und einen subjektiven Eindruck.«

Da man den Spielern nicht jeden Tag Blut abnehmen oder sie röntgen kann und die Tests nicht ermüden dürfen, müssen die Untersuchungen kurz und zugleich verlässlich sein. Die Spieler in Milanello bekommen dazu ein kleines Stück Baumwolle mit Zitronengeschmack, kauen kurz und geben es zurück, damit der Speichel auf eine Fülle von medizinischen Werten hin untersucht werden kann. Zusätzlich gibt es alle zwei Wochen eine intensive Untersuchung, die aber nicht länger als eine halbe Stunde dauert.

»Nach drei Jahren war die Norm der Wellness klar. Wir wussten, dass sie so zuverlässig wie beim Auto ist, wo einem angezeigt wird, dass sich nur noch Sprit für 60 Kilometer im Tank befindet. Wir wissen, dass ein Spieler in guter Form ist, wenn er mental, physiologisch usw. die richtigen Werte aufweist. Meine Enkelin hat es verstanden und kann wiederholen, was der systemische Ansatz ist: Test, Überwachung, Abweichung, Alarm.«

Mein Besuch in Milanello fiel im Frühjahr 2007 in eine Zeit, als die Arbeitsweise des MilanLabs öffentlich in Frage gestellt wurde. Als sich zwischen Anfang November und Ende Dezember 2006 so viele Spieler verletzt hatten wie in den vorangegangenen fünf Jahren zusammen, gab es auch intern heftige Debatten. Meersseman erklärte den Ausfall des Bordcomputers durch die »hektische Saisonvorbereitung«. Der AC Mailand war 2006 in den italienischen Korruptionsskandal verwickelt gewesen und eine Woche nach Ende der Weltmeisterschaft in Deutschland mit Punktabzug bestraft worden. Dadurch fiel der Klub zunächst auf den achten Platz der Meisterschaft zurück. Nach einer Reduzierung des Punktabzugs durfte der Klub dann doch an der Qualifikation zur Champions League antreten. Die WM-Teilnehmer blieben fast ohne Urlaub, dabei waren in den Berechnungen des MilanLabs mindestens vier Wochen Pause veranschlagt worden.

Im Januar 2007 glaubten sie die Talsohle durchschritten zu haben, und Demichelis verbreitete intern die Parole, Milan sei in fünf Spielen wieder »Champion von Europa«. Die damals überspannt erscheinende Behauptung sollte sich bestätigen. Im Viertelfinale schaltete Milan den FC Bayern aus, im Halbfinale Manchester United, und im Finale von Athen wurde auch die traumatische Niederlage von 2005 gegen den FC Liverpool überwunden. Damals hatte der AC Mailand nach einer 3:0-Führung zur Pause im Elfmeterschießen verloren. Nun siegten sie im Olympiastadion mit 2:1 gegen den FC Liverpool.

Das Spiel war auch ein Triumph des MilanLabs, denn noch einmal entstand der Eindruck, als könnte es das Alter besiegen. Nur vier Spieler in der Siegermannschaft von Athen waren unter 30 Jahre alt, Massimo Ambrosini feierte eine Woche später seinen 30. Geburtstag. Der Brasilianer Kaka war mit 25 Jahren der jüngste Spieler im Team, während Mannschaftskapitän Paolo Maldini im Alter von fast 39 Jahren eine absolute Spitzenleistung ablieferte. Der holländische Fitnesstrainer Raymond Verheijen vermutet, dass der AC Mailand aufgrund seiner Forschungen auch das Training verändert hat. Gemeinhin billigt man älteren Profis längere Ruhezeiten zu und belastet sie im Training nicht mehr so. Er hingegen glaubt, dass in Milanello die älteren Spieler zwar in kurzen Intervallen trainieren, dabei aber hoch belastet werden.

Was immer der genaue Hintergrund ist, der AC Mailand behandelt solche Erkenntnisse als Betriebsgeheimnisse. Doch in den beiden Spielzeiten nach dem Gewinn der Champions League verpasste es der Klub, die Mannschaft zu verjüngen. Fast hatte man das Gefühl, als glaubte man, durch das MilanLab die Altersgrenze endlos hinausschieben zu können. Der Klub verpflichtete zwar das 17 Jahre alte brasilianische Großtalent Pato, vor allem aber viele Spieler um die 30 Jahre, die, so sah es aus, die besten Momente ihrer Karriere hinter sich hatten: Ronaldo, Ronaldinho und Rückkehrer Andrej Schewtschenko, den ehemaligen Leverkusener Émerson und den schon 34 Jahre alten Ibrahim Ba. Scheinbar wollten sie in Mailand den immer gleichen Coup wiederholen, als sie 2003 den damals schon 33 Jahre alten Brasilianer Cafú ablösefrei vom AS Rom geholt hatten, der danach noch fünf sehr gute Jahre in Mailand hatte.

»Ich glaube schon, dass wir an etwas Fantastischem dran sind«, hatte Jean-Pierre Meersseman gesagt und für die Zukunft auch wissenschaftliche Belege angekündigt. Die sind bislang ausgeblieben, und so ist es Glaubenssache, ob man dem AC Mailand abnimmt, wirklich über den Bordcomputer des Fußballs zu verfügen. Fast alle aktuellen und ehemaligen Spieler, die damit zu tun hatten, äußern sich positiv darüber. Aber das mag auch damit zu tun haben, dass Menschen sich eben freuen, wenn man sich viel Mühe mit ihnen gibt. Und in dieser Hinsicht sind Demichelis und Meersseman mit ihrem MilanLab wirkliche Pioniere. Knapp 150 Kilometer weiter westlich in Turin ging man indes andere Wege.

Dark Side of the Moon

Der Star rutscht unbehaglich auf seinem Stuhl herum. Erst wird eine lange Liste vorgelesen, an welchem Tag er welche Medikamente genommen hat, und dann fragt der Richter: »Hatten Sie in irgendeiner Form psychische Probleme?« Fabrizio Ravanelli schaut, als ob er nicht richtig gehört hätte. In seinem Gesicht kann man ablesen, was er denkt: Ich, den sie wegen der Haarfarbe und der Eleganz im Strafraum die »Weiße Feder« nennen, ich, der ehemalige Stürmer von Juventus Turin und der italienischen Nationalmannschaft, soll psychische Probleme gehabt haben?

Man sieht den Richter in den Fernsehbildern nicht, aber man hört ihn nachfragen: »Depressionen?« Dann liest er vor, dass Ravanelli als Spieler von Juventus Turin ein Medikament namens Liposom bekommen hat, das der Linderung von psychischen Problemen bei gestörtem hormonellem Gleichgewicht dient. Man sieht das gleiche ungläubige Gesicht noch bei anderen Stars, die im dreijährigen Prozess zwischen 2002 und 2004 gegen Dr. Riccardo Agricola und Antonio Giraudo, den Vereinsarzt und den Manager von Juventus Turin, befragt werden. Auch Roberto Baggio behauptet, nie ein Mittel gegen Depressionen bekommen zu haben. Es sei die Rede von Vitaminen gewesen, sagt er.

Doch wenn es ihm so gesagt worden war, dann war es eine Lüge, denn bei Juventus Turin wurden gesunde Spieler mit Medikamenten behandelt. Das Gericht verurteilte den Mannschaftsarzt zu 22 Monaten Haft und schrieb in der Begründung: »Herr Agricola hat erwiesenermaßen Hilfsmittel benutzt, um auf betrügerische Weise Spielerleistungen zu potenzieren, und damit auch die Ergebnisse der Meisterschaft beeinflusst.« In der Berufung wurde er freigesprochen.

1998 hatte die italienische Dopingpolizei NAS eine Razzia beim Rekordmeister und populärsten Klub Italiens durchgeführt. Die Carabinieri hatten insgesamt 159 Arzneimittel gefunden, elf davon standen auf der Verbotsliste für Doping. Sie fanden Herzmedikamente, Antidepressiva und Epo, offensichtlich experimentierten Agricola und seine Helfer damit, die Regenerationsfähigkeit der Spieler zu verbessern. Über Samyr, ein Medikament zur Behandlung von Depressionen, sagte der Verteidiger Moreno Torricelli: »Wir bekamen es nach Spielen, wenn wir besonders erschöpft waren.«

Der erste große Dopingprozess in der Geschichte des Fußballs verwies auf die dunkle Seite des Mondes im strahlenden Fußballgeschäft. Da man sich allenthalben so vehement um Optimierungsstrategien bemühte, konnte es nicht verwundern, dass es auch jene gab, die nach illegitimen Wegen suchten. Dass Fitmacher und Ärzte auf Pillen und Spritzen setzten, um einen Vorteil herauszuholen.

Die Standardreaktion von Spielern und Trainern, Vereinsverantwortlichen und Fans, wenn es um Doping geht, ist immer die gleiche: Das bringt doch nichts! Hinter diesem Abwehrreflex steckt auch eine Fortführung der Fitnessdebatte mit anderen Vorzeichen. Wenn man schon nicht genau weiß, was man tun muss, um die Spieler richtig fit zu machen, wie will man dann wissen, welche illegalen Hilfsmittel nützlich sind.

Da ist etwas dran, aber es steht auch außer Frage,

dass Mittel zur Verbesserung der Regenerationsfähigkeit wirklich von Vorteil wären. Wir haben schließlich gesehen, wie viel Spieler heutzutage laufen müssen, wie viele Sprints und Zweikämpfe sie zu absolvieren haben. Außerdem zieht sich durch die Geschichte des Fußballs schon lange das Bemühen, sich durch Medikamente oder Stimulanzien einen Wettbewerbsvorteil zu verschaffen. Angesichts der opulenten Apotheke des Dr. Agricola in Turin wurde das nur besonders augenfällig.

Seit Mitte der neunziger Jahre war immer mehr Geld in den Fußball geflossen, damit wurde auch das Doping professioneller. Doch schon in den fünfziger Jahren gab es das Thema im Fußball. Selbst gegen die »Helden von Bern« wurde der Vorwurf erhoben, dass ihnen Aufputschmittel wie Benzedrin oder Pervitin verabreicht wurden. Der ungarische Mannschaftskapitän Ferenc Puskás hatte entsprechende Vorwürfe drei Jahre nach dem WM-Finale 1954 erhoben, sie später aber zurückgezogen. Als Beleg für die Richtigkeit der Vorwürfe galt, dass im Herbst 1954 viele Mitglieder des deutschen WM-Kaders von 1954 an Gelbsucht erkrankten, was mit gemeinsamem Gebrauch von verunreinigten Spritzen zu tun haben konnte. Bewiesen wurden diese Vorwürfe jedoch nie.

Dass Benzedrin im Fußball jedoch eifrig benutzt wurde, erwies im Spätherbst 1957 die Recherche eines englischen Sportjournalisten. Er hörte sich bei den Klubs um und erfuhr, dass bei Manchester United sechs Spieler des legendären Trainers Matt Busby regelmäßig eine Stunde vor dem Anpfiff das Aufputschmittel einnahmen. »Busby versichert, dass dieses Medikament nur unter ärztlicher Kontrolle gegeben wurde«, hieß es. In Nottingham nahmen es sogar alle Spieler, abgesehen vom Torhüter. Auch in anderen Klubs wurde Benzedrin geschluckt. Verboten war das nicht, denn damals gab es keine Bestimmungen gegen Doping.

Als eines der ersten Länder gab sich Italien im Fußball ein Regelwerk. 1964 sorgten dort die ersten Dopingfälle für Aufsehen: Fünf Spieler des AC Bologna wurden positiv auf die Einnahme eines Aufputschmittels getestet. Nach dem Spiel gegen den AC Turin hatte es eine anonyme Anzeige gegeben, in den Urinproben der Spieler wurden Spuren von Simpamin gefunden. Die Proben verschwanden aber danach aus dem Labor, trotzdem wurden dem Tabellenführer, wo auch der deutsche Nationalspieler Helmut Haller spielte, zunächst drei Punkte aberkannt. Später wurde die Strafe zurückgenommen, und Bologna gewann die Meisterschaft.

Aufgrund dieser Affäre wurden ab November 1964 Ärzte bei allen Spielen der ersten beiden Ligen Italiens eingesetzt, die aufgrund ihrer Beobachtungen Untersuchungen einleiten konnten. Die Weltmeisterschaft 1966, die erste, bei der es Dopingkontrollen gab, die Europameisterschaften und die Finalspiele der europäischen Pokalwettbewerbe folgten erst 1980. Ab 1987 wurde in allen Spielen der UEFA-Klubwettbewerbe getestet, ab 1988 in der Bundesliga.

Das kam spät, dabei hatte der holländische Nationalspieler Barry Hulshoff bereits 1973 Doping eingestanden. Er hatte erzählt, dass Ajax Amsterdam bei den Erfolgen im Europapokal der Landesmeister, sie gewannen den Titel zwischen 1971 und 1973 dreimal in Folge, vermutlich Aufputschmittel genommen hatte. »Damals wurden Pillen verteilt, die von uns Hagelslag [Schokoladenstreusel] genannt wurden«, sagte er in einem Interview mit dem Magazin *Vrij Nederland*. »Ich hatte nachher das Gefühl, unaufhörlich weiterlaufen zu können. Allerdings machte sich nach 30 bis 40 Minuten ein starker Brechreiz bemerkbar.« 1980 bestätigte Dr. John Rolink, der zu jener Zeit als Vereinsarzt für Ajax arbeitete, unerlaubte Medikamente gegeben zu haben. Außerdem hatte der Mediziner Statistik geführt: Von rund tausend Spielern, die er im Laufe von 16 Jahren untersucht hatte, hatte angeblich jeder Elfte Dopingmittel genommen.

Im deutschen Fußball jener Tage war offenbar vor allem das Aufputschmittel Captagon populär. »Viele Spieler waren verrückt danach«, sagte der Trainer Peter Neururer 2007 in einem Interview, »das war überall bekannt und wurde praktiziert.« International sah das nicht anders aus. Bei der WM 1978 wurde der schottische Nationalspieler Willie Johnston positiv getestet, er hatte vor dem Spiel gegen Peru das Aufputschmittel Fencamfamin genommen. In einem Interview mit dem *Stern* berichtete Franz Beckenbauer schon 1977 von »unkontrollierten Fouls, geweiteten Pupillen und einem Leistungsabfall in der letzten Viertelstunde, insbesondere bei internationalen Begegnungen mit Ostblockmannschaften.« Allerdings geriet auch sein Klub unter Verdacht, denn vier Spieler des FC Bayern hatten angeblich gegenüber einem Arzt erklärt, Trainer Dettmar Cramer hätte Captagon verteilt. Das wurde entschieden dementiert und nie bewiesen.

Am 24. Oktober 1983 wurden die Spieler von Dynamo Berlin vor der Reise zu einem Europapokalspiel einem internen Dopingtest unterzogen und waren voll mit Amphetamin und Metamphetamin. Das offenbarte eine Stasiakte, die 1994 bei der Gauck-Behörde auftauchte. 14 von 22 Spielern wiesen dramatisch erhöhte Werte auf, die wohl noch von einem zwei Tage vorher ausgetragenen Oberligaspiel stammten. Manfred Höppner, als stellvertretender Leiter des sportmedizinischen Dienstes einer der Chefdoper der DDR, stellte entsetzt fest, die Spieler des BFC seien mit einer ziemlich hohen, »nicht zu verantwortenden Dosis versorgt worden«. Nicht die Sorge um die Gesundheit der Spieler sprach daraus, sondern die, bei einem Dopingtest aufzufallen.

1987 enthüllte Nationaltorwart Toni Schumacher, dass auch im westdeutschen Fußball gedopt wurde. In seinem Buch »Anpfiff« gab er zu, selbst Aufputschmittel genommen zu haben. »Beim Training habe ich ein Medikament mit Dopingeffekt ausprobiert. Captagon heißt das Zeug. Beliebt sind auch diverse Hustensäfte, die den Wirkstoff Ephedrin enthalten.« Er beschreibt auch, wie sich im Herbst 1984 einige seiner Mannschaftskameraden beim 1. FC Köln dopten. »Der Vorstand sprach, wieder einmal, von einem ›Schicksalsspiel‹. Wieder einmal ging es, angeblich, um das Überleben des Vereins. Einige Kölner Mitspieler probierten dieses Zeug aus – querbeet und wahllos schluckten wir Hustensäfte, die die höchsten Dosen an Ephedrin enthielten. Die saftgestärkten Kollegen flitzten wie die Teufel über den Rasen. Wir haben gewonnen. Aber in welchem Zustand. Nach tagelanger, qualvoller Erschöpfung beschlossen wir: nie wieder.« In einer Umfrage des Fußballmagazins *Kicker*, die gemacht wurde, nachdem Auszüge aus »Anpfiff« im *Spiegel* erschienen waren, bejahten 31 von 216 Bundesligaspielern die Frage, ob in der Bundesliga gedopt wird.

Doch es änderten sich die Methoden. Das unspezifische Einwerfen von Stimulanzien, die viele Spieler oft nur nervös machten und ihre Konzentrationsfähigkeit senkten, gehörte langsam der Vergangenheit an. Die Drogen wurden interessanter – und gefährlicher. Am 4. April 1991 starb der belgische Stürmer Luc De Rijck an einer Embolie. Der Torschützenkönig des Zweitligisten KFC Turnhout hatte einen Arzt dazu überredet, ihn mit Blutdoping noch leistungsfähiger zu machen. Gemeinsam mit einem Mannschaftskameraden hatte er sich Blut abnehmen lassen, das mit Sauerstoff angereichert werden sollte, doch offenbar wurde das angereicherte Blut zu schnell infundiert.

1992 wurde die deutsche Sprintweltmeisterin Katrin Krabbe positiv auf die Einnahme des Anabolikums Clenbuterol getestet, das auch bei der Kälbermast eingesetzt wurde. Christoph Daum, damals Trainer des VfB Stuttgart, erzählte kurz darauf in einem Interview mit *Bild:* »Wir setzen Clenbuterol ein, um die Muskulatur bei verletzten Spielern schneller zu stabilisieren. Wir setzen das Mittel natürlich rechtzeitig wieder ab.« Als es ein verheerendes Echo auf diese Aussage gab, dementierte Daum. Doch Ende August 1992 forderte Gerhard Mayer-Vorfelder, damals Präsident des VfB Stuttgart und DFB-Vizepräsident, die Freigabe von Doping in der Rehabilitation von Spielern.

Im Laufe der neunziger Jahre kamen Anabolika im Fußball an, offenbar parallel mit dem erweiterten Krafttraining. Die Spieler sahen inzwischen muskulöser aus als beim WM-Finale 1970, und es häuften sich vor allem die Nachweise von Nandrolon bei Dopingtests. 1997 gab es drei Fälle in Frankreich, 1999 wurde auch Christophe Dugarry von Olympique Marseille erwischt, der im Jahr zuvor Weltmeister mit der französischen Mannschaft geworden war. 1999 wurden bei der Copa América ein Mexikaner positiv auf Nandrolon getestet und der Russe Igor Schalimow beim SSC Neapel. In den Jahren 2000 und 2001 wurden in Italien Spuren von Nandrolon in 56 Urinproben gefunden, elf davon lagen über dem erlaubten Wert. Gesperrt wurden so berühmte Spieler wie der heutige Trainer des FC Barcelona, Pep Guardiola, der damals in Brescia spielte, der Portugiese

Fernando Couto (Lazio Rom), die Holländer Jaap Stam (Lazio Rom), Edgar Davids (Juventus Turin) und Frank de Boer, damals beim FC Barcelona unter Vertrag.

1998 tauchten in einer Apotheke in Bologna Unterlagen auf, die abnormale Hämatokritwerte von Spielern des AC Parma belegten, ein Hinweis auf die Einnahme des Hormons Erythropoetin, kurz: Epo. Normalerweise verordnet man es bei chronischem Nierenversagen oder Blutarmut durch Krebserkrankungen. Aber auch Sportler erkannten schnell, dass ihnen das Hormon helfen konnte. Es sorgt dafür, dass mehr rote Blutkörperchen gebildet werden, dadurch kann das Blut mehr Sauerstoff transportieren. Besonders bei Ausdauersportlern wie den Radfahrern wurde Epo ein großer Erfolg. Auch im Fußball würde die Einnahme, ließe man sich auf die Logik des Dopings ein, sinnvoll sein. Mit Epo erholt man sich im Spiel schneller, und auch zwischen den Partien dürfte es die Regenerationszeiten verkürzen. Angesichts des gewaltigen Programms, das viele Spieler zu absolvieren haben, eine große Verführung. Allerdings kann Epo auch lebensgefährlich sein. Durch die vermehrte Produktion von roten Blutkörperchen verdickt sich das Blut, und es besteht die Gefahr von Herzinfarkten und Schlaganfällen. Der normale Hämatokritwert, der den Anteil der roten Blutkörperchen im Blut anzeigt, liegt bei zwischen 42 und 45 Prozent, bei über 50 Prozent besteht der Verdacht auf Doping.

Beim Argentinier Hernan Crespo und zwei weiteren Profis des AC Parma war das der Fall, das zuständige Labor behauptete jedoch wenig später, die Ergebnisse seien wegen technischer Probleme bei den Tests ungültig. Überhöhte Werte gab es auch bei den Juventus-Profis Angelo Di Livio und Didier Deschamps, dem Kapitän des französischen Weltmeisters von 1998. Kein Wunder, wo doch in der Apotheke des Dr. Agricola auch Epo gefunden worden war.

Aus dieser Zeit stammt auch ein Video, das im April 2005 im italienischen Staatsfernsehen RAI gezeigt wurde. Man sieht, wie Nationalspieler Fabio Cannavaro eine Injektion erhält. Die vier Minuten lange Sequenz war am 11. Mai 1999 im Hotel Marriott in Moskau vor dem 3:0-Sieg des AC Parma im UEFA-Pokal-Finale gegen Olympique Marseille gedreht worden. Darin sieht man den Mannschaftsarzt, wie er dem damals 25 Jahre alten Spieler das herzstimulierende Kreatinmittel Neoton in die Vene spritzt. »Los, hau die Nadel hier rein, Doktor. Mmmh, tut das gut ...«, sagte Cannavaro. Das Mittel steht nicht auf der Liste der verbotenen Dopingmittel, aber die Bilder sind trotzdem gruselig. Sie erinnern an die von der Polizei mit versteckten Kameras gemachten Bilder von dopenden Radsportlern in ihren Hotelzimmern, und sie erzählen auch von dem Glauben, dass man besser wird, wenn man sich was in den Körper haut – und mögliche Folgen ausblendet.

Im Jahre 1998 veranlasste der italienische Staatsanwalt Raffaele Guariniello eine Untersuchung zu den Biografien von 24 000 Fußballspielern, die in den Jahren 1960 bis 1996 in den Serien A bis C in den italienischen Fußballligen aktiv waren. Er kam zu dem Schluss, dass doppelt so viele Fußballprofis an Darm- und Leberkrebs erkranken wie im Vergleich zum Bevölkerungsdurchschnitt. Besonders dramatisch waren die Ergebnisse bei der Amyotrophen Lateralsklerore, kurz: ALS. Diese Erkrankung des Nervensystems führt zu Muskelschwund, die Erkrankten verlieren zuerst die Kontrolle über die Motorik von Armen und Beinen. Dann erlahmen, begleitet von furchtbaren Krämpfen, allmählich die Körperteile, das Sprechvermögen lässt nach, akute Atem-

und Schluckbeschwerden beginnen. 99 Prozent der ALS-Kranken sterben durch Ersticken.

Von 420 anormalen Todesfällen unter den Fußballspielern waren acht an einer ALS gestorben. Weil die Recherche von Guariniello wissenschaftlichen Standards aber nicht standhielt, wurde eine systematische medizinische Untersuchung veranlasst und im Januar 2005 veröffentlicht. Die Studie in der Fachzeitschrift *Brain* umfasste 7325 Fußballspieler, die zwischen 1970 und 2002 in den italienischen Ligen Serie A oder Serie B aktiv waren. Unter ihnen wurden fünf Ex-Profis identifiziert, die an ALS erkrankt sind. Das ist immer noch ein 6,5-fach erhöhtes Risiko im Vergleich zur Normalbevölkerung. Ob es mit Dopingpraktiken zu tun hat, mit dem exzessiven Einsatz von Schmerzmitteln oder Entzündungshemmern, ist bislang nicht geklärt. Der italienische Profi Adriano Lombardi, der 2007 an ALS starb, sagte: »Die Spieler denken, sie müssen sich den Ärzten fügen, aber was ist in 15 oder 20 Jahren?«

Kapitel 5
In Raum und Zeit

Feldgrößen

Wenn man verstehen will, weshalb die Kategorie des Raums im Fußball eine so wichtige Rolle spielt, muss man sich noch einmal die Ausmaße des Spielfelds klarmachen. Ein Fußballplatz nach FIFA-Maßgabe ist mindestens 6400 und maximal 8250 Quadratmeter groß und damit deutlich größer als das Spielfeld bei allen anderen populären Mannschaftssportarten. Nur das Spielfeld im Rugby hat ähnliche Dimensionen, dort haben die Mannschaften aber 15 und nicht elf Spieler. Wenn man den zu bespielenden Raum auf einzelne Spieler umrechnet, sind beim Fußball für jeden auf dem Platz 291 bis 365 Quadratmeter zu bearbeiten, beim Feldhockey sind es 218 und im Eishockey rund 150 Quadratmeter. Im Handball sind es gar nur 58, im Basketball 42 und im Volleyball 13,5 Quadratmeter. Selbst bei einer Fußballvariante wie American Football sind pro Mann noch 204 Quadratmeter zu bespielen, also fast ein Drittel weniger als beim Fußball. In jedem Mannschaftssport gehört es zu den entscheidenden Fragen, wie man diesen Raum in den Griff bekommt, für Fußball gilt das besonders.

Im Sommer des Jahres 2000 reiste der Düsseldorfer Andreas Gursky nach Amsterdam, um dort während der Europameisterschaft zu fotografieren. Er wählte keine Position aus, von der aus normalerweise Sportfotos gemacht werden, aber Gursky ist auch kein Sportfotograf, sondern einer der erfolgreichsten Fotokünstler der Welt. Er baute seine Kamera auf dem Umlauf unter dem verschließbaren Dach der Arena auf, wo er sich in 32 Metern über dem Spielfeld befand, ungefähr auf der Höhe zwischen Torlinie und Elfmeterpunkt. (Gursky machte sich während der Arbeit ständig Sorgen darum, dass seine Objektive beim Wechseln auf den Rasen fallen und Spieler treffen könnten.)

Trotz der erhöhten Position erfassen die dort entstandenen Bilder nur das Spielfeld, weder die Zuschauer auf den Rängen noch die Trainer und Ersatzspieler auf den Bänken am Seitenrand oder die Linienrichter sind zu sehen. Aus seiner Position eröffnet sich also eine idealtypische Perspektive auf das Fußballspiel.

Die Arbeit »EM Arena II« entstand beim Spiel zwischen Holland und Frankreich, und man meint, das Bild wäre kurz vor dem Anstoß entstanden. Die Spieler sind nämlich so auf dem Rasen platziert, als hätten sie die taktische Grundposition eingenommen, die ihnen die Trainer zugewiesen haben. Der Eindruck, auf ein belebtes Taktikschema zu schauen, wird noch durch die vier Schatten verstärkt, die die Spieler im Flutlicht werfen und sie mit einem Kreuz auf dem Rasen markieren. Weil Gursky das Foto bewusst bei Mischlicht aufgenommen hat, erscheint der Rasen besonders künstlich.

Das Gefühl, ein Arrangement des Künstlers anzuschauen, täuscht nicht, denn er hat seine Mannschaften im Wortsinne aufgestellt. Gursky hat das ursprüngliche Material am Computer bearbeitet und dabei jedem Spieler einen Platz nach seinem Gefallen zugewiesen. So ist ein 2-3-2-3-System entstanden, das an die längst vergangenen Zeiten im Fußball erinnert, als noch im WM-System gespielt wurde, bei dem die zehn Spieler so auf dem

Platz positioniert waren, dass es wie ein »W« über einem »M« aussah.

Die Arbeit »EM Arena I« entstand ebenfalls bei der Europameisterschaft, während des Spiels zwischen Portugal und der Türkei. Es wurde anschließend nicht verändert, dennoch fällt auch hier die Verteilung der Spieler im Raum besonders auf. Das Bild ist das Gegenteil der für Sportfotografie typischen Actionszenen – im Grunde ist es eine Anti-Action-Szene. Einer der Spieler liegt auf dem Boden, vielleicht ist er gerade gefoult worden, und in diesem Moment des Verharrens nehmen die Figuren auf dem Bild eine kontemplative oder erstarrte Haltung ein.

Dass die beiden Arbeiten gerade in der Amsterdam Arena entstanden, in dem Stadion, wo Ajax Amsterdam zu Hause ist, hatte zwar vor allem mit der Arbeitsmöglichkeit und dem Catwalk unterm Tribünendach zu tun. Aber zugleich mag man kaum an Zufall glauben, dass künstlerische Arbeiten, in denen der Fußballrasen als Fläche und bespielter Raum eine geradezu ikonografische Bedeutung bekommen, hier gemacht worden sind. Denn Holland als Fußballnation und Ajax Amsterdam als Klub haben den Raum systematisch zu einer Kategorie im Fußball gemacht.

»Niemand hat jemals sein Spiel so abstrakt und architektonisch erdacht und strukturiert«, schreibt David Winner in seinem Buch *Oranje Brillant*. Vor allem Rinus Michels, der als Trainer erst Ajax Amsterdam an die europäische Spitze führte und dann die holländische Nationalmannschaft, trug entscheidend dazu bei. Seine Teams sorgten dafür, dass der bespielte Raum zu einer strategisch veränderbaren Größe wurde.

War der Gegner am Ball, versuchten sie das Spielfeld durch eine aggressiv gespielte Abseitsfalle zu verkürzen. Die Abwehr rückte geschlossen auf und hielt die Linie, was Trainer Rinus Michels in Trainingsspielen mit regulären Schiedsrichtern hatte üben lassen. Bei eigenem Ballbesitz wurden sofort beide Außenpositionen im Sturm besetzt, um das Spielfeld breit zu machen, was auch zum Ausgangspunkt für das holländische 4-3-3-Spielsytem wurde.

Der englische Autor David Winner leitete in seiner Analyse des holländischen Fußballs den systematischen Umgang mit dem Raum im Fußball aus der generellen Auseinandersetzung mit diesem Thema im am dichtesten besiedelten Staat Europas ab. In ihrem enorm flachen Land, so glaubte auch Rudi Fuchs, der ehemalige Direktor des Stedelijk Museum in Amsterdam, hätten die Holländer eine besondere Aufmerksamkeit für Entfernungen und Verteilungen im Raum entwickelt: »Wir messen den Raum in aller Ruhe, sehr genau und ordnen die Dinge dann im Detail. Unsere Art des Sehens und der Annäherung an den Raum ist die des ausgewählten Details.«

Dass man besser verteidigen kann, wenn es eng ist, und besser angreifen, wenn man viel Platz hat, wissen Spieler und Trainer schon lange. Der legendäre deutsche Coach Rudi Gutendorf, der als »Riegel-Rudi« Anfang der sechziger Jahre den italienischen Catenaccio in der Bundesliga importierte, nannte das Prinzip »Gummisack-Taktik«. Doch Ajax Amsterdam war die erste Mannschaft, die nicht nur systematisch mit dem Raum umging, sondern auch mit dem Faktor Zeit. Jeder weiß, wie viel leichter es ist, wenn man am Ball über viel Zeit verfügt, wenn man ihn in Ruhe stoppen, gemächlich schauen und passen kann. Rinus Michels hatte sich beim Basketball das Pressing angeschaut und gesehen, wie man dem Gegner damit Zeit rauben konnte, wenn man ihn schon früh unter Druck setzte und so vom eigenen Korb weghielt. Es ist übrigens kein Zufall, dass der Begriff Pressing heute eher im Fußball als im Basketball benutzt wird. Im professionellen Basketball ist diese Spielweise fast ausgestorben, weil die individuelle Klasse der Spieler so groß ist, dass Pressing nur noch selten funktioniert.

Ajax Amsterdam störte den Gegner schon früh, um sein Aufbauspiel zu unterbinden. Weil zugleich die vier in Sachen Abseitsfalle geschulten Verteidiger so weit aufrückten, versuchten die drei Mittelfeldspieler und die drei Stürmer bereits in der gegnerischen Hälfte an den Ball zu kommen. Die erste Mannschaft in Deutschland, die so spielte, war der Hamburger SV unter Ernst Happel, der sich das Pressing hatte abschauen und aneignen können, als er Trainer bei Feyenoord Rotterdam bzw. der holländischen Nationalmannschaft war.

Es wäre sicherlich zu einfach, wenn man den Erfolg der Holländer zu Beginn der siebziger Jahre allein auf die neuen Strategien im Umgang mit Raum und Zeit erklären wollte. Zum Welterfolg des holländischen Fußballs bedurfte es auch der gleichzeitigen Professionalisierung des Spiels in den Niederlanden, dazu eines im Geist des Liberalismus erzogenen Großtalentes wie Johan Cruyff und eines außergewöhnlichen Trainers wie Michels. Doch ohne ihre besondere Spielweise wäre der Aufstieg aus dem Nichts unmöglich gewesen. Die holländische Nationalmannschaft nahm 1974 erst zum zweiten Mal an einer Weltmeisterschaftsendrunde teil, erreichte das Finale und gehört seitdem zum mal engeren, mal weiteren Kreis der Weltklasseteams.

Damals wurde eine Strategie entwickelt, die im Laufe der Jahre eine Fülle von Transformationen erlebt hat, aber deren Wurzeln man im holländischen Fußball noch heute erkennen kann. Das Spiel mit drei Angreifern, von denen zwei richtige Flügelstürmer sind, ist in Holland bis vor Kurzem die Grundlage des Spiels gewesen und wurde so in fast allen Jugendmannschaften gelehrt. Das bedeutet einerseits, dass mehr Stürmer ausgebildet werden als in anderen Ländern, wo man im Nachwuchs nur mit zwei Angreifern spielt. Außerdem gab es immer wieder den Typus der fliegenden Männer auf dem Flügel, deren aktuelle Generation Arjen Robben oder Robin van Persie heißt. Außerdem legen holländische Mannschaften immer besonders viel Wert auf ein gutes Positionsspiel. Vor allem Teams, die von Louis van Gaal trainiert wurden, waren darauf gedrillt, während des Spiels die von ihm gemachten Vorgaben über die Abstände zwischen den Verteidigern oder zwischen Abwehr und Mittelfeld genau einzuhalten.

Die Geschichte des holländischen Umgangs mit Raum und Zeit ist auch eine Underdog-Strategie. Die Historie der Raumrevolution ist aber auch ein Beleg dafür, dass strategische Vorteile selten lange vorhalten. Denn die meisten erfolgreichen Innovationen gehen schnell in den Mainstream des Fußballs ein. Das Prinzip, wie man ein Spielfeld planmäßig klein hält oder vergrößert, beherrschten nur wenige Jahre später fast alle Fußballnationen. Zugleich wurde die Spielweise der Holländer weiterentwickelt. Sie wurde nämlich zu einer der Grundlagen für die größte taktische Revolution, die der Fußball überhaupt erlebt hat.

»Verteidigen kann jeder«

Wie Fußball heute gespielt wird, sieht man in einer animierten Version des WM-Endspiels von 2006, die von der russisch-englischen Firma *Ascensio System* ins Internet gestellt wurde, um ihr Analyseprogramm *Match Expert* zu bewerben. Die italienischen und französischen Spieler sind jeweils durch einen Punkt repräsentiert, und dieser bewegt sich so, wie er es im realen Spiel getan hat. Außerdem gibt es Hilfslinien, die jeweils den am weitesten hinten platzierten Feldspieler beider Teams und den Abstand dazwischen anzeigen. So wird das Schrumpfen des bespielten Raums anschaulich, denn selten liegen zwischen dem letzten französischen und dem letzten italienischen Spieler mehr als 40 Meter. Die Breite des Spielfelds wird ebenfalls nicht ausgenutzt, weil die Akteure auf der ballfernen Spielfeldseite weit einrücken. So bearbeiten die 20 Feldspieler nicht gut 7000, sondern vielleicht 1200 bis 1500 Quadratmeter des Platzes. Dazu verschiebt sich die Fläche wie ein mobiles Kleinfeld, am Ball orientiert, über den Platz.

Eine weitere Funktion des Computerprogramms ermöglicht es, die durchschnittliche Position der Spieler in Viertelstundenschritten anzuzeigen. Hier zeigt sich, dass die Feldspieler einen Raum von insgesamt 40 Metern rechts und links der Mittellinie eingenommen haben. Zwar ändert sich das während unterschiedlicher Phasen des Spiels ein wenig, wenn mal der Italiener Francesco Totti weiter nach vorn geht oder der Franzose Florent Malouda häufiger über die Außenbahn kommt. An der grundsätzlichen Kompression der Ereignisse auf ein Siebtel der Spielfläche ändert es nichts.

Ein Ausgangspunkt für diese Entwicklung zur Platzverknappung war das neue Raumkonzept des holländischen Fußballs. Aber der Ukrainer Walerij Lobanowski und in den achtziger Jahren der Italiener Arrigo Sacchi trugen entscheidend dazu bei, die Konzeption des Defensivspiels zu verändern. Im vorangegangenen Zeitalter der Manndeckung hatten sich auf dem Platz Pärchen gebildet, der Rechtsverteidiger bewachte den Linksaußen, der Vorstopper den Mittelstürmer usw. Wie aneinandergekettet liefen sie hintereinander her, egal, was drum herum passierte. Mit Lobanowski und Sacchi wurde Fußball von einem Spiel der Zweikämpfe zu einem der Mehrkämpfe um den Ball. Seither ist die Verteidigungsarbeit immer stärker kollektiv organisiert worden. Man spielt nicht mehr gegen den Mann, sondern gegen den Ball.

Helmut Groß war 1981 einer der ersten Trainer in Deutschland, die ihre Mannschaften so spielen ließen. Von Ernst Happel, damals beim Hamburger SV, schaute er sich vor allem das aggressive Pressingspiel ab. Beim Ungarn Pal Czernai, der den FC Bayern trainierte, studierte er die Arbeitsweise einer der ersten Vierer-Abwehrketten in Deutschland. Und von der französischen Nationalmannschaft das 4-4-2-System mit Mittelfeldraute. Bemerkenswert war, dass Groß damals Amateurtrainer beim SC Geislingen war. Heute gehört er als Experte fürs Spiel gegen den Ball zu Ralf Rangnicks Trainerteam in Hoffenheim.

Insgesamt sieben Jahre trainierte Groß den SC Geislingen, ohne seinen Job im Regierungspräsidium aufzugeben, wo er für Brückenbau verantwortlich war. Der Ingenieur und Hobbytrainer führte den Landesligisten bis in die Oberliga, damals die dritthöchste Spielklasse. »Wir waren automatisch erfolgreich, weil wir einen gewissen Vorsprung hatten«, sagt Groß heute.

Groß benutzt dafür ein anschauliches Bild: das von

Licht und Schatten. Der Ball ist dabei die imaginäre Lichtquelle. Die Spieler, die ihn erobern wollen, müssen sich so positionieren, dass ihre Gegner quasi im Schatten stehen. Denn das bedeutet, dass sie nicht mehr angespielt werden können. Groß nennt das, wie inzwischen viele Trainer, Deckungsschatten.

Man denke nur an das beliebte Aufwärmspielchen vier gegen zwei, bei dem die beiden Balleroberer in der Mitte nur zwei Möglichkeiten haben. Sie können ihre zahlenmäßige Unterlegenheit dadurch zu kompensieren suchen, dass sie zwischen ihren vier Opponenten herumflitzen und sie zu einem technischen Fehler zwingen. Sie können auch systematisch eine Überzahl am Ball herstellen, indem sie den Mann am Ball gemeinsam so attackieren, dass die drei anderen im Deckungsschatten sind. Ist niemand anspielbar, ist der ballführende Spieler in höchster Not. Er müsste dribbeln oder den Ball auf gut Glück abspielen.

Dieses Prinzip kann man auf das Spiel übertragen. Wenn man die Überzahl dort sucht, wo der Ball ist, bleiben logischerweise an anderer Stelle gegnerische Spieler unbewacht. Man muss also dafür sorgen, dass sie nicht angespielt werden können, indem man sie in den Schatten stellt. Die Attacken auf den ballführenden Spieler dürfen nie isoliert stattfinden, sondern müssen Teil einer Kette von Aktionen sein, um die gegnerischen Spieler im Deckungsschatten zu halten.

Helmut Groß war ab 1984 Mitglied im Lehrstab des Württembergischen Fußballverbandes. Dort erarbeitete eine Gruppe von rund 20 Trainern Schulungen für die Amateur- und Nachwuchstrainer, zu denen auch ein ambitionierter Nachwuchscoach namens Ralf Rangnick gehörte. Mit Groß und den anderen diskutierte er immer wieder, wie man das ballorientierte Spiel organisiert und wie man es am besten vermittelt. Ein Erweckungserlebnis waren für Rangnick die Freundschaftsspiele mit seinen Mannschaften gegen Dynamo Kiew, die zu jener Zeit ihre Wintertrainingslager regelmäßig in der Sportschule Ruit absolvierten, weil es bei ihnen daheim zu kalt war. Trainer der Mannschaft war Walerij Lobanowski, der Pionier des ballorientierten Spiels. Für Groß war Dynamo Kiew damals eine Fußball gewordene Fantasie: »Zum ersten Mal spielte eine Mannschaft so, wie ich es mir vorgestellt habe.«

Das durchzusetzen war jedoch nicht einfach. In Geislingen konfrontierte ein Spieler den Trainer Groß mit der verblüffenden Bitte, in der ersten Halbzeit als rechter Verteidiger und in der zweiten Halbzeit als linker Verteidiger spielen zu dürfen. Er wollte partout nicht dorthin, wo sein Vater am Spielfeldrand stand. Der verstand nämlich nicht, dass sein Sohn niemanden bewachen, sondern sogar ignorieren musste, wenn der Ball gerade auf der anderen Seite des Spielfelds war und er als Verteidiger einrücken sollte. Auch die Abschaffung des Liberos löste bei den Fußballvätern in Geislingen blankes Entsetzen aus. Doch nicht nur dort schüttelten die Traditionalisten den Kopf. »Außerhalb galten wir als die Verrückten aus Württemberg«, sagt Groß.

Dass diese Spielweise in Deutschland einmal Gegenstand erregter Debatten war und Berti Vogts 1998 hämisch verspottet wurde, als er einer größeren Öffentlichkeit den Begriff »ballorientiert« präsentierte, kann man sich heute kaum noch vorstellen. Genauso wenig wie die Aufregung, die es auslöste, als Rangnick im gleichen Jahr als Trainer des SSV Ulm im *Aktuellen Sportstudio* die Arbeitsweise einer Viererkette erklärte.

Längst verteidigen weltweit alle Mannschaften nach mehr oder weniger den gleichen Prinzipien. Fußballmannschaften sind zu Organismen geworden, die sich eng zusammenziehen, wenn sie vom Gegner attackiert werden. Dabei wird jeder Spieler zum Ausputzer seines nebenstehenden Kollegen, wenn dieser einen Zweikampf verloren haben sollte. Es gilt das Primat der Überzahl am Ball, das der Minimierung des Raums und der Verhinderung von Anspielmöglichkeiten. Man schaut, dass die Spieler einer Viererkette nicht mehr als acht oder zehn Meter auseinander stehen, und achtet auf die Abstände zwischen Abwehr und Mittelfeld. Man »doppelt«, versucht also, mit zwei Mann den ballführenden Spieler anzugreifen, und bildet »Sicherungsdreiecke«, um sich gegenseitig auszuhelfen. Inzwischen ist oft sogar vom »Trippeln« die Rede, weil gleich drei Mann herangerauscht kommen, um dem Gegner den Ball abzujagen. Besonders bei den Spitzenteams der Champions League sieht man das immer häufiger.

»Verteidigen kann heute jeder«, stellte Philipp Lahm im Sommer 2007 nach einem Pokalspiel bei Wacker Burghausen entnervt fest, in dem der FC Bayern beim damaligen Drittligisten 120 Minuten lang angerannt war (und schließlich das Elfmeterschießen gewann). Die Beschwerde ist nicht ganz falsch, denn es gibt inzwischen eine Art von defensivem Weltstandard. Christofer Clemens stellte im Rahmen einer Analyse der Klubweltmeisterschaft 2008 in Japan für die FIFA fest, dass der Gewinner der afrikanischen Champions League, der aus Asien und selbst der Teilnehmer aus Ozeanien genauso selbstverständlich die Räume verengten und die Mitte des Spielfelds kompakt halten konnten wie Manchester United oder Südamerikameister Quito.

Es gibt sogar inzwischen so etwas wie eine Generaltaktik fürs erste Jahrzehnt des 21. Jahrhunderts. Sie besteht darin, die eigene Offensive ausschließlich von der

Defensive aus zu denken. Man versucht, dem Gegner bei dessen Spielaufbau den Ball abzuluchsen und ihn dann auszukontern. Weil im Moment des Umschaltens von Offensive auf Defensive die Verteidigungsordnung am wenigsten festgefügt ist, besteht hier die größte Aussicht auf eine erfolgreiche Angriffsaktion. Deshalb ist der Moment des Ballbesitzwechsels so wichtig und das richtige Verhalten dabei eine der wichtigen Qualitäten von Spielern. Wer im Moment des Ballverlustes nicht ganz wach ist, läuft Gefahr, ausgekontert zu werden. Wer bei der Balleroberung nicht flink im Geiste und auf dem Platz ist, verpasst die Konterchance. Man kann sich das auch in Zahlen klarmachen. In zwei Sekunden kann eine Mannschaft, nimmt man die Laufwege aller Spieler zusammen, ungefähr 200 Meter zurücklegen. Das sind 200 Meter, die zum Verschieben in die richtige Position fehlen können.

Das Lauern auf eine Chance in den Umschaltmomenten führt allerdings häufig zu Spielen, deren Psychologie den klassischen Duellen im Western ähnelt, allerdings viel langweiliger ist. Jeder wartet darauf, dass der andere zuerst seinen Colt zieht. Weil aber Fußballteams geordnete Gebilde sind und nicht wie heißblütige Pistoleros funktionieren, bleiben die Colts oft einfach stecken, und der Zuschauer gähnt.

Wenn man sich die Software des brasilianischen Trainers Nelsinho Baptista anschaut, kann man den Eindruck gewinnen, dass es im Fußball zumindest beim Defensivspiel vielleicht doch eine Theorie gibt, wie sie Schachspieler Felix Magath formulieren wollte. Man kann mit seinem Computerprogramm »Táticas« taktische Situationen auf dem Platz simulieren. Es ermöglicht, auf einem animierten Spielfeld am Computer durchzuspielen, welche Situationen sich ergeben, wenn verschiedene Grundaufstellungen aufeinandertreffen.

Auf diese Weise sieht man sofort, wo sich auf dem Platz welche Konstellationen ergeben und wo welche Überzahlsituationen entstehen. Wenn eine Mannschaft im 4-4-2-System auf einen Gegner trifft, der ein 4-3-3 gewählt hat, sind die vier Verteidiger gegen drei Angreifer in der Überzahl. Die beiden Innenverteidiger stehen nur dem Mittelstürmer gegenüber, die Außenverteidiger jeweils einem Stürmer. Im Mittelfeld wiederum sind die drei Spieler des Gegners im Zentrum in Überzahl, weil im 4-4-2 zwei Mann die Außenseite des Spielfelds bearbeiten. Dort treffen sie vermutlich aber auf die Außenverteidigers des Gegners.

Deshalb muss das Team im 4-4-2 eine Unterzahl in der Spielfeldmitte ausgleichen. Dazu gibt es verschiedene Möglichkeiten, die man sich mithilfe der Simulation am Computer leicht klarmachen kann. Einer der Innenverteidiger kann sich ins Mittelfeld vorschieben, oder ein Stürmer lässt sich weit ins Mittelfeld zurückfallen. Alle möglichen Konstellationen sind so am Computer leicht zu erkennen, auch wenn ein 4-4-2 auf ein 3-5-2 trifft oder ein 4-1-4-1 auf ein 4-2-2-2. Schließlich gehört es zum Trainerhandwerk, aus solchen Konstellationen taktische Vorteile zu ziehen.

Felix Magath etwa profitierte in seiner größten Stunde als Spieler davon. 1983 traf er im Finale des Europapokals der Landesmeister mit dem Hamburger SV auf Juventus Turin, die damals von Giovanni Trapattoni trainiert wurden. Die Italiener traten mit einer heute seltsam erscheinenden Grundaufstellung an: Die Abwehr bestand aus Libero Scirea, zwei Innenverteidigern und dem Linksverteidiger Cabrini, einen Rechtsverteidiger gab es nicht. Die asymmetrische Aufstellung funktionierte in Italien meistens gut, weil die Gegner dort dazu passend nur mit einem Außenstürmer antraten. Aber Hamburgs

Trainer Happel nutzte das zu seinem Vorteil. Er stellte seinen Angreifer Lars Bastrup nicht wie sonst an die linke, sondern an die rechte Seite von Horst Hrubesch, damit der Däne gegen den offensiven Außenverteidiger Cabrini abfangen konnte. Trotzdem kümmerte sich bei Juventus nicht Cabrini um Bastrup, sondern der rechte Innenverteidiger Gentile folgte ihm. Dadurch entstand auf der rechten Abwehrseite ein Freiraum, von dem aus Magath als offensiver Mittelfeldspieler ziemlich unbedrängt den Treffer zum 1:0-Sieg schießen konnte.

Mit solchen Schachzügen kommt man heute kaum noch zum Erfolg, weil sich die Kräfte dort zusammenziehen, wo der Ball ist. Helmut Groß ist jedoch der Ansicht, dass man trotz sehr ähnlicher Systematik in der Verteidigungsarbeit auch Unterscheidungen machen muss. »Es ist eine einfache Form der Verdichtung, tief zu stehen«, sagt er. In Hoffenheim dagegen versuchen sie eher, das Prinzip der Vorwärtsverteidigung zu verfolgen. Man sinkt nicht tief zurück, sondern attackiert den Gegner schon früh in dessen Hälfte. Das verkürzt die Wege zum gegnerischen Tor, kann aber auch riskant sein, wie die Hoffenheimer schmerzlich erfahren mussten. Entwischt mal einer aus dem Deckungsschatten, hat er freie Bahn zum Tor.

Ob man eher ein solches Angriffspressing spielt, im Mittelfeld angreift oder sich tief zurückfallen lässt, hängt von verschiedenen Faktoren ab. Wie mutig ist der Trainer und wie stark der Gegner? Will man ihn herauslocken oder überwältigen? Doch trotz einer Fülle von Unterschieden im Detail scheinen die prinzipiellen Rätsel des Spiels gegen den Ball gelöst. Revolutionäre Änderungen sind hier nicht zu erwarten, und die großen Erfolge sind auf diese Weise nicht mehr vorstellbar.

Am 26. Mai 2004 gewann der FC Porto mit dem Trainer José Mourinho ein Champions-League-Finale der Außenseiter 3:0 gegen den AS Monaco, wenige Wochen später besiegte Griechenland völlig überraschend Portugal im Endspiel der Europameisterschaft. Doch diese unerwarteten Triumphe markierten zugleich Höhepunkte und Ende eines Fußballs, der auf Verteidigung und Kontern basierte. Prophet dieser Spielweise war Mourinho, der charismatische Portugiese ließ anschließend beim FC Chelsea selbst die teuerste Mannschaft der Welt mitunter aus einer massiven Defensive spielen. Das Spiel wurde oft mit langen Pässen auf den Athletenstürmer Didier Drogba eröffnet, um seine Mittelfeldspieler dann in den Kampf um den zweiten, aus dem Sturm abprallenden Ball zu schicken. Neu war das nicht, in weniger spektakulärer Form hatte so schon der italienische Meistertrainer Giovanni Trapattoni mit Carsten Jancker in der Spitze beim FC Bayern Titel gewonnen – und das Publikum zu Tode gelangweilt. Mourinho überführte das in eine hochveredelte Luxusvariante, der aber die große Krönung verwehrt blieb. Zwar gewann er 2005 und 2006 mit Chelsea den Titel in der Premier League und 2007 den englischen Pokal, aber in der Champions League reichte es nicht zum Gewinn. Als die Mannschaft 2008 zumindest das Finale erreichte – und im Elfmeterschießen an Manchester United scheiterte –, saß er nach vorzeitiger Entlassung schon nicht mehr auf der Bank.

So beeindruckend Mourinho mit dem FC Porto und Chelsea auch auftrat, man hatte das Gefühl, dass fantastische Defensive plus Überfallspiel für ganz große Erfolge nicht mehr reichen und die wahre Herausforderung, die der Fußball heute bereithält, eine andere ist: Wie spielt man, wenn man den Ball hat?

Planvoll angreifen

Volker Finke war aufgekratzt, als er nach dem Finale der Europameisterschaft 2008 ins Pressezentrum des Ernst-Happel-Stadions in Wien kam. Er war beim Spiel zwischen Spanien und Deutschland der Co-Kommentator beim Schweizer Fernsehen gewesen. Aber seine überschwängliche gute Laune hatte nur wenig damit zu tun, dass mit dem Abschluss des Turniers die Arbeit getan war. Finke war glücklich, weil er sich vom Verlauf des Abends bestätigt fühlte.

16 Jahre lang war er Trainer beim SC Freiburg und hatte den Klub in dieser Zeit dreimal in die Bundesliga geführt. Obwohl die Freiburger den meisten Konkurrenten finanziell unterlegen waren, hatte sich Finke in dieser Zeit nie von einem Stil abbringen lassen, der auf einer offensiven Ausrichtung und auf Kombinationsfußball basierte. Finke war einer der ersten Trainer in Deutschland gewesen, der im Profifußball auf den Libero verzichtete und seine Defensive ballorientiert spielen ließ. Aber bei ihm führte das nicht zu Konterfußball, sondern war nur die Voraussetzung dafür, auch gegen vermeintlich überlegene Gegner selbst das Spiel gestalten zu wollen.

Beim ersten Aufstieg in die Bundesliga 1993 lebte die Mannschaft zunächst auch davon, schon die neue defensive Arbeitsweise zu beherrschen, die die meisten anderen Mannschaften nicht kannten. In der zweiten Spielzeit, in der Freiburg sensationellerweise Dritter wurde, gab es einen 5:1-Sieg über den FC Bayern München, der exemplarisch dafür stand. Die Gäste aus München staunten, dass sie einem namenlosen Gegner nur hinterherliefen. Der agierte nämlich mit internationalem Standard auf einem Markt, auf dem diese Entwicklung noch nicht angekommen war.

Damals führte Finke den Begriff »Konzeptfußball« ein, »Heroenfußball« nannte er das Vorgehen von Klubs wie dem FC Bayern München und den damals erfolgreichen Dortmundern, vor allem auf große Namen zu setzen. Er hätte auch sagen können, dass er mit seiner Mannschaft wissensbasierten Fußball spielen ließ und die Konkurrenz produktionsmittelbasierten.

Der SC Freiburg jedenfalls vermochte auf diese Weise große wirtschaftliche Unterschiede zu reduzieren, sich zweimal vier Jahre in der ersten Liga zu halten und nach zwei Abstiegen jeweils direkt wieder aufzusteigen. In dieser Zeit verbesserte er seine Infrastruktur, sodass er auch dann noch konkurrenzfähig war, als der Vorteil einer besseren Defensivstrategie zu verblassen begann. In jener Zeit verbreiterte der Klub erneut seine Wissensbasis, indem er in abgelegenen Fußballmärkten in afrikanischen und osteuropäischen Ländern wie Mali, Burkina Faso oder Georgien, die von den Scouts großer Klubs nicht mehr besucht wurden, nach Talenten fahndete. Außerdem investierte der SC Freiburg schon früh viel Geld in die Ausbildung von Jugendspielern und ein Leistungszentrum für den Nachwuchs.

Die offensive Spielweise der Mannschaft entsprang aber nicht nur einer Strategie, sondern drückte auch die kulturellen Vorlieben des Trainers aus. Oft kann man im Stil von Mannschaften die Persönlichkeit eines Trainers wiederfinden. Finke verfolgte eine Idee vom Fußball, in der die Schönheit und Lust am Spiel mit dem Ball im Vordergrund standen. Das merkt man, wenn er mit fast kindlicher Andacht und Begeisterung ein Video von Zinédine Zidane anschaut, auf dem man den Franzosen mit alten Kumpels zum Spaß kicken und Tricks vorführen sieht. Das ist Fußball, wie er Finke gefiel.

Er ist einer der ganz wenigen Achtundsechziger, die

es im deutschen Fußball bis zu einer herausgehobenen Position geschafft haben, und sein Fußball hatte stets ein utopisches Moment. Er stand nie unter dem Primat der Zweckmäßigkeit, sondern sollte Schönheit und Erfolg miteinander kombinieren. Damit nahm Finke in einer fußballkulturellen Debatte, die eigentlich geführt wird, seit es das Spiel gibt, eine klare Position ein. Fußball bewegt sich immer zwischen den Polen Angriff und Abwehr, zwischen defensiver und offensiver Ausrichtung. Eine klassische Behauptung dazu lautet: »Mit der Offensive gewinnt man die Herzen, mit der Defensive gewinnt man Titel.« Finke bestreitet das nicht, »Defensive und Erfolg sind enger beieinander als Offensive und Erfolg«, sagt er, dennoch suchte er den offensiven Weg.

»Ich weiß nicht, warum Schönheit im Fußball immer mit Kurzpässen und Technik verbunden wird«, hat Liverpools spanischer Trainer Rafael Benítez einmal gefragt. Die Antwort darauf ist einfach: weil es schwieriger ist. Wenn man den Ball über viele Stationen laufen lässt, besteht jedes Mal die Gefahr, dass man ihn verliert. Wer nur auf Umschaltmomente lauert, wer auf Überfallfußball und lange Bälle setzt, geht ein geringeres Risiko ein. Jeder Zuschauer, auch wenn ihm taktisch-strategische Fragen völlig egal sind, begreift sofort, dass lange Kombinationsketten, wie sie der FC Arsenal in dynamischer Form oder etwas verschnörkelter der FC Barcelona zu spielen in der Lage sind, die hohe Schule des Fußballs sind.

Trotzdem hatte sich Finke jahrelang mit dem SC Freiburg daran versucht und nie einen schlechteren Platz belegt als den vierten in der zweiten Bundesliga. Das Europameisterschafts-Endspiel zwischen Spanien und Deutschland empfand er zu Recht als eine Bestätigung seiner Arbeit, weil die Spanier das Gegenmodell zum defensiv orientierten Konterfußball entwarfen. Sie lauerten nicht auf die Chance, die in dem Moment des Ballverlusts liegt, wenn die Ordnung des Gegners in der Defensive noch nicht hergestellt ist. In einem Akt unglaublichen Selbstbewusstseins verzichtete ihr kauziger Trainer Luis Aragonés fast völlig auf Konterangriffe. Wenn seine Mannschaft in Ballbesitz kam, nahm sie sich die Zeit, um sich erst richtig in Position zu bringen und dann den Ball kreisen zu lassen. Offenbar fühlten sie sich ihren Gegnern spielerisch so überlegen, dass sie nicht auf deren Schwächen setzten, sondern auf die eigene Stärke.

Ähnliches kennt man von der argentinischen Nationalmannschaft. Bei der Weltmeisterschaft in Deutschland führte das lange Zirkulieren des Balles zu jener unvergessenen Kombination, die über 26 Stationen ging. Beim 6:0-Sieg über Serbien und Montenegro ging sie dem dritten Treffer voraus, Veron legte per Hacke auf, Cambiasso verwandelte.

Einige Monate nach dem Finale in Wien besuchte ich Finke in seinem Büro, das er sich in Freiburg in der Nähe seiner Wohnung eingerichtet hat, und ließ mir Videos vorspielen, die er knapp zehn Jahre zuvor beim Training des SC Freiburg hatte machen lassen. Sie zeigten, wie er seinen Spielern das beibrachte, was er den »geheimen Lehrplan« nennt. Geheim war dieser Lehrplan nicht, weil er seinen Profis verschwiegen wurde, sondern weil der Stoff unbewusst gelernt werden sollte. Finke schuf im Training Bedingungen, die automatisch für eine bestimmte Spielweise sorgten, ohne dass sie abstrakt erklärt werden musste.

Sie zeigten auch einen Evolutionsschritt des Fußballs, denn hier konnte man sehen, wie er versuchte, das Offensivspiel planvoll anzugehen. Ein Trainer kann seinen Spielern sagen, dass sie kombinieren oder direkt spielen sollen, oder er kann Situationen schaffen, durch die sie dazu gezwungen werden. So konnte man Übungsformen sehen, bei denen auf zwei große Tore im Zentrum und vier kleine Tore an den Seiten gekickt wurde oder auf zwei kleine Tore entlang der Seiten, deren Vorderseite aber nach außen gedreht war. Meistens war das Spielfeld auf die halbe Größe verkleinert, und zweimal zehn Feldspieler drängten sich dort, durften in einigen Zonen den Ball nur einmal spielen und in anderen beliebig oft. Dann war es nur erlaubt, Tore per Flugball zu erzielen und nach nur einer Ballberührung. Finke und sein Assistent Achim Sarstedt hatten die Handicaps und Vorgaben im Laufe der Jahre entwickelt. So seltsam sie auf den ersten Blick wirkten, verstanden die Spieler meistens sehr schnell, wie sie damit umzugehen hatten. Sie folgten ihrem fußballerischen Instinkt, zogen daraus die logischen Rückschlüsse und folgten so unbewusst dem »geheimen Lehrplan«.

Nach seiner Entlassung in Freiburg und bevor er einen Vertrag beim japanischen Spitzenklub Urawa Red Diamonds unterschrieb, hatte Finke verschiedentlich Vorträge über seine Trainingsarbeit gehalten und Lehrproben mit Jugendmannschaften gemacht, die mit so etwas zuvor kaum in Berührung gekommen waren. »Es ist interessant, wie schnell das funktioniert«, sagte er. Es bedurfte keiner wortreichen Erklärungen, die Grundprinzipien werden automatisch eingeübt. »Du stellst im Training die Dinge her, die später auf dem großen Platz die Spielweise verändern werden.« Mit den Kleinspielformen auf gedrängtem Raum schaffte man die Voraussetzungen dafür, dass die Spieler die Situation auf dem großen Spielfeld als Befreiung erleben, weil dort mehr Platz ist und es weniger Handicaps gibt.

Finke und Sarstedt sind Trainer, die keine klassische

Fußballsozialisation haben. Beide hatten Sport studiert, oder »Sensomotorik«, wie es im verqueren Eigensinn jener Jahre hieß. Finke war Studienrat und hatte nebenbei Tischtennismannschaften und Volleyballteams trainiert. Sarstedt hatte seine Fußballkarriere früh abbrechen müssen, war erfolgreicher Mittelstreckler gewesen und hatte Basketball gespielt. Sie zogen ihre Erfahrungen also nicht nur aus dem Fußball, sondern konnten sich Ideen auch bei anderen Sportarten ausborgen.

Letztlich nahmen sie durch ihre Biografien jene Entwicklung vorweg, wie sie nach der Jahrtausendwende im deutschen Fußball in Gang kam, als der Kreis der Mitarbeiter von Profiteams erweitert und auch für Nichtfußballsozialisierte geöffnet wurde. Bei 1899 Hoffenheim passierte es dadurch, dass solches externes Wissen quasi zugekauft wurde, als mit Bernhard Peters ein ehemaliger Hockeytrainer die Nachwuchsarbeit übernahm. Er entwickelte mit Rangnick dem Hockey entlehnte Trainingsformen, die einem ähnlichen Ansatz folgen wie in Freiburg, nur dass auf ihrem »geheimen Lehrplan« eben nicht Kombinations-, sondern Überfallfußball stand.

Inzwischen haben sich viele Trainer solche Übungen mit gezielten Handicaps und Sonderregeln abgeschaut und modifizieren sie nach ihren Vorstellungen von Angriffsfußball. Wohin sich das noch entwickeln könnte, zeigt der Blick zu anderen Sportarten. Vor allem zum Basketball, dem neben American Football am stärksten taktisch bestimmten Ballsport. Wie dort gearbeitet wird, erklärte mir Konstantin Lwowsky am Prenzlauer Berg in Berlin. Aus seinem Büro in der Geschäftsstelle von Alba Berlin kann er auf die Haupttribüne des Friedrich-Ludwig-Jahn-Sportparks schauen, wo Stasichef Erich Mielke früher die Siege des BFC Dynamo Berlin verfolgt hatte. Nebenan ist die Max-Schmeling-Halle, in der Deutschlands erfolgreichster Basketballklub der letzten zehn Jahre seine Heimspiele vor dem Umzug in die O₂ World ausgetragen hatte.

Lwowsky ist Assistent des serbischen Trainers Luka Pavićević, der auf den taktischen Aspekt des Spiels besonders viel Wert legt. Auf diese Weise hatte sich Alba, obwohl wirtschaftlich der europäischen Konkurrenz aus Italien, Spanien oder Griechenland klar unterlegen, international als eine Mannschaft, die eine Menge strategischer Raffinesse mitbringt, viel Renommee erspielt. Mannschaftstaktik hat im europäischen Basketball sogar noch eine größere Bedeutung als in der US-amerikanischen NBA, was zum Teil auch mit unterschiedlichen Spielregeln zu tun hat. Die Möglichkeiten zur Teamverteidigung sind in der NBA eingeschränkt, was Einzelaktionen wichtiger macht und indirekt auch den Starkult unterstützt.

Generell üben Basketballmannschaften eine bestimmte Zahl von Spielsystemen ein, manche verfügen über ein Repertoire von über 20. Gemeint sind mit Spielsystemen anders als im Fußball genau definierte Angriffszüge, in denen festgelegt ist, wie eine Mannschaft die 24 Sekunden bis zum Wurf gestaltet. Die Spieler folgen einstudierten Laufwegen, blocken Verteidiger und spulen Passfolgen ab.

In der Vorbereitung auf ein Spiel werden in einer Trainingseinheit sechs bis acht der gegnerischen Spielsysteme im halbschnellen Tempo durchlaufen. Die Reservisten müssen dabei das Spiel des Gegners simulieren. Im nächsten Training werden diese Systeme im realen Tempo gespielt und die dazugehörigen Verteidigungszüge eingeübt. Im dritten Schritt wird erkundet, wie der Gegner verteidigt und welche der eigenen Spielsysteme am effektivsten dagegen sind. So ergibt sich fast eine Situation wie im Schach, wenn man weiß, dass der Gegner weiß, dass man weiß, wie er spielt und auf die möglichen Gegenmaßnahmen reagiert.

»Taktisch kann man mehr machen, je besser die Spieler sind«, hatte mir Lwowsky erklärt. Das gilt zweifellos auch für Fußball, aber ist die Arbeitsweise im Basketball zu übertragen, obwohl die Bedingungen im Fußball so grundsätzlich verschieden sind? Die beiden Sportarten liegen zweifellos an unterschiedlichen Enden des Spektrums, wenn es um die Stabilität von Ballbesitz geht. Im Basketball ist der Ball groß, wird mit der Hand geführt, und die Distanzen zwischen den Spielern sind so klein, dass regelrechte Fehlpässe eher selten sind. Im Fußball mit dem kleineren Ball, der über große Strecken mit dem Fuß befördert werden muss, sieht das ganz anders aus.

Dennoch ist zu erkennen, dass es im Spiel von Spitzenmannschaften aus England und Spanien eine größere Systematik im Angriffsspiel gibt, als man das in der Bundesliga sieht. Spitzenteams von heute müssen Muster für ihr Angriffsspiel entwickeln. Es reicht nicht, sich auf die Intuition der Einzelspieler und ihre Improvisationskunst zu verlassen. Der ehemalige Nationaltorhüter Jens Lehmann erzählte nach seiner Rückkehr aus England in einem Interview, dass er noch heute die Bewegungen seiner früheren Mannschaftskameraden beim FC Arsenal voraussahen kann, wenn er sich deren Spiele am Fernseher anschaut. Wer sich kurz anbietet und wer in die Tiefe wegsprintet, wird nicht aus der Situation entwickelt, sondern ist festgelegt und einstudiert.

Beim FC Barcelona erkennt auch der ungeübte Zuschauer, dass der Spielaufbau fast immer durch das Zentrum des Spielfelds erfolgt, während bei den meisten Teams der Ball erst einmal auf die Außenpositionen gespielt wird. Der Vorteil ist, dass man so das Spielfeld weit machen kann, weil außen auf beiden Flügeln gefährliche Angreifer ins Spiel eingreifen können. Auch die Rochaden der Stürmer von außen nach innen sind automatisiert. Der rechte Flügel ist mit dem Linksfuß Messi, der linke Flügel mit dem Rechtsfuß Henry besetzt, was sie auf dem Weg nach innen noch torgefährlicher macht, weil der Ball richtig liegt. Gehen die beiden von außen ins Zentrum, werden die Flügel von den Außenverteidigern besetzt, während Mittelstürmer Samuel Eto'o sich im Strafraum aus der Mitte wegbewegt. Diese Positionswechsel wirken erarbeitet, die Wege der Spieler sind wie auf einem Schnittmusterbogen eingezeichnet.

Zweifellos ist hier von der hohen Schule des Fußballs die Rede, die höchste Ballsicherheit voraussetzt, wenn man derart planvoll angreifen will. Daher wird sich der Fußball nicht ganz dahin entwickeln, wo Basketball schon ist, selbst wenn ein Trainer wie Rafael Benítez beim FC Liverpool angeblich sogar wie im Basketball angesagte Spielzüge einübt. Vielleicht sind das aber auch Mythen, die einen Trainer umgeben, der mit größter Lust an der Planbarkeit des Fußballs arbeitet. Doch selbst wenn auch weiterhin kein Spielmacher oder Trainer vom Seitenrand aus Angriffszüge vorgibt, wird es beim Angriffsspiel die größten Entwicklungen geben.

Dennoch ist die Ära des Defensiv- und Konterfußballs nicht von einer neuen des planvollen Angreifens abgelöst worden. Die Dinge überlagern sich, auch Rafael Benítez denkt ans Spiel gegen den Ball vermutlich immer noch zuerst, wenn er am Computer die Taktiken für kommende Spiele austüftelt. Und selbstverständlich werden viele Trainer mit weniger talentierten Teams den Großteil ihrer Energie darauf verwenden, dass die Defensive steht, und den Rest für esoterischen Spinnkram halten.

Denn wer verfügt schon über solche Profis höchster Güte, die auf dem Platz auch noch alle Rollen einnehmen können? Spieler wie Andrés Iniesta oder Xavi beim FC Barcelona, Cesc Fàbregas bei Arsenal und Xabi Alonso in Liverpool verwandeln sich je nach Bedarf in Außenverteidiger, helfen hinter den Spitzen aus oder stoßen sogar bis in die erste Reihe vor. Sie beherrschen dabei das Spiel der jeweiligen Positionen komplett und weisen den Weg, wohin es mit den Anforderungen an die Spieler geht. Sie nehmen ihren Trainern die Angst vor der defensiven Unordnung, die eher entsteht, wenn Spieler beim Offensivspiel ihre Positionen tauschen. Denn es gehört auch zur Kunst des Offensivspiels, dass im Moment des Ballverlustes alle sofort wissen, was zu tun ist, auch wenn sie sich gerade nicht auf ihrer Position befinden.

Vermutlich kann man in einigen Ligen auch ohne solche Musterprofis und mit reinem Konterspiel noch Meister werden oder sogar in den Europapokalen für Aufsehen sorgen. Doch für die großen Titel und Triumphe wird es nicht reichen. Vermutlich auch dann nicht mehr, wenn die Nationalmannschaften ihre großen Turniere austragen. Das jedenfalls war wohl die Botschaft, die nach dem Endspielsieg der Spanier bei der Europameisterschaft nicht nur Volker Finke erfreute, sondern in die Fußballwelt hinausging.

Speedfreaks

Zu Beginn des 21. Jahrhunderts huldigte der Fußball einem Mythos des 20. Jahrhunderts: der Geschwindigkeit. Als gäbe es ein futuristisches Manifest des Spiels, war plötzlich alles Tempo. Die Premier League war auch deshalb die global erfolgreichste Liga, weil auf dem Platz immer so viel Gas gegeben wurde. »Die Welt liebt die unvergleichliche Härte, das irrwitzige Tempo des englischen Fußballs und die Leidenschaft in den Stadien«, schreibt Raphael Honigstein und betitelte sein Buch »Harder, better, faster, stronger«.

Auch der deutsche Bundestrainer Joachim Löw predigte mit Blick nach England das Primat der Geschwindigkeit. Es sei keine optische Täuschung, dass dort schneller gespielt würde, sagte er im Frühjahr 2009. »In Deutschland herrscht teilweise noch das Denken: Wir möchten das Spiel kontrollieren und warten, bis der Gegner einen Fehler macht. Doch die meisten Tore fallen heute nicht nach Standardsituationen, sondern nach Ballgewinn, in den fünf, sechs Sekunden, wenn der Gegner nicht organisiert ist.«

Vielleicht liegt die gewachsene Begeisterung für das irrwitzige Tempo auch daran, dass man die Geschwindigkeit messen kann. Die Wärmekameras unterm Tribünendach zeichnen auf, wie schnell ein Spieler läuft und wie schnell er den Ball weiter zum nächsten Spieler bringt. Die Fußballanalytiker können auf ihren Computerbildschirmen nachschauen, dagegen war Tempo früher nur eine Behauptung. Das legendäre Pokalfinale zwischen Borussia Mönchengladbach und dem 1. FC Köln aus dem Jahr 1973, bei dem sich Günter Netzer schließlich selbst einwechselte, sieht auch heute noch schnell aus. Aber war es das wirklich? Der legendäre erste Sieg einer deutschen Mannschaft gegen England auf der Insel wirkt hingegen verblüffend langsam. Aber kam Netzer an jenem Abend im April 1972 wirklich so langsam und behäbig »aus der Tiefe des Raums«, wie es die Fernsehbilder heute erscheinen lassen? Vielleicht kann man diese Spiele von früher irgendwann einmal durch die Computerprogramme von heute jagen und diese Fragen klären.

Die Spieler selbst sind wohl kaum schneller geworden. Von Cristiano Ronaldo, einem der schnellsten Spieler der Welt, ist eine Höchstgeschwindigkeit von 33,6 Kilometern pro Stunde bekannt. Von Wayne Rooney ist ein Sprint über 50 Meter in 31,3 Kilometern pro Stunde gemessen worden. Ähnliche Werte gibt es auch für den Holländer Arjen Robben oder den Kroaten Ivica Olic vom FC Bayern. Das ist beeindruckend, doch vermutlich würde es keine großen Unterschiede geben, wenn die Werte ausgewiesener Sprintfußballer aus der Vergangenheit des Spiels ermittelt würden. Auch europäische Fußballer des Jahres wie Allan Simonsen, Oleg Blochin oder Karl-Heinz Rummenigge verdanken ihre Erfolge unter anderem dem Umstand, dass sie enorm schnell waren.

Der Unterschied besteht vermutlich aber in der Häufigkeit der Sprints und dem Verschwinden der Langsamen auf dem Platz. Denn auf keiner Position kann man fehlende individuelle Schnelligkeit durch andere Fähigkeiten komplett wettmachen. Natürlich verstehen es Routiniers, durch gutes Stellungsspiel und hochentwickelte Antizipationsfähigkeit langsamere Beine zu kompensieren. Und es gibt Handlungsschnelligkeit, die als Begriff in Mode kam, um Spieler vor dem Vorwurf zu schützen, sie seien zu langsam. Daher kann ein langsamer Spieler wie der Bosnier Zvjezdan Misimović vom VfL Wolfsburg mit seinem überragenden Ballgefühl und Auge für die Spielsituation vergessen machen, dass er eigentlich zu langsam ist.

Doch auf höchstem Spitzenniveau sind die genialen Schleicher verschwunden, deren größter der letzten Jahre der Argentinier Juan Ramón Riquelme war. Fehlende Schnelligkeit ist inzwischen ein Ausschlussargument, wenn es um Spitzenfußball geht. Tragisch ist, dass sie weitgehend genetisch festgelegt ist und durch entsprechendes Training nur minimal verbessert werden kann. Aus einem langsamen Spieler macht auch der beste Sprinttrainer keinen schnellen. Wer zudem ausschließlich die Antritts- und Sprintschnelligkeit trainiert, wird bald an Ausdauer verlieren.

Schnelligkeit ist heute so wichtig, dass sich ganze Karrieren darauf gründen, wenn ein Spieler außergewöhnlich schnell laufen kann. Bekanntestes Beispiel dafür ist David Odonkor, dessen eher durchschnittliches fußballerisches Talent mit unglaublicher Schnelligkeit gepaart ist, was ihn immerhin bis in die Nationalmannschaft gebracht und ihm einen gut dotierten Vertrag beim spanischen Klub Real Betis Sevilla eingetragen hat.

Trotzdem ist wichtiger als schnelles Laufen das schnelle Spiel, denn es hat mit fußballerischer Klasse zu tun. Beim FC Arsenal dauert es ein halbes Jahr, bis sich neu hinzugekommene Spieler daran gewöhnt haben. Die meisten von ihnen sind mit einer exzellenten Balltechnik ausgestattet, was in den vorangegangenen Vereinen oft dazu geführt hat, dass sie viel am Ball waren und ihn lange hielten. Der Weißrusse Aliaksandr Hleb ist ein Beispiel dafür, er musste sich nach seinem Wechsel vom VfB Stuttgart, wo er oft das Dribbling suchte, in London völlig umstellen.

Ein guter Indikator für Spielgeschwindigkeit ist die durchschnittliche Zeit pro Spieler in Ballbesitz. Arsène Wenger achtet genau darauf, wie schnell sich seine Profis wieder vom Ball trennen. »Wenn ich weiß, dass die Passfähigkeit eines Spielers sonst bei ungefähr 3,2 Sekunden von der Ballannahme bis zum Weiterspielen liegt, und sie geht plötzlich auf 4,5 Sekunden hoch, kann ich zu ihm sagen: ›Hör mal, du hältst den Ball zu lange.‹« Man kommt auch zu einer verblüffenden Erkenntnis, wenn man sich noch einmal Daten aus dem Spiel zwischen Frankreich und Argentinien anschaut, das wir weiter vorn schon einmal untersucht haben.

Durchschnittliche Zeit pro Spieler in Ballbesitz (in Sekunden)		
	Argentinien	Frankreich
Insgesamt	1,16	1,13
Ohne Torhüter	1,14	1,06
Ohne Stürmer	1,00	1,25

Bereits der Gesamtwert zeigt, dass im Februar 2009 in Marseille schnell und direkt gespielt wurde. Um einen genaueren Blick auf das Kombinationsspiel zu bekommen, wurden zunächst die beiden Torhüter herausgerechnet, auch weil Argentiniens Keeper Carrizo dazu neigt, den Ball nicht immer umgehend ins Spiel zurückzubefördern. Noch weiter gehenden Erkenntnisgewinn bringt es aber, auf beiden Seiten die Stürmer herauszurechnen. Lionel Messi soll im argentinischen Team das Dribbling suchen, für seinen Sturmpartner Agüero gilt das ebenfalls. Sie erhöhen den Durchschnittswert also, während ihn Frankreichs Spitzen Anelka und Henry senken, weil sie sehr schnell abspielen. Die Verlangsamer des französischen Spiels steckten also woanders. Im defensiven Mittelfeld bildeten Lassana Diarra von Real Madrid und Jérémy Toulalan von Olympique Lyon ein Pärchen, das die französischen Aktionen nicht beschleunigen konnte. Ob aus eigener Schwäche oder weil der Gegner schnelleres Spiel verhinderte, verraten die Werte indes nicht.

Schneller Fußball ist kein Wert an sich, hohes Tempo allein kann öde sein. Englische Teams jenseits der Big

Four haben eine mitunter dumpfe Intensität, während argentinische Mannschaften mit ihren Westentaschen-Riquelmes viel Gespür für Rhythmuswechsel haben und Spaß machen. Außerdem geht es auch bei den Schnellspielern nicht immer nur nach vorn. In der Schule des FC Barcelona ist auch der Rückpass ausdrücklich vorgesehen, um das blau-rote Kreiseln in Gang zu halten.

Dass Tempo zu einem Fetisch des Fußballs geworden ist, liegt vielleicht auch an unseren Seherfahrungen und dem Umstand, dass die meisten Zuschauer inzwischen ein generelles Vergnügen daran haben. Der Filmkritiker und Kulturjournalist Peter Körte hat auf den interessanten Zusammenhang zwischen der durchschnittlichen Zeit des Ballbesitzes auf internationalem Spitzenniveau und der Einstellungslänge von Hollywood-Blockbustern wie »Bourne Ultimatum« hingewiesen. In beiden Fällen liegt sie unter zwei Sekunden. Wenn uns heute etwas fesseln soll, bedarf es offensichtlich einer hohen Taktzahl wechselnder Reize.

Für den deutschen Literaturwissenschaftler und Sportphilosophen Hans Ulrich Gumbrecht, der an der kalifornischen Stanford University lehrt, bedeutet das auch einen kulturellen Wechsel: von der Ästhetik der Oper und des großen Theaters hin zu einer des Videoclips. Und das hat den Abtritt des Fußballstars als Diva zur Folge. »Für die star- und damit divengerechten Spielzüge gibt es heute in Zeiten der blitzschnellen Umschaltpunkte und Blockverschiebungen im wörtlichen Sinne keinen Raum mehr. Das Spiel ist nicht nur viel schneller, es ist auch viel taktischer und kollektiver. Eine Diva, die in diesem Kollektiv nicht zu 100 Prozent mitarbeitet, gefährdet das gesamte Spiel. Insofern haben wir es zurzeit mit zwei gegenläufigen Entwicklungen zu tun. Das Fußballspiel selbst ist divenfeindlich geworden, während der kulturelle Kontext divenfreundlicher ist.«

Wir stellen an die Spieler inzwischen ungeheure Erwartungen. Sie sollen Stars sein, aber sich auf dem Platz nahtlos ins Kollektiv einordnen. Sie sollen schnell laufen, fix handeln und dazu noch ihre fußballerischen Eigenheiten pflegen. Das sind verdammt viele Talente auf einmal, die da gefordert sind.

Kapitel 6
Superstars von morgen

Das Rätsel der frühen Früchte

Im Frühjahr 2009 lud der Deutsche Fußball-Bund 39 Fußballspieler zu einem Lehrgang seiner jüngsten Nationalmannschaft in die Sportschule Duisburg-Wedau ein, die U15 des Jahrgangs 1994. Wenn man die unten stehende Liste anschaut, wird man sich darüber wundern, dass nur vier Stürmer dabei waren. Vielleicht wird man auch darüber stolpern, dass der kleine Bruder von U21-Nationalspieler Sami Khedira im Aufgebot steht. Dass nur so wenig Jungs aus Amateurklubs, aber zwei vom holländischen Ehrendivisionär Twente Enschede dabei sind. Wenn man über die Liste schaut, fällt aber noch etwas anderes auf:

5	Tim Allen	1. FC Nürnberg	AW	03.01.1994
29	Noah Korczowski	Schalke 04	MF	08.01.1994
7	Emre Can	Eintracht Frankfurt	AW	12.01.1994
33	Fabian Schnellhardt	Rot-Weiß Erfurt	MF	12.01.1994
4	Cedric Wilmes	Borussia Dortmund	TW	13.01.1994
2	Janik Strackbein	TSG Wieseck	TW	18.01.1994
12	Cimo Röcker	Werder Bremen	AW	21.01.1994
11	Maurice Pluntke	Borussia M'Gladbach	AW	23.01.1994
14	Robin Yalcin	SpVgg GW Deggendorf	AW	25.01.1994
26	Janik Jesgarzewski	Twente Enschede	MF	26.01.1994

27	Rani Khedira	VfB Stuttgart	MF	27.01.1994
38	Björn Schneider	Bayer 04 Leverkusen	ST	25.01.1994
10	Nico Perrey	Arminia Bielefeld	AW	02.02.1994
9	André König	VfB Stuttgart	AW	08.02.1994
15	Glody Zingu	Hertha BSC Berlin	AW	11.02.1994
16	Jannick Albert	Borussia Dortmund	MF	14.02.1994
18	Levent Aycicek	Werder Bremen	MF	14.02.1994
35	Julian von Haake	Werder Bremen	MF	14.02.1994
23	Stefan Gehring	Hertha BSC Berlin	MF	15.02.1994
39	Patrick Weihrauch	1860 München	ST	03.03.1994
37	Marvin Duksch	Borussia Dortmund	ST	07.03.1994
1	Julian Spindler	1. FC Kaiserslautern	TW	11.03.1994
17	Tizian Amon	VfB Stuttgart	MF	15.03.1994
34	Alexander Secker	VfB Stuttgart	MF	15.03.1994
24	Patrick Guier	Bor. M'Gladbach	MF	17.03.1994
13	Daniel Sand	1. FC Nürnberg	AW	25.03.1994
22	Sercan Demirbas	Hamburger SV	MF	13.04.1994
8	Alexander Fagasinski	Schalke 04	AW	17.04.1994
3	Odissaes Vlachadimos	VfB Stuttgart	TW	26.04.1994
21	Timo Cecen	Eintracht Frankfurt	MF	17.05.1994
32	Felix Robrecht	Hertha 03 Zehlendorf	MF	18.05.1994
36	Pascal Borowski	Hertha BSC Berlin	ST	07.06.1994
20	Mirco Born	Twente Enschede	MF	28.06.1994
30	Christian März	VfL Osnabrück	MF	05.07.1994
28	Michael Knötzinger	TSG Thannhausen	MF	25.08.1994
31	Jonas Meffert	Bayer 04 Leverkusen	MF	04.09.1994
19	Erich Berko	VfB Stuttgart	MF	06.09.1994
6	Johannes Bergmann	Rot-Weiß Erfurt	AW	29.09.1994
25	Kevin Holzweiler	Bor. M'Gladbach	MF	16.10.1994

Offenbar ballt sich das fußballerische Talent des Jahrgangs 1994 zu Beginn des Jahres. Zwölf der 39 Spieler sind im Januar geboren, 26 von 39 im ersten Quartal.

Nur sechs Spieler sind in der zweiten Jahreshälfte zur Welt gekommen, und allein Kevin Holzweiler von Borussia Mönchengladbach im letzten Quartal.

Wenn man sich die Kaderlisten weiterer Jugendnationalmannschaften des DFB anschaute, konnte man ähnliche Beobachtungen machen. Beim U16-Team sind 24 Spieler in der ersten Jahreshälfte geboren und nur sechs in der zweiten. Bei der U17 ist das Verhältnis 33 zu fünf, und bei der U18 ist es 24 zu fünf. Da man wohl davon ausgehen kann, dass in die Jugendnationalmannschaften des DFB nur die besten Nachwuchsspieler berufen werden, könnte man zu dem Schluss kommen: Wer in der ersten Jahreshälfte geboren ist, ist talentierter.

Noch rätselhafter wird die seltsame Verteilung in den Nachwuchsteams, wenn man sich die Geburtstage der deutschen Nationalspieler anschaut, die 2008 zum Kader für die Europameisterschaft gehörten:

René Adler	15.01.1985
Simon Rolfes	21.01.1982
David Odonkor	21.02.1984
Kevin Kuranyi	02.03.1982
Piotr Trochowski	22.03.1984
Thomas Hitzlsperger	05.04.1982
Oliver Neuville	01.05.1973
Tim Borowski	02.05.1980
Arne Friedrich	29.05.1979
Lukas Podolski	04.06.1985
Miroslav Klose	09.06.1978
Mario Gomez	10.07.1985
Bastian Schweinsteiger	01.08.1984
Heiko Westermann	14.08.1983
Robert Enke	24.08.1977

Michael Ballack	26.09.1976
Per Mertesacker	29.09.1984
Marcell Jansen	04.11.1985
Philipp Lahm	11.11.1983
Christoph Metzelder	05.11.1980
Jens Lehmann	10.11.1969
Torsten Frings	22.11.1976
Clemens Fritz	07.12.1980

Hier haben plötzlich sechs von 23 Spielern im letzten Quartal Geburtstag, aber nur fünf sind im ersten Quartal zur Welt gekommen. Zwölf von 23 Spielern sind in der zweiten Jahreshälfte geboren und nur elf in der ersten. Was ist da passiert?

Der amerikanische Autor Malcolm Gladwell illustriert das Phänomen der ungleichen Verteilung in seinem Buch »Überflieger. Warum manche Menschen erfolgreich sind – und andere nicht« am Beispiel der tschechischen U20-Nationalmannschaft, die 2007 im Finale der Fußball-Weltmeisterschaft in Kanada stand. Von den 21 Spielern der tschechischen Mannschaft waren nur zwei in der zweiten Jahreshälfte geboren.

Die Erklärung für dieses Phänomen liegt in allen Fällen in der körperlichen Entwicklung der Spieler. In der Pubertät bedeuten einige Monate schon einen ungeheuren Vorsprung in der körperlichen Entwicklung. Ein junger Fußballspieler, der im November oder Dezember geboren ist, steht im Wettbewerb mit im Januar oder Februar Geborenen, die also mehr als ein Dreivierteljahr älter, größer und reifer sind. Diesen Vorsprung wird er kaum ausgleichen können.

Der Soziologe Robert Merton nennt das den Matthäus-Effekt und zitiert dazu aus dem Matthäusevangelium des Neuen Testaments: »Denn wer da hat, dem wird gegeben werden, und er wird die Fülle haben; wer aber nicht hat, dem wird auch das, was er hat, genommen werden.« Im Bezug auf die Ausbildung von Fußballtalenten stimmt das zumindest teilweise, denn die Frühgeborenen eines Jahrgangs erhalten mit größerer Wahrscheinlichkeit eine gute Förderung. Sie werden in ihren Mannschaften mehr zum Einsatz kommen, werden häufiger zu Lehrgängen oder Auswahlteams eingeladen werden und so genau jene Förderung erhalten, die den Jüngeren fehlt.

Philipp Lahm etwa kam erstmals in der U21-Nationalmannschaft zum Einsatz, nicht einmal in die bayerische Auswahl wurde er als 15- oder 16-Jähriger berufen, obwohl er auch damals schon beim FC Bayern spielte. Lahm war doppelt benachteiligt, denn er war nicht nur im November geboren, sondern klein gewachsen. Mit einer Körpergröße von 1,70 Metern gehört er auch heute noch zu den kleinsten Spielern der Bundesliga. Zum Glück war Lahm aber wegen seines schwer zu übersehenden Talents und seiner Fußballbesessenheit immer ein Liebling der Nachwuchstrainer des FC Bayern, sodass er dort nie aus der Förderung fiel.

Auch einer der erfolgreichsten Talentsucher der Welt hat immer ein Auge auf die klein gewachsenen Spieler. Aurélio Pereira hat gleich zwei Weltfußballer des Jahres entdeckt. Sowohl Luis Figo als auch Cristiano Ronaldo holte er zur Jugendakademie von Sporting Lissabon. Pereira hat aber auch ausgesprochen kleine Spieler wie Paulo Futre, der 1987 mit dem FC Porto Europapokalsieger wurde, und den langjährigen Nationalspieler Simão bewusst in die Jugendmannschaften aufgenommen. Auch der FC Barcelona hat in seinen Jugendmannschaften zu einer Zeit klein gewachsene Spieler behalten, als sie andernorts schnell aussortiert wurden. Aber was ist mit all den übersehenen Talenten, denen ein paar Zentimeter und ein paar Muskeln fehlten, weil sie klein gewachsen oder spät im Jahr geboren wurden? Warum werden Spieler gefördert, die größer und stärker, aber nicht besser sind? Gibt es keine smarten Systeme, um Talente zu finden? Zumal dieses Thema keinesfalls neu ist, wie ein Blick auf die Geburtsdaten der vier Ehrenspielführer der deutschen Nationalmannschaft beweist.

Franz Beckenbauer ist im September geboren, Fritz Walter im Oktober und Uwe Seeler im November, nur Lothar Matthäus wurde im März geboren. Wer nun irritiert ist und glaubt, dass dies doch ein Beweis des Gegenteils sei, der vertut sich, denn früher war der Stichtag für die Jahrgänge nicht der 1. Januar, sondern der 1. August. Bevorzugt waren damals also Spieler, die nah nach diesem Datum geboren waren.

Werner Kern hat sein Büro an der Säbener Straße in München und schaut aus einem Fenster auf die Trainingsplätze der Profis beim FC Bayern. Aus dem anderen Fenster kann er sehen, was sich bei den Youngstern tut, seinem Zuständigkeitsbereich. Kern ist Nachwuchsleiter des Klubs und hat nicht nur seine schützende Hand über Philipp Lahm gehalten. Reihenweise entwickelten sich unter seiner Leitung junge Talente zu Nationalspielern, etwa Bastian Schweinsteiger, Piotr Trochowski, Zvjezdan Misimović oder eben Lahm.

»Es ist das Wichtigste, Talent zu erkennen«, sagt Kern. »Ich schaue immer zuerst, ob ein Junge das Spiel versteht. Er muss wissen, wie er sich stellen, wann er angreifen und wann verteidigen muss. Mit einem geschulten Auge sieht man das auch bei einem 13-Jährigen sofort. Das kann man selbst bei einem Achtjährigen erkennen.« Aber Kern sagt auch, dass man bis zum 16. Lebensjahr keine verlässlichen Aussagen darüber machen kann, ob aus einem Talent wirklich ein Bundesligaspieler wird.

Die Klubs geben jedes Jahr viele Hunderttausend, teilweise Millionen Euro für ihre Nachwuchsteams aus, und doch ist es stets eine Wundertüte, mit der sie da hantieren. Nicht nur in München, sondern überall. Das hat die Sehnsucht danach geweckt, die Auswahl der Talente zu objektivieren. Also werden auf dem Spielfeld normierte Parcours aufgebaut, bei denen alle jungen Fußballspieler dieselben Fähnchen und Stangen umdribbeln müssen, um zu so etwas wie Vergleichbarkeit zu kommen. Aber Praktiker wie Kern halten davon nicht viel.

»Entscheidend ist neben der Spielintelligenz, ob einer eine außergewöhnlich gute Koordinationsfähigkeit hat, denn ohne die hat er keine Chance. Dann kann er sich nicht aus schwierigen Situationen auf dem Platz befreien. Das Spiel wird immer enger, das muss intuitiv gelöst werden«, sagt er. Deshalb benutzen sie beim FC Bayern einen Test, bei dem die jungen Spieler mit den Händen, Füßen und dem Absatz auf optische Signale reagieren müssen, die auf einem Bildschirm ablaufen. Das Programm spielen sie einmal durch, und es wird die Zeit gemessen. Dann wird es zweimal wiederholt, und wer sich am meisten verbessert hat, dem billigt man die besten koordinativen Fähigkeiten zu. Außerdem machen sie das sogenannte Tapping. Dabei müssen die Spieler auf eine Messplatte springen und wieder herunter. Je kürzer der Kontakt ist, desto größer ist das angebliche Potenzial im Schnelligkeitsbereich. Es soll messen, wie hoch die Reizleitungsgeschwindigkeit im Körper des Spielers ist, und bei diesem Test haben die Großen keinen eingebauten Vorteil mehr.

Talentsuche im Footbonaut

Auch Christian Güttler glaubt, dass seine Erfindung dazu beitragen kann, wahre Talente zu entdecken. Er hat das vielleicht wundersamste Ding entwickelt, das je auf dem Planeten Fußball gelandet ist. Der Name ist entsprechend komisch, aber wie soll man auch einen knapp fünf Meter hohen, mit Tornetzen behängten Käfig voller Ballwurfmaschinen nennen, in dem es blinkt und piept? Also heißt er Footbonaut, und ganz falsch ist das nicht, denn angesichts der Anlage denkt jeder an ein Raumschiff, mit dem man in neue Fußballgalaxien vorstoßen kann.

3,8 Millionen Euro hat die Entwicklung des Footbonauten gekostet, der in einer Werkshalle im Osten Berlins steht, wo früher die Stasi Autos frisierte. 14 Meter mal 14 Meter groß ist das Spielfeld mit einer Art Anstoßkreis in der Mitte. Dort wartet der Spieler darauf, den Ball von einer der acht Wurfmaschinen zugespielt zu bekommen. Zwei davon sind an der Mitte jeder Seite übereinander angebracht. Bevor der Ball abgeschossen wird, ertönt ein Piep, damit der Spieler weiß, aus welcher Richtung er angeflogen kommt. Dann muss er den Ball annehmen und in eines der 72 Felder schießen, die den Platz wie ein Gitterwerk umgeben. Jedes ist 1,40 Meter im Quadrat groß und von roten Lichtleisten umfasst. Der Spieler muss in das Feld treffen, das aufleuchtet. Begleitet wird das optische Signal durch ein kurzes Tuten, damit der Spieler weiß, auf welcher Seite das Feld aufleuchtet. Ist der Ball durch die Lichtschranke geflogen, piept es erneut, und der nächste Ball wird abgeschossen.

Die Spieler müssen sich also erst nach einem akustischen Signal orientieren, den Ball annehmen, auf ein akustisch-optisches Signal reagieren und schießen. An diesem Prinzip ändert sich nichts, aber alle anderen Parameter können variiert werden. Wie schnell die Bälle angeflogen kommen, ob hoch oder flach, wie schnell sie aufeinander folgen. Bis zu 120 Stundenkilometer schnell kann man sie machen, anschneiden, und schwenkbar sind die Wurfmaschinen auch. »Wir können die Flugbahn inzwischen endlos manipulieren«, sagt Güttler.

Tennisspieler kennen Ballwurfmaschinen schon lange, im Baseballtraining und beim Hockey werden sie ebenfalls eingesetzt. Der Sportwissenschaftler Stephan Nopp von der Sporthochschule Köln glaubt, dass sie mit dem Footbonaut auch im Fußball ihren Platz finden werden. »Die Anlage bedeutet in der Trainierbarkeit von Ballannahme und -kontrolle, der Passgenauigkeit und Schusstechnik eine neue Dimension«, sagt der Sportwissenschaftler. In der computergesteuerten Anlage kann man individuelle Schwächen gezielt trainieren, die Fortschritte sind messbar. Nopp empfiehlt sie daher nicht nur für Jugendspieler, sondern hält sie für eine »auch im Seniorenbereich absolut sinnvolle Ergänzung«.

Weil die Bedingungen stabil sind, kann man aber auch Testserien machen und vergleichen, wie Spieler sich dabei verhalten. Das reizt auch die Experten, die mit der Auslese von Talenten beschäftigt sind. Man könnte die jungen Fußballer im Footbonaut unter identischen Bedingungen Serien von 50 oder 100 Bällen spielen lassen und die Ergebnisse vergleichen. Man wiederholt die Serien mehrfach und vergleicht die Lernfortschritte oder inszeniert eine gezielte Überforderung, um zu testen, wie gut ein Spieler damit umgeht.

Christian Güttler hat aber nicht nur den Footbonaut erfunden, sondern auch als Filmcutter gearbeitet. Vor allem aber hat er Musik an der Folkwang-Schule in Essen studiert. Seine Diplomarbeit schrieb er über

»Die Bedeutung des Ohrs beim motorischen Lernen‹ Weshalb der Footbonaut auch piept, bevor er die Bälle abschießt. Weil Güttler aber auch Klavier und Gitarre studiert hat und aus einer Familie von Berufsmusikern kommt, kennt er den Wert von Wiederholungen beim Üben.

Der schwedische Psychologe K. Anders Ericsson und seine deutschen Kollegen Ralf Krampe und Clemens Tesch-Römer gingen mit einer Forschungsarbeit genau dieser Frage nach. Sie untersuchten Anfang der neunziger Jahre an der Hochschule für Künste in Berlin die Biografien von Violinisten und stellten fest, dass sich deren Zuordnung in drei Kategorien zwischen potenzieller Weltklasse, wahrscheinlichen Konzertmusikern und dafür nicht tauglichen Musikern vor allem aus der Zahl der aufgebrachten Übungsstunden erklären ließ. Die Besten hatten in ihrem Leben bis dahin 10 000 Stunden geübt, die guten Studierenden rund 8000 und die künftigen Musiklehrer ungefähr 4000.

Malcolm Gladwell, von dem Anfang dieses Kapitels schon im Bezug auf die Altersstruktur von Fußballtalenten die Rede war, hat daraus eine »10 000-Stunden-Regel« abgeleitet. So viel Zeit muss man seiner Ansicht nach aufwenden, um in der Kunst, in der Wissenschaft, im Sport oder auf einem anderen Feld etwas Außergewöhnliches leisten zu können. Das bedeutet nicht, dass jeder, der 10 000 Stunden investiert, etwas Außergewöhnliches erreicht. Aber es ist so viel Zeit nötig, um vorhandenes Talent zu entfalten.

10 000 Stunden auf dem Fußballplatz sind eine Menge. Geht man von drei Stunden Kicken am Tag und fünf Fußballtagen in der Woche aus, sind es immer noch fast 13 Jahre, die man in diesem Rhythmus auf dem Platz verbracht haben muss. Das wäre auch

eine Erklärung dafür, warum sich die Kleinen und die Spätgeborenen nicht abschütteln lassen. Sie absolvierten ihre Trainingszeit entweder woanders (Lahm kickte selbst als Profi noch zum Spaß mit alten Kumpels) oder holten das Stundensoll mit ein paar Jahren Verspätung nach. Nationalspieler aus dem letzten Quartal des Jahres wie Philipp Lahm, Christoph Metzelder, der nur ein U18-Länderspiel bestritt, oder Torsten Frings schafften schließlich bis zur U21-Nationalmannschaft den Anschluss.

Auch der Footbonaut könnte dabei helfen, auf die 10 000 Stunden zu kommen, man braucht dafür nicht einmal Mitspieler. Seinen Wert als Talenttest muss die Maschine jedoch noch nachweisen. Werner Kern hingegen, der früher als Assistenztrainer von Udo Lattek mit den Bayernstars jener Jahre arbeitete, hat eine Beobachtung gemacht, die bei der Talentsuche helfen könnte. »Gute Fußballspieler sind oft gute Kartenspieler«, sagt er. Vielleicht kann man daraus einen Eignungstest für Fußballtalente entwickeln.

Anders lernen

Neben dem Vorwurf, dass sie zu wenig trainieren, müssen sich Fußballprofis auch immer wieder anhören, dass sie nicht genug an ihren Fertigkeiten arbeiten. Sie sollten sich, so heißt es dann, ein Beispiel an den Tennisspielern nehmen, die Tag für Tag ihre Rückhand trainieren und ihren Aufschlag zu verbessern suchen. Angesichts dieser Beschwerde sind einige Trainer und Spieler dazu übergegangen, nach dem Mannschaftstraining noch Sonderschichten einzulegen. Es dürfte sie allerdings betrüben, dass die Wissenschaft davon ausgeht, dass man ungefähr zwei Millionen Wiederholungen braucht, bis eine Bewegung perfekt eingeschliffen ist.

Das würde bedeuten, dass ein Fußballprofi während einer 15-jährigen Berufskarriere jeden Tag der Woche 365 Eckbälle schießen müsste, um die Technik dann perfekt zu beherrschen, wenn er seine Berufslaufbahn beendet. Dass er für die Ballannahme, den Drehschuss oder den Dropkick noch einmal genauso viel Übungszeit einrechnen müsste, zeigt, wie unrealistisch ein solcher Ansatz ist. Das bedeutet aber nicht, dass Sonderschichten beim Torschusstraining wertlos sind. Entscheidend ist aber ihr psychologischer Wert, weil sie dem Übenden das Gefühl geben, etwas für sich getan zu haben, und er dadurch eventuell selbstbewusster ins Spiel geht.

Im Zusammenhang mit dem Torschusstraining könnte eine Forschungsarbeit von Wolfgang I. Schöllhorn, dem Leiter der Abteilung Trainings- und Bewegungswissenschaft am Institut für Sportwissenschaft der Universität Mainz, die Diskussion entspannen. Sie untersucht die Wirksamkeit eines Ansatzes, der eben nicht von ständiger Wiederholung ausgeht, dem differenziellen Lernen. Zwei Mannschaften aus der fünften Liga mit ähnlichem Leistungsniveau beim Torschuss machten dazu über einen Zeitraum von sechs Wochen nach ihrem normalen Training noch ein spezielles Torschusstraining. Die einen machten es auf traditionelle Weise, die anderen veränderten von Torschuss zu Torschuss jedes Mal bewusst die Bedingungen. Anlauf und Körperhaltung, Schussbein und sogar der Ball wechselten ständig. Damit sollte die Richtigkeit der These untersucht werden, dass man Bewegung eben nicht durch exakt mechanische Wiederholung lernt, sondern das Lernen von Bewegung immer zwischen zwei Polen bereits gemachter Erfahrung stattfindet. Deshalb ist es am besten, wenn man mehr Erfahrungen durch unterschiedliche Varianten herstellt, als wenn man immer das Gleiche übt. Der Test mit den Fünftligisten bestätigte das. Jene, die auf traditionelle Weise Sonderschichten gemacht hatten, verbesserten ihre Werte beim Torschuss um knapp fünf Prozent, die Kontrollgruppe hingegen um 46 Prozent.

Die Erforschung des Erlernens von Bewegungen ist längst nicht abgeschlossen. Der Kölner Sportwissenschaftler Daniel Memmert etwa geht davon aus, dass man Kreativität auf dem Platz verbessern kann. Er untersucht in diesem Zusammenhang etwa die Aufmerksamkeitsspanne, also die Zahl und den Bereich von Reizen, die ein Subjekt gleichzeitig verarbeiten kann. Das ist leicht nachvollziehbar, wenn man daran denkt, was ein Spieler in kürzester Zeit alles an Informationen aufnehmen und wie viele Schlüsse er daraus ziehen muss. Woher kommt der Ball, wie stehen die Gegenspieler, wo sind die Mitspieler positioniert? Wohin spielt man den Ball am besten?

Auf anschauliche Weise zeigte mir Memmert in seinem Büro, dass zu viele Vorgaben die Wahrnehmung einschränken. Dazu sollte ich auf seinem Computer einen kurzen Film anschauen, bei dem drei schwarz und drei weiß gekleidete Studenten vor einem Lift Basketball spielen. Ich sollte zählen, wie oft sich die schwarz gekleideten Spieler den Ball zuspielten, aber nur von schwarz zu schwarz und nicht von weiß zu schwarz, und außerdem sollte ich zählen, wie oft sie den Ball auf den Boden prallen lassen. Schon nach wenigen Sekunden ist man davon völlig überfordert, ich bildete da keine Ausnahme. Deshalb sah ich erst, als Memmert mir das Video noch einmal zeigte, dass eine Person im Gorillakostüm durch die Szene gegangen war. Ich hatte sie schlichtweg übersehen.

Zu diesem klassischen Beispiel für die sogenannte Unaufmerksamkeitsblindheit zeigte mir Memmert ergänzend noch Szenen aus einem Handballtraining. Dort hatten die Spieler eine Anweisung zur Manndeckung erhalten. Sie konzentrierten sich so sehr auf ihre Gegenspieler, dass sie es nicht bemerkten, wenn andere Spieler direkt neben ihnen völlig frei werfen konnten. Sie hätten das verhindern können, waren aber so in ihre Aufgabe vertieft, dass sie dazu nicht in der Lage waren. Das war nicht nur ein schönes Argument gegen die alte Idee der Manndeckung, sondern auch gegen die Überfrachtung der Spieler mit speziellen Aufträgen.

Auf die Frage, wie man lernt, glaubt auch das MilanLab eine faszinierende Antwort gefunden zu haben. Bruno Demichelis ist ein international ausgewiesener Experte für Biofeedback, und im MilanLab nimmt der sogenannte Mind Room nicht nur räumlich die Mitte ein, es ist auch seine Lieblingseinrichtung. Es gibt hier kein Tageslicht, der Mind Room ist schalldicht, Temperatur und Luftfeuchtigkeit sind immer gleich. Hier wirkt das Lab wirklich wie ein Geheimlabor. Oben im Fitnessraum wird der Körper trainiert, unten Geist oder sogar die Seele.

»Hier machen wir mentale Gymnastik«, sagt Demichelis. Dazu werden die Profis auf den sechs gelben Liegen verkabelt. Der Psychologe sieht auf den Monitoren seines Kontrollraums ihren Herzschlag, ihre Atmung und Hauttemperatur, die Frequenzen der Gehirnwellen zeigen ihm, wie konzentriert seine Spieler sind. Trainiert wird die Konzentrationsfähigkeit dadurch, dass sich die Profis auf eine animierte Figur auf dem Bildschirm vor ihnen fokussieren müssen, um sie in Bewegung zu halten. Schweifen sie ab, verändern sich die Gehirnwellen, und die Figur bleibt stehen. Einige Spieler haben schon über hundert Sitzungen hinter sich.

Biofeedback wurde früher nur klinisch eingesetzt, zum Beispiel bei der Behandlung von Kindern mit Aufmerksamkeitsstörungen. Inzwischen haben viele Spitzensportler wie der Ski-Olympiasieger Hermann Maier, der Rennfahrer Ralf Schumacher, vor allem aber Sportler in den USA, wo Biofeedback weiter verbreitet ist als bei uns, damit gearbeitet. »Diese Übungen beenden viel sinnloses Leiden«, sagt Demichelis, denn oft würden Sportler nur durch Konzentrationsschwächen und psychische Blockaden nicht zu ihren Bestleistungen kommen.

»Was passiert mit jemandem, der einen Autounfall hatte und ein paar Monate später an die Kreuzung kommt, wo das passiert ist? Wahrscheinlich fühlt er sich etwas unwohl und gehemmt. Was ist mit einem Fußballer, dem während eines Spiels durch einen Ellbogenschlag die Nase gebrochen wurde oder das Jochbein? Was ist, wenn er wieder gesund ist und im Spiel stets einen kurzen Moment zögert? Man sagt ihm: ›Geh einfach raus und spiel dein Spiel, die Zeit heilt alle Wunden.‹ Nach einiger Zeit sieht der Trainer aber, dass er nicht so gut spielt, und fragt die Ärzte. Die sagen, dass alle Werte in Ordnung sind. Also sagt der Trainer zum Spieler: ›Du bist nicht mehr motiviert.‹ Der Spieler, der sowieso schon unsicher war, erhält ein Feedback, das seine Unsicherheit noch verstärkt. Das geht so lange, bis er wieder verletzt ist, denn das ist die einzige Möglichkeit, von der Hölle in den Himmel zu kommen. Nach einer Verletzung sorgen sich wieder alle um ihn.«

Als sich Andrej Schewtschenko 2005 während eines

Luftkampfes im Spiel einen dreifachen Jochbeinbruch zuzog, zeigte ihm Demichelis immer wieder die entscheidende Szene. Schewtschenko sollte lernen, seine Aufregung zu regulieren, um sich später im Spiel nicht ständig selbst zu bremsen. »Wir schalten den unsichtbaren Feind an Bord aus«, sagt Demichelis.

Kapitel 7
Wahrscheinlichkeiten am Ball

Von der Wahrscheinlichkeitsrechnung zum langen Ball

Es ist hilfreich, wenn ein Spieler keinen unbewussten Ballast mit sich herumschleppt oder durch zu enge Vorgaben um seine Stärken gebracht wird. Es ist wichtig, dass man sich darüber klar wird, dass die Möglichkeiten des Defensivspiels ausgereizt scheinen und mehr Energie in Muster für die Offensive gesteckt werden müssten. Aber gibt es keine genaueren Erkenntnisse darüber, welcher Weg zum Erfolg führt? Steckt man angesichts einer Debatte über die Schönheit des Kombinationsfußballs nicht in der Falle einer ästhetischen Argumentation, wo es doch das Ziel sein sollte, zu belegbaren Begründungen für eine bestimmte Spielweise zu kommen.

Ein frühes und folgenreiches Beispiel für einen solchen Versuch lieferten die Engländer Charles Reep und Bernard Benjamin, die 1968 eine Untersuchung über »Zufall und Fähigkeit im Fußball« in der renommierten englischen Fachzeitschrift *Journal of the Royal Statistical Society* veröffentlichten. Bemerkenswert daran war, dass keiner von beiden hauptberuflich mit Fußball zu tun hatte. Benjamin war ein namhafter Versicherungsmathematiker und von 1970 bis 1971 Leiter der Königlichen Statistischen Gesellschaft, Reep war Berufssoldat, der es in der Royal Air Force bis zum Oberstleutnant gebracht hatte. In seiner Freizeit hatte Reep einige Fußballteams der Luftwaffe trainiert und schon zu Beginn der fünfziger Jahre systematische Spielanalysen durchgeführt.

Reep hatte nach dem Ende des Zweiten Weltkriegs ein komplexes Stenogrammsystem entwickelt, mithilfe dessen er die Geschehnisse eines Fußballspiels protokollieren konnte. Im Grunde erfüllte es die Funktion von Videoaufzeichnungen zu einer Zeit, in der es nur wenige Filmaufnahmen von Fußballspielen gab. Reep schaffte es nämlich, die 90 Minuten in ungefähr 400 Stenogrammskizzen vollständig festzuhalten. Diese Skizzen arbeitete er danach zu einem kompletten grafischen Spielbericht aus, der jede Aktion wiedergab.

1951 traf Reep den Manager der Wolverhampton Wanderers, Stan Cullis, der sofort den Wert der Arbeit verstand. Er verpflichtete den Wing Commander der Royal Air Force, der nun Wochenende für Wochenende die Spiele seiner Mannschaft aufnotierte, die damals sehr erfolgreich war. 1954, 1958 und 1959 gewannen die Wolverhampton Wanderers die englische Meisterschaft.

Einfluss auf die Spielweise des Teams nahm der Protokollant Reep nicht, aber er hatte schon damals seine Theorien. Und für die Publikation im Jahr 1968 konnte er daher auf den Datenbestand aus insgesamt 578 Spielen der vorangegangenen 15 Jahre zurückgreifen. Die meisten davon waren Partien der vier englischen Profiligen, aber Reep hatte auch 30 Weltmeisterschaftsspiele von 1958, 1962 und 1966 erfasst und untersuchte sie systematisch auf Passfolgen, Torschüsse und erzielte Treffer.

Auf Basis dieser Daten wurde Fußball zum ersten Mal in seiner Geschichte ein Gegenstand der Wahrscheinlichkeitsrechnung. Reep und Benjamin stellten die Länge der Passfolgen in ein Verhältnis zu Torschüssen. Das statistisch aufwendige Verfahren mündete in die einfache Formel vom *direct play*, das über Jahre in England das Denken vieler Trainer bestimmen sollte.

Reeps Vorstellungen vom direkten Spiel gingen auf Herbert Chapman zurück, den großen Manager des FC Arsenal. Der hatte in den zwanziger und frühen dreißiger Jahren mit dem Klub aus dem Norden Londons fünfmal die englische Meisterschaft gewonnen und eine erste Konzeption von Konterfußball entwickelt. Er war der Ansicht, dass Mannschaften immer dann eine größere Chance auf einen Torerfolg haben, wenn sie möglichst wenige Pässe im Spiel nach vorn brauchen. Weil er mit der Spielweise so erfolgreich war, wurde er stilbildend für den englischen Fußball.

In der Spielweise des FC Arsenal jener Zeit liegt die Wurzel für das, was auf dem Kontinent *Kick and Rush* genannt wurde. Reep war besessen davon, die Überlegenheit dieser Spielweise mit Daten zu belegen. Er war auch unzufrieden damit, dass das von Chapman entwickelte WM-System zwar fast überall gespielt, aber nicht richtig interpretiert wurde. Bei Chapman waren die Außenstürmer ein wesentliches Element seines Überfallfußballs gewesen. Reep hingegen stellte fest, dass sie sich inzwischen zunehmend bei Tricksereien an der Seitenlinie verloren. Überhaupt fand er, dass es auf dem Platz viel zu langsam zuging.

Bei der Spielanalyse fand er heraus, dass nur fünf Prozent aller Kombinationen aus vier oder mehr Pässen hintereinander bestanden und nur ein Prozent aus sechs oder mehr. Reep sah sich dadurch in seiner Einschätzung bestätigt, dass Kombinationsfußball kontraproduktiv und die Spielweise, mit langen Bällen schnell nach vorn zu kommen, überlegen sei.

Reep lag voll daneben. »Antiintellektualismus ist eine Sache, aber der Glaube an einen verqueren Pseudointellektualismus ist etwas anderes«, schimpft der englische Autor Jonathan Wilson in seiner Geschichte der Fußballtaktik »Inverting the Pyramid« und weist nach, wie Reep seine eifrig gesammelten Daten völlig falsch interpretierte.

Insgesamt bestehen mehr als 90 Prozent aller Spielzüge aus drei oder weniger Pässen, aber nur rund 80 Prozent aller Tore werden nach drei oder weniger Pässen erzielt. Das bedeutet, dass zwar nur zehn Prozent aller Spielzüge aus mehr als drei Stationen besteht, aber 20 Prozent aller Tore danach fallen. Das allein müsste einen eigentlich schon an der Effektivität des möglichst direkten Spiels zweifeln lassen. Dass die Zählweise völlig offenlässt, ob am Ende einer langen Passfolge ein Freistoß oder eine Ecke zum Tor führt, ist ein weiterer blinder Fleck bei Reep. Ihn beeindruckte auch nicht, dass bei der Weltmeisterschaft 1958 rund 1,7 Prozent aller Spielzüge aus sieben oder mehr Pässen bestanden, im englischen Ligafußball aber nur die Hälfte. Dabei hätte man anhand dieses Umstands die Qualitätsfrage stellen können, denn eigentlich müsste doch ein Spiel bei der Weltmeisterschaft dem der First Division in England per se überlegen gewesen sein. Außerdem stieg die Zahl von längeren Kombinationen im Laufe der Jahre von Reeps Analysen ständig, was ihm durchaus als Fortschritt hätte auffallen können.

Je genauer man sich Reeps Argumentation anschaut, umso weniger bleibt von seiner These der Überlegenheit des *direct play* übrig. Doch sein fundamentalistischer Eifer machte Eindruck auf etliche Zeitgenossen, zumal Reep sogar praktischen Erfolg vorweisen konnte. Einerseits feierte er mit seinen Armeemannschaften einige Siege, und als sportlicher Berater des damaligen Zweitligisten Brentford half er 1951 den Abstieg zu vermeiden.

Dass lange und hohe Bälle nach vorn auch deshalb ratsam sein mochten, weil die Plätze im Winter der fünfziger und sechziger Jahre oft Schlammwüsten waren, ist so wenig zu bestreiten wie die Überlegung, dass eine solche Spielanlage sportlich unterlegenen Mannschaften durchaus helfen kann. Aber Reep strebte keine Differenzierung, sondern Allgemeingültigkeit seiner Thesen an. Und das wurde ein Problem, denn es gab einflussreiche Menschen, die auf ihn hörten.

Vor allem Charles Hughes sorgte dafür, dass Reeps pseudowissenschaftliche Untersuchungen über viele Jahre den Gang des englischen Fußballs bestimmten. Sie bildeten den theoretischen Überbau, weil Hughes sie in seinen fast 35 Jahren als Direktor für Trainerausbildung beim englischen Fußballverband zum Lerninhalt machte. Wer in England einen Trainerschein des Verbandes wollte, wurde nach den Vorstellungen eines Oberstleutnants der Luftwaffe unterrichtet, der seine Daten falsch interpretiert hatte.

Neben der Schnell-nach-vorn-Doktrin ließ Hughes noch eine andere Idee von Reep lehren: die *position of maximum opportunity*, abgekürzt POMO. Reep glaubte herausgefunden zu haben, dass es eine Position kurz vor dem Tor am langen Pfosten gab, aus der die Wahrscheinlichkeit am größten ist, ein Tor zu erzielen. Wer erfolgreich sein will, so war sein Schluss, sollte unbedingt in diese Zone zu kommen versuchen. Dass sich diese These im englischen Fußball im Laufe der Jahre bestätigte, weil die Trainer ihre Spieler lehrten, die POMO zu suchen, ist ein Beispiel für sich selbst erfüllende Voraussagen.

Die massiven Probleme der englischen Nationalmannschaft, die seit dem Gewinn der Weltmeisterschaft 1966 auf einen großen Erfolg wartet, haben auch mit falsch verstandener Statistik und Wahrscheinlichkeitsrechnung zu tun. Hughes beendete seine Arbeit erst 1997, und es wird wohl noch ein wenig dauern, bis sich der englische Fußball vom falschen Denken erholt hat.

Besonders bizarr ist, dass die Ideen von Reep bei einer kleinen Fußballnation die Basis ihrer erfolgreichsten Phase zu legen half. Als Egil Olsen 1990 die norwegische Nationalmannschaft übernahm, hatte diese sich seit 1938 nicht mehr für ein internationales Turnier qualifiziert. Als er 1998 das Amt wieder niederlegte, hatte Norwegen an zwei Weltmeisterschaften teilgenommen und zwischendurch den zweiten Platz in der FIFA-Rangliste eingenommen.

1994 qualifizierte sich Norwegen zur Teilnahme an der WM in den USA nicht zuletzt durch ein Unentschieden in Wembley und einen Heimsieg gegen England, das anschließend zu Hause bleiben musste. Olsen hatte seinen Lehrmeister mit den eigenen Waffen geschlagen. Denn der Trainer, der Mitglied der Kommunistischen Partei Norwegens gewesen war, folgte den Ideen von Reep.

Er schaltete in einem Maße das Mittelfeldspiel aus, dass es sogar zu einer revolutionären Umverteilung der Sitzordnung im Stadion kam. Weil Olsen bedingungslos lange Bälle spielen ließ, setzten sich die norwegischen Zuschauer bei Länderspielen lieber auf Höhe des Strafraums oder hinters Tor als auf Höhe der Mittellinie, wo normalerweise die besten Plätze sind.

Norwegens schematisches Spiel passte optimal zu den Möglichkeiten der Mannschaft. Sie spielte sehr defensiv und verschaffte sich durch lange Bälle nach vorn immer wieder Entlastung. Die Positionen im Angriff wurden mit riesigen Stürmern besetzt, die alle über 1,90 Meter groß waren: Tore André Flo, Jan Age Fjörtoft und kurz nach Olsens Rücktritt mit John Carew. Sie sollten die

Bälle per Kopf auf die nachrückenden Spieler ablegen oder in der Spitze den Ballbesitz sichern. Sehr ansehnlich war das nicht, aber passend und erfolgreich.

Die verblüffende Pointe war, dass Olsen sich zwar auf die falsche Theorie von Reep berief, aber doch das Richtige tat. Er verpasste seiner Mannschaft eine zu ihr passende Kontertaktik, mit der Norwegen viele große Fußballnationen verblüffte. Die Theorie mochte falsch sein, aber die Praxis stimmte.

Mathematiker am Tippzettel

Die ersten Mathematiker des Fußballs hatten am Spiel selbst kein sonderliches Interesse, doch als Fußball zum Ende des 19. Jahrhunderts in England populär wurde, nahmen die Buchmacher auch Wetten auf den Ausgang der Spiele an. Für die Anbieter von Wetten ist ein Fußballmatch auch heute noch eine reichlich unromantische Angelegenheit. Sie berechnen die Wahrscheinlichkeiten des Spiels so, dass sie ein Geschäft machen, egal, wie es ausgeht.

Sich hier mit Fußballwetten zu beschäftigen, mag zunächst irritieren, aber ihnen liegen Fragen zugrunde, mit denen sich auch Trainer und Manager beschäftigen. Sie wollen wissen, welche Faktoren zum Erfolg führen, um Spiele zu gewinnen. Die Wetter hingegen wollen Sieg und Niederlage richtig voraussagen und fragen sich ebenfalls, was dafür entscheidend ist. Die meisten von ihnen gehen die Sache allerdings irrational und ziemlich unsystematisch an, weil sie sich für Experten halten. Deshalb verlieren sie in der Regel auch Geld, obwohl es gar nicht so schwierig ist, die eigenen Voraussagen zumindest auf ein stabileres Fundament zu stellen als nur vermeintliches Fußballwissen oder Intuition. Um sich genauer mit der Denkweise von systematischen Fußballwettern vertraut zu machen, soll hier eine komplexere Rechnung angeschaut werden. Ein anonymer Fußballwetter, der vermutlich aus der Schweiz stammt, hat seine Überlegungen im Internet publik gemacht.

Die Berechnungen nehmen ihren Ausgang bei der langjährigen Verteilung von Heimsiegen, Unentschieden und Auswärtssiegen in der Liga. In die Gesamtrechnung geht dieser Aspekt zu 20 Prozent ein, dieser Anteil ist aber in sich abgestuft, die laufende Saison wird höher gewichtet als die vorherigen Spielzeiten. Zu je fünf Prozent in die Gesamtrechnung wird die Verteilung von Heimsiegen, Unentschieden und Auswärtssiegen der beiden Teams über die letzten Spielzeiten eingerechnet. Insgesamt über vier Spielzeiten, wobei die Gewichtung 50, 30, zwölf und acht Prozent ist. Zu weiteren je fünf Prozent geht die jeweilige Heim- und die Auswärtsspielbilanz der beiden Teams ein sowie die Spiele der beiden Mannschaften gegeneinandergerechnet, ebenfalls nach zeitlichem Abstand gewichtet. Noch einmal fünf Prozent gehören der Heimspielbilanz der Teams gegeneinander.

Der anonyme Ratgeber rechnet zu 20 Prozent die aktuelle Form der beiden Mannschaften ein, wobei Siege auswärts mehr zählen und solche gegen stärkere Teams ebenfalls. Teilweise müssen Resultate hinsichtlich ihrer Gewichtung revidiert werden, weil die Leistung im Spiel anders war, als es das Ergebnis ausdrückt.

Zu zehn Prozent finden Informationen über verletzte oder unmotivierte Spieler, eine schwach besetzte Bank oder Ähnliches in der Berechnung ihren Niederschlag. Sind die Personalien gravierend, weil sich etwa der beste Torjäger verletzt, könnten sie noch stärker ins Gewicht fallen. Zehn Prozent gehören dem Faktor Motivation, wobei insbesondere gegen Schluss der Saison dieser Parameter stärker gewichtet werden muss. Platzverhältnisse, Trainerwechsel oder andere Besonderheiten können sich schließlich zu weiteren zehn Prozent niederschlagen.

Anschaulich wird das an der Beispielrechnung einer Partie aus der Zweiten Liga in der Schweiz zwischen Concordia Basel und dem FC Meyrin in der Saison 2005/2006.

Gesamtverteilung von Heimsiegen, Unentschieden, Auswärtssiegen in der Zweiten Schweizer Liga

2005–2006: 43-27-30, Gewichtung: 40%
2004–2005: 44-23-33, Gewichtung: 30%
2003–2004: 45-25-30, Gewichtung: 20%
2002–2003: 47-24-29, Gewichtung: 10%
Total: 44-25-31
(Geht zu 20 Prozent in die Ermittlung der Quote ein)

Gesamtbilanz Concordia Basel

2005–2006: 29-29-42, Gewichtung: 50%
2004–2005: 38-35-27, Gewichtung: 30%
2003–2004: 47-19-34, Gewichtung: 20%
Total: 35-29-36
(Geht zu 5 Prozent in die Ermittlung der Quote ein)

Gesamtbilanz FC Meyrin

2005–2006: 04-36-60, Gewichtung: 50%
2004–2005: 26-24-50, Gewichtung: 30%
2003–2004: 28-25-47, Gewichtung: 20%
Total: 15-30-55, wird zur Berechnung umgekehrt auf: 55-30-15
(Geht zu 5 Prozent in die Ermittlung der Quote ein)

Heimbilanz Concordia Basel

2005–2006: 42-29-29, Gewichtung: 50%
2004–2005: 41-35-24, Gewichtung: 30%
2003–2004: 56-25-19, Gewichtung: 20%
Total: 45-30-25
(Geht zu 5 Prozent in die Ermittlung der Quote ein)

Auswärtsbilanz Meyrin

2005–2006: 00-36-64, Gewichtung: 50%

2004–2005: 24-29-47, Gewichtung: 30%

2003–2004: 18-25-57, Gewichtung: 20%

Total: 11-32-57, wird zur Berechnung umgekehrt auf: 57-32-11

(Geht zu 5 Prozent in die Ermittlung der Quote ein)

Spiele Concordia gegen Meyrin insgesamt

2005–2006: 0-1-0, in %: 0-100-0, Gewichtung 50%

2004–2005: 100-0-0, Gewichtung: 30%

2003–2004: 50-0-50, Gewichtung: 20%

Total: 40-50-10

(Geht zu 5 Prozent in die Ermittlung der Quote ein)

Spiele Concordia gegen Meyrin in Basel

2005–2006: 0, Gewichtung: 0%

2004–2005: 100-0-0, Gewichtung: 70%

2003–2004: 100-0-0, Gewichtung: 30%

Total: 100-00-00

(Geht zu 5 Prozent in die Ermittlung der Quote ein)

Form Concordia

letzte fünf Spiele 2S-1U-2N, oder in Prozent: 40-20-40

Concordia – La Chaux de Fonds 2:2

Hätte auch ein Heimsieg werden können gegen ein starkes Team. Modifizierte Rechnung: 47-20-33

Lugano – Concordia 3:0

Fair wäre ein Unentschieden gegen stark in Form spielende Luganesi gewesen, daher wird die Form korrigiert auf: 57-20-23

Bellinzona – Concordia 0:2

Concordia nur leicht besser gegen ein starkes Team, deshalb: 57-23-20

Concordia – Luzern 0:1

Gegen starken Gegner unglücklich verloren, Concordia war das bessere Team: 65-25-10

Baulmes – Concordia 0:1

Verdienter Auswärtssieg gegen traditionell heimstarkes Team: 70-23-7

Total: 70-23-7

(Geht zu 10 Prozent in die Ermittlung der Quote ein)

Form Meyrin

0S-3U-2N, in Prozent: 00-60-40

Wohlen – Meyrin 3:0

Verdiente Niederlage gegen ein gutes Heimteam, hätte noch höher ausfallen müssen: 00-55-45

Meyrin – Wil 0:0

Glücklicher Punktgewinn gegen unmotivierte Wiler, deshalb mittlere bis große Korrektur: 00-47-53

Meyrin – Kriens 0:0

Extrem glücklicher Punktgewinn, fair wäre 0:4 gewesen gegen schwache Krienser mit großen Verletzungssorgen, daher großer Abzug auf: 00-37-63

Baulmes – Meyrin 1:1

Wahrscheinlich Nachbarschaftshilfe, deshalb nicht überbewertet, da Baulmes das deutlich bessere Team war, aber nicht unbedingt gewinnen wollte: 00-40-60

Baden – Meyrin 3:2

Verdiente Niederlage, zu knapp ausgefallen: 00-32-68

Total: 00-32-68, für die Berechnung der Form umgekehrt auf: 68-32-00

(Geht zu 10 Prozent in die Ermittlung der Quote ein)

Personalien Concordia

Ausgangswahrscheinlichkeit, bestehend aus 50 Prozent Heimbilanz und 50 Prozent Form: 44-30-26

Fehlende Spieler:

Peco: enorm wichtiger Routinier für das junge Team, allerdings schon im vorangegangenen Spiel out, deshalb nicht so hohe Gewichtung: 41-27-32

Morello: Stürmer, der sich in Form befand, letztes Spiel auch schon verletzt gefehlt und gut ersetzt wurde: 39-26-35

Sprunger: Sehr talentierter Mittelfeldspieler, aber schon länger out, kann gleichwertig ersetzt werden, deshalb kein Abzug: 39-26-35

Zurück:

Tato: Abwehrchef, Routinier. Seine Rückkehr ist enorm wichtig, zwei Ausfälle bei den wenigen Routiniers haben bei Concordia meist signifikant mehr Niederlagen zur Folge, deshalb: 50-27-23

Schlauri: Mittelfeldspieler, meist in der Startformation: 54-28-18.

Total: 54-28-18

(Geht zu 5 Prozent in die Ermittlung der Quote ein)

Personalien Meyrin

Ausgangswahrscheinlichkeit: 57-37-06

Fehlende Spieler:

Maculusse: Verteidiger aus der Startformation: 60-38-02

Getaz: fehlt länger, Verteidiger, Startformation: 65-35-00

Moes: Mittelfeld, fehlt ebenfalls länger, Startformation: 67-35-(-02)

Eto'o: Reservespieler: 67-35-(-02)

Towa: Mittelfeld, fehlt länger, Startformation: 70-34-(-04)

Zurück:

N'Togue: Verteidiger, Reservespieler, etwas höher gewichtet, da Meyrin mit einigen Ausfällen: 69-31-00

Bah: Mittelfeldspieler, teilweise Startformation: 68-30-02
Parra: wichtiger Verteidiger: 63-28-09
Total: 63-28-09
(Geht zu 5 Prozent in die Ermittlung der Quote ein)

Motivation

An und für sich müsste Meyrin motivierter sein, da sie immer noch Chancen haben, den Abstieg zu vermeiden. Jedoch sind diese Chancen eher theoretischer Natur, das Team scheint sich aufgegeben zu haben. Concordia spielt eigentlich um nichts mehr, tritt jedoch sehr diszipliniert und motiviert auf. Subjektive Einschätzung der Motivation von 90-05-05.
(Geht zu 10 Prozent in die Ermittlung der Quote ein)

Sonstiges

Gutes Wetter und gute Platzverhältnisse bevorzugen das technisch stärkere Team Concordia. Concordia gegen schwächere Teams zu Hause mit sehr guter Bilanz, Meyrin gegen Teams der Stärkeklasse Concordias auswärts ohne Chancen.
(Geht zu 10 Prozent in die Ermittlung der Quote ein)

Die Wahrscheinlichkeit für Heimsieg, Unentschieden oder Auswärtssieg liegt am Ende der langen Berechnungen bei 63-22-15. Daraus würden sich die fairen Quoten ergeben 1,59-4,55-6,67

Concordia gewann das Spiel übrigens mit 4:2.

Selbst wer sich in solche Rechnereien nicht zu tief verwickeln möchte, dem dürfte nach diesem Beispiel klar sein, wie komplex die Wahrscheinlichkeitsrechnung beim Fußball ist. Und selbst dieses Beispiel rechnet nicht alle Faktoren ein, die man in Betracht ziehen könnte. Man könnte etwa noch Unterschiede machen, wie gut ein Team gegen Spitzenmannschaften, Mannschaften aus dem Mittelfeld oder Abstiegskandidaten abgeschnitten hat. Die Kunst besteht insgesamt darin, die Fülle von Informationen im Modell des Wetters richtig zu gewichten. Aber das zeigt auch, wie groß der subjektive Anteil immer noch ist.

»Allgemein lässt sich sagen, dass Spielerausfälle tendenziell überschätzt werden, selten machen diese mehr als 20 Prozent aus«, lautet noch ein weiterer Ratschlag. Angeblich spielen zudem Mannschaften, die ein neues

Stadion bezogen haben, signifikant erfolgreicher als vorher. Auch Trainerwechsel wirken sich meist positiv aus, während Teams, die kurz vor einem Trainerwechsel stehen, negativ gesehen werden sollten. Schlechtes Wetter bevorzugt technisch schlechtere Teams und ein schlechter Rasen die Heimmannschaft.

High-End des Wettens

All diese Überlegungen und Berechnungen sind von einem blassen Vierzigjährigen so weit vorangetrieben worden, dass er Fußballwetten inzwischen fast industriell betreibt. Jim Towers, der seinen wirklichen Namen nicht öffentlich machen möchte, leitet ein Unternehmen in einer Fabriketage im Norden Londons, das im besten Jahr 25 Millionen Euro Überschuss gemacht hat.

Auf dem Dach stehen Parabolantennen, und drinnen sorgt eine Vielzahl von Decodern dafür, dass auf den Flatscreens an den Wänden die Spiele fast aller europäischen Ligen zu sehen sind. Towers wettet jeden Tag auf Dutzende von Spielen. Er beschäftigt dazu junge Männer, die auf den Bildschirmen die Spiele verfolgen und auf den Computermonitoren vor ihnen die Quotenverläufe asiatischer Buchmacher. Gewettet wird fast nur »Asian Handicap«, eine in Europa noch nicht so geläufige Spezialwette, bei der die Favoriten eine imaginäre Torvorgabe aufholen müssen. Diese Wette sorgt dafür, dass es kein Unentschieden gibt, und ist dadurch besser zu berechnen. Das Unternehmen von Towers platziert Fußballwetten ausschließlich bei asiatischen Buchmachern, weil diese weitaus niedrigere Gebühren als europäische nehmen. Außerdem kann er bei ihnen mehrere Hunderttausend Euro pro Spiel setzen.

Die Jungs vor den Bildschirmen, kaum einer ist älter als 30 Jahre, warten auf den richtigen Moment, eine Wette zu platzieren. Doch ob sie das während eines laufenden Spiels machen oder ob sie schon vor Anpfiff gesetzt wurde, nie folgen sie dabei ihrer Intuition, dem guten Näschen oder tollen Insidertipps. Dass sie sich Trader nennen, wie die Händler von Spekulationsgeschäften auf den Finanzmärkten, die Kursschwankungen ausnutzen, ist kein Zufall. Towers hat mit Anfang 20 als Spekulant im Londoner Finanzdistrikt gearbeitet. Mit Ende 20 hatte er Geld genug verdient, um für ein paar Jahre auszusetzen, und versucht nun wieder, besser als der Markt zu sein. Nur ist es diesmal nicht der Finanzmarkt, sondern der für Fußballwetten.

Die Überlegungen, wie wir sie mit dem Fußballwetter aus der Schweiz nachvollziehen konnten, werden von ihm in einer High-End-Variante umgesetzt. Für Towers arbeiten promovierte Mathematiker, die sein Modell kontinuierlich verbessern. So hat er etwa einen Entfernungsfaktor einrechnen lassen, weil sich gezeigt hat, dass Mannschaften auswärts schlechter abschneiden, je weiter entfernt das Spiel ist. Außerdem beschäftigt er ein Netzwerk von Informanten, die helfen sollen, ein möglichst genaues Bild zu liefern. Seine Trader kommen aus ganz Europa und haben Kontakte in ihren Heimatländern, die Gerüchte von Informationen zu unterscheiden helfen.

Jim Towers hat all seinen Mitarbeitern das Buch »Moneyball« geschenkt, weil er Parallelen zwischen den Überlegungen von Billy Beane zum Baseball und den Prinzipien der Modellbildung bei Fußballwetten sieht. »Was die Öffentlichkeit für wichtig hält, ist für uns völlig unwichtig«, sagt er. Im Laufe der Zeit hat er sein Modell mit einer Radikalität umgeworfen, die manchen semiprofessionellen Wetter erschaudern lassen dürfte. Towers interessiert sich weder für die vergangenen Spiele der Mannschaften gegeneinander noch für Siegesserien, Tabellenplätze oder ob ein Team durch viele Spiele belastet ist oder ausgeruht. Bei der Bewertung einer Mannschaft schaut er nicht einmal mehr auf das Endergebnis, weil es ihm zu wenig aussagekräftig erscheint.

Um die Form einer Mannschaft zu bewerten, benutzt er vor allem einen Dienst, der ihm kontinuierlich Live-Informationen darüber liefert, ob es bei einem Spiel kleinere, mittlere, größere oder riesengroße Torchancen gegeben hat. Manchmal halten das auch seine Trader am Bildschirm nach, und es ist durchaus erwünscht, dass es bei der Bewertung, ob man es mit einer großen oder doch nur mittleren Gelegenheit zu tun hat, ein subjektives Moment gibt. Die Verteilung der Torchancen soll während der Live-Wetten zu spüren helfen, wohin sich ein Spiel gerade entwickelt, aber es zeigt auch, ob der Sieg in der Vorwoche vielleicht einfach nur glücklich war.

»Wenn Team A das ganze Spiel über besser war und Team B in der Schlussminute das Siegtor schoss, werde ich Team A für die nächste Woche trotzdem höher ansetzen und Team B abwerten.« Anhänger des 1. FC Nürnberg wird es vielleicht trösten, dass Towers aus diesen Gründen den Abstieg des Klubs 2008 für wirklich unglücklich und eigentlich unverdient gehalten hat. Er besteht sogar darauf, dass er im fiktiven Fall eines Spiels auf neutralem Grund zwischen dieser Nürnberger Mannschaft und dem so erfolgreichen Team von Hertha BSC in der Saison danach auf jeden Fall sein Geld auf den Club setzen würde. »Hertha war so schockierend glücklich wie Nürnberg schockierend unglücklich.«

Dass sich Chancenverteilung als wichtiges Element

zur genauen Voraussage erwiesen hat, leuchtet ein. Man bekommt ein relativ genaues Bild von der Verfassung einer Mannschaft, wenn man sieht, wie viele Chancen welcher Qualität sie herausspielt und wie viele sie zulässt. Oft genug sagen ein paar glückliche Punktgewinne wenig über die wirkliche Verfassung einer Mannschaft. Und vielleicht liegt deshalb hier sogar ein Schlüssel für das Verständnis einer statistischen Analyse des Erfolgs im Fußball.

Kapitel 8
Die hohe Kunst des Fehleinkaufs

Mein Auto, mein Haus, mein Fußballstar

Es gäbe viele Gründe, warum die Unterstützung durch objektive Analysen bei der Verpflichtung von Spielern eine gute Sache wäre. Ein entscheidender ist aber, dass der Mensch in ökonomischen Theorien schon längst nicht mehr als rational handelndes Wesen gesehen wird. Denn unser Verhalten orientiert sich nach der Auswertung aller relevanten Informationen beileibe nicht am maximalen Nutzen. Schon ein kurzer Besuch im Autohaus zeigt, wie wichtig Nebensächliches für die Kaufentscheidung ist. So drücken die meisten Interessenten auf die Knöpfe und spielen an den Hebeln der ausgestellten Wagen herum. Verhaltenswissenschaftler haben sogar nachgewiesen, dass es für Autohersteller letztlich sinnvoller wäre, Energie in Knöpfe und Hebel zu investieren als in die unsichtbaren Qualitäten des Motors oder Fahrwerks. Wenn sie dann auch noch ein sonores Geräusch beim Schließen der Fahrertür hinbekommen, müsste der Kunde eigentlich überzeugt sein.

Wie irrational der Mensch bei der Bewertung von Produkten funktioniert, hat der Verhaltensökonom Dan Ariely in verschiedenen Versuchen nachgewiesen. Bei einem Sehtest mit Sonnenbrillen sollten die Probanden in starkem Gegenlicht Wörter von einer Tafel ablesen. Sie hatten immer die gleichen Gläser, die aber in unterschiedliche Gestelle gefasst waren. Wenn man den Testpersonen vorher sagte, dass die Sonnenbrille von Armani oder einem anderen namhaften Hersteller sei, konnten sie die Wörter aber besser entziffern. Ähnlich verlief ein Versuch, bei dem Testpersonen mit vorgeblich unterschiedlichen Kopfhörern immer dann Wörter besser durch Störgeräusche hindurch hörten, wenn ihnen als Hersteller dieser Kopfhörer exklusive Marken genannt wurden.

Nun sind Fußballprofis zwar keine Produkte wie Autos oder Sonnenbrillen, aber die Prozesse, bei denen über ihre Verpflichtung entschieden wird, unterliegen oft ähnlichen Fehlwahrnehmungen. So bedarf es schon einmal großer Erfahrung, von den Umständen einer Spielerbeobachtung zu abstrahieren. Ob man an einem lauschigen Frühlingsabend in einer stimmungsvollen südeuropäischen Fußballarena sitzt oder des Winters in einer fast leeren und bitterkalten Stadionschüssel in Osteuropa, wird den Eindruck mitprägen, den man von einem Spieler hat. Und das ist nur einer von vielen Aspekten, die die Wahrnehmung trüben können.

Erstaunlich fand ich, was mir der Präsident eines Bundesligaklubs kopfschüttelnd erzählte. Er hatte nämlich festgestellt, dass sein Trainer ganz begeistert von teuren Neuzugängen war. Man würde annehmen, dass jeder Coach am liebsten ein von allen anderen Experten übersehenes Talent verpflichten und ganz groß herausbringen würde, um sein Können zu beweisen. Aber so ist es nicht immer. Für diesen Trainer etwa war es ein Statussymbol, dass er mehrere Millionen Euro teure Spieler transferieren durfte. Mein Auto, mein Haus, mein Stareinkauf!

Auf eine weitere Verzerrung bei der Wahrnehmung von Spielern wies mich vor einigen Jahren der amerikanische Nationaltorhüter Kasey Keller hin, der damals bei Borussia Mönchengladbach spielte. Keller ist ein eigenwilliger Mensch, der sich in einer Wasserburg eingemietet hatte. Vor dem Wechsel nach Deutschland hatte er in England und Spanien gespielt und dabei festgestellt, dass die Bewertung von Spielern oft mehr mit ihrer Herkunft als ihrer Leistung zu tun hatte. »Giovanni van Bronckhorst ist das beste Beispiel. Er ging von den Glasgow Rangers zu Arsenal, scheiterte dort, und wohin wechselte er? Zum FC Barcelona. Dafür muss man schon Holländer sein«, spottete Keller.

Nun mag man argumentieren, dass der eher leichtfüßige van Bronckhorst beim FC Barcelona in der spanischen Liga einfach besser aufgehoben war als im britischen Fußball, doch im Prinzip hatte Keller recht. Die Wahrnehmung vieler Trainer und Manager ist dadurch geprägt, woher ein Spieler stammt. Die meisten möchten lieber einen Brasilianer verpflichten als einen Finnen, weil selbst ein mittelmäßig talentierter Kicker aus Brasilien irgendwie Ballzauber verspricht.

Dass es hingegen schwer ist, der mit großem Vorsprung beste Spieler Bulgariens zu sein, musste Dimitar Berbatow erfahren. Trotz seiner überragenden Klasse spielte er lange bei Bayer Leverkusen und wechselte erst über den Umweg Tottenham Hotspur zu Manchester United. »Balkan, das klingt nach Nerverei«, erklärte mir der Mitarbeiter eines deutschen Bundesligisten. Es gebe mit Spielern aus Osteuropa immer wieder deshalb Probleme, weil sich an einen Transfer verschiedene Vermittler anzuhängen versuchen. Doch oft sind Transfers aus Brasilien noch viel komplizierter, weil nicht klar ist, wem die Transferrechte gehören. Dann tauchen verschiedene Anteilseigner auf, und nicht immer sind das professionelle Unternehmen. Es müssen viele Parteien vom Klub bis zum Freund des Spielers irgendwie zufriedengestellt werden. Doch während das bei Brasilianern fast schon als Teil der Folklore wahrgenommen wird, gelten ähnliche Schachereien mit Spielern aus dem Osten Europas als nervend.

Nun ist es nicht von der Hand zu weisen, dass es auch fachliche Gründe gibt, die für Spieler aus bestimmten Ländern sprechen. So ist die Wahrscheinlichkeit hoch, dass ein Brasilianer technisch und taktisch gut ausgebildet ist, wenn er die Fußballschule eines der großen Klubs durchlaufen hat. Auch französische Spieler bekommen im Centre de Formation der Profiklubs meistens eine sehr gute Schulung, Ähnliches gilt für Holland oder Spanien. Aber das sagt dennoch nichts über den jeweiligen Einzelfall. Es gibt am Ball limitierte Brasilianer, taktisch unterbelichtete Holländer und faule Deutsche. Und es gibt höchst disziplinierte Kroaten, mannschaftsdienliche Rumänen und taktisch gut geschulte Polen.

Es zählt immer nur der Einzelfall, und genau das vergessen Fußballmanager immer wieder. Oft werden Entscheidungen auch aus kulturellen Gründen getroffen. Englische Klubs verpflichten traditionell gerne Spieler aus Skandinavien, weil sie meistens gut Englisch sprechen und sich leicht integrieren lassen. Die koloniale Vergangenheit und die Sprache erklären viele Transfers von Marokko, Algerien und Tunesien nach Frankreich. Und polnische Spieler kommen eher nach Deutschland, weil viele von ihnen etwas Deutsch können. Das ist nachvollziehbar, aber dann nicht mehr, wenn es als Kriterium die fußballerische Qualität überlagert.

Wer wenig Geld hat, muss die modischen Länder vermeiden. Wenn alle Welt Brasilianer verpflichtet, müssen Underdog-Klubs eher nach Paraguay oder Venezuela schauen, soll es unbedingt ein Südamerikaner sein.

Wenn die Scouts der großen Klubs in westafrikanischen Ländern wie Ghana, Nigeria oder Togo den nächsten Adebayor, Essien oder Obi Mikel suchen, sollten sich die der kleinen Klubs eher in Zentral- oder Ostafrika umtun. Oder man geht gleich dorthin, wohin die Scouts der großen europäischen Klubs nicht gerne reisen. Energie Cottbus verpflichtete jahrelang gute Spieler aus dem Osten Europas, die vom Markt unterbewertet waren. Das war zwar nicht besonders schick, aber eine höchst erfolgreiche Überlebensstrategie. Ähnlich arbeitete der SC Freiburg, wobei Trainer Volker Finke seinen Sprachvorteil ausspielte. Weil nur wenige Bundesligatrainer und -manager Französisch sprechen, war er bei Verhandlungen in frankophonen Ländern wie Tunesien, Mali oder Burkina Faso im Vorteil.

Die Transfers gehören zu den wichtigsten unternehmerischen Entscheidungen, die in einem professionellen Fußballklub gemacht werden. Sie sind wegweisend für die Entwicklung, denn Fehler können meistens nicht ohne großen wirtschaftlichen Schaden wieder repariert werden. Außerdem sind Transfers meist teurer, als das Publikum denkt. Zur Ablösesumme kommen noch Handgelder für den Spieler hinzu. Sein Grundgehalt und teilweise Sonderprämien sind zu zahlen, und fast immer fließen zehn oder 15 Prozent aller Leistungen zusätzlich in die Taschen des jeweiligen Beraters.

Daher müsste man eigentlich davon ausgehen, dass jeder Transfer ein Ergebnis tiefgehender Analysen ist. Doch diese Vorstellung ist naiv. Immer noch werden viele Spieler verpflichtet, obwohl die Trainer oder Manager nur ein Video von ihnen gesehen haben. Man folgt Empfehlungen von Beratern oder von ausländischen Spielern, die auf Kicker aus ihren Heimatländern hinweisen. Das alles kann gutgehen, hat aber mit systematischer Arbeit nichts zu tun. Doch selbst wenn man sich mit der Bewertung von Spielern viel Zeit nimmt, gibt es bei den Analysen immer noch ein Problem: den Faktor Mensch.

Als Billy Beane bei den Oakland A's die Scouting-Abteilung durch einen Computeranalysten ergänzte, gab es dort einen Konflikt, der in der Welt des Baseballs neu war, in anderen Bereichen des Lebens aber schon hundertfach vorgekommen war. Die altgedienten Scouts beriefen sich auf ihre Erfahrung und Intuition, die Analytiker an den Computern auf ihre Statistiken und Algorhythmen. Aber sollen wir nun Computern glauben oder Experten?

Etliche Untersuchungen belegen, dass Experten erstaunlich schlecht darin sind, Voraussagen zu machen. Ein amerikanischer Jurist etwa führte 2002 einen Test durch, bei dem die Entscheidungen des Obersten Gerichtshofes vorausgesagt werden sollten. Dabei traten 83 hochrangige Spezialisten, viele von ihnen Hochschulprofessoren, gegen ein Computerprogramm an. Dieses wurde auf der Basis von nur sechs Faktoren erstellt, zu denen der Sitz der Vorinstanz und deren angenommene politische Ausrichtung gehörte. Das Programm wurde mit Informationen darüber gefüttert, wie die Richter des Obersten Gerichtshofs in 628 vorangegangenen Fällen entschieden hatten. Bei der Voraussage, wie sie in den neuen Fällen entscheiden würden, lagen die Experten bei knapp 60 Prozent der Entscheidungen richtig, der Computer kam auf 75 Prozent.

Dieses Beispiel ist nur eines von vielen, bei denen Menschen gegen Maschinen angetreten sind und in den allermeisten Fällen unterlagen. Wie leicht wir uns täuschen lassen, zeigt schon der Fall vermeintlich billige vs. vermeintlich teure Sonnenbrillen. Wie sehr wir uns überschätzen, belegt ein simpler Selbsttest. Dabei werden zehn Wissensfragen aus unterschiedlichen Feldern gestellt, die speziell genug sind, als dass man kaum alle Antworten wird geben können. Das muss man aber auch nicht, sondern darf einen oberen und unteren Schätzwert angeben. Wenn also die Frage gestellt wird, wie viele Bücher das Alte Testament umfasst oder wann Mozart geboren ist, gibt es einen Antwortspielraum. Von den zehn Fragen beantworten die meisten Menschen trotzdem vier bis sieben falsch, wie ein Test mit tausend Teilnehmern ergab. Das ist insofern erstaunlich, weil es leicht wäre, alle Fragen richtig zu beantworten. Denn selbst wer nur weiß, dass Mozart ein Komponist war, und sein Geburtsjahr 1756 nicht einmal ahnt, wird einfach das Jahr eins n. Chr. als untere und 2009 als obere Grenze wählen. Weil man sich jedoch notorisch überschätzt (ich hatte im Selbsttest auch vier Antworten falsch), zieht man den Spielraum zu eng.

Doch wie ist es um unsere Expertise erst dann bestellt, wenn wir uns auszukennen glauben, weil wir Hunderte von Fußballspielen gesehen und Tausende von Fußballspielern bewertet haben? Man muss sich nur einmal mit Experten darüber unterhalten, wie schnell ein Spieler läuft. Klar, Lionel Messi ist sehr schnell, dazu braucht man kein sonderlich geschultes Auge. Aber bei einem durchschnittlichen Fußballprofi würde man am Ende einer Beobachtung zweifellos ein ganzes Spektrum von »ganz schön langsam« bis »recht schnell« bekommen. Erst ein Sprinttest würde Klärung bringen.

Doch Schnelligkeit ist nur ein Faktor in der Bewertung eines Spielers. Wie bewertet man seine Balltechnik und sein Stellungsspiel? Ist er mannschaftsdienlich und fleißig? Was ist überhaupt mannschaftsdienlich, und wo fängt der Fleiß an? Ist er wirklich stark im Kopfballspiel, oder hat man bei der Beobachtung übersehen, dass er all die Kopfballduelle gegen einen Spieler gewonnen hat, der 15 Zentimeter kleiner war? Überbewertet ein Scout oder ein Trainer elegante Spieler, weil er selbst einer war, oder auch deshalb, weil er immer gerne einer gewesen wäre? Oder verachtet er die Künstler und unterschätzt daher ihre Fähigkeiten?

Jeder Scout kann Geschichten davon erzählen, dass er sich unter widrigsten Bedingungen zu einem Spiel durchgeschlagen hat und der zu beobachtende Spieler nicht eingesetzt wurde, auf der falschen Position spielte und dort nicht überzeugte. Oder er spielte auf seiner richtigen Position, war aber schwach, weil er verletzt war oder einfach einen ganz schlechten Tag hatte. Hans Meyer bekam während seiner ersten Zeit als Trainer von Borussia Mönchengladbach von Hermann Gerland den Hinweis, dass in dessen Mannschaft, dem FC Bayern II, ein hoch talentierter Spieler namens Philipp Lahm sei, der zu einem Bundesligisten ausgeliehen werden sollte. Weil Meyer die Ansichten von Gerland schätzt, schaute er sich Lahm bei einem Regionalligaspiel an, wo der Außenverteidiger aber im defensiven Mittelfeld aufgestellt wurde und zudem einen schlechten Tag hatte. Auch Gladbachs damaliger Manager und der Chefscout fuhren anschließend los und erwischten jeweils schlechte Tage des noch jungen und daher in seinen Leistungen nicht stabilen Lahm. Schließlich lieh ihn der VfB Stuttgart aus.

Video- und Datascouting

Das wäre nicht passiert, wenn es damals die Möglichkeit gegeben hätte, sich Spielszenen von Lahm aus einer Handvoll Spiele auf DVD anzuschauen. Dann hätte man einfach das Spiel übersprungen, in dem er auf falscher Position spielte, und hätte sicher im restlichen Material genug Stoff für eine positive Bewertung gefunden.

Wie das inzwischen funktioniert, soll am Beispiel eines Innenverteidigers aus der ersten französischen Liga gezeigt werden. Sein wirklicher Name tut hier nichts zur Sache, wir nennen ihn Joseph Defenseur. Er spielt bei einem Klub, dessen große Zeiten schon einige Jahre zurückliegen. Welche Qualität bringt Defenseur mit, der jahrelang bei einem anderen Mittelklasseklub spielte, um dann für zwei Jahre zu einem der Spitzenteams in Frankreich zu wechseln, wo er sich aber nicht durchsetzen konnte?

Was man auf der DVD von ihm sieht, macht keinen schlechten Eindruck. Die Szenen stammen aus fünf aufeinanderfolgenden Ligaspielen und zeigen alle Aktionen, an denen er beteiligt war. Also sehen wir, wie er souverän die Bälle per Kopf aus dem Strafraum befördert. Aber wir sehen auch, wie er sie ab und zu im Spielaufbau verstolpert. Dieser Zusammenschnitt, mit unauffälliger Hintergrundmusik unterlegt, ist keine Sammlung von Highlights, sondern ein Arbeitsprotokoll. Ein erfahrener Trainer sieht dabei gleich, dass Defenseur ein Verteidiger französischer Schule ist, der ein sauberes Positionsspiel hat und die Abwehrarbeit eher spielerisch-intelligent als mit Wucht angeht.

Vielleicht sucht der Klub gerade einen solchen Spieler, der einen Ball sauber nach vorn spielen kann, doch möglicherweise kommen ihm beim Blick auf die statistischen Daten doch Zweifel. Der DVD liegt nämlich eine kleine Mappe mit Spiralbindung bei, in der Defenseurs Profil mit dem Durchschnitt eines Innenverteidigers in der französischen Ligue 1 abgeglichen wird, und da wird das Bild seiner Leistungsfähigkeit schon deutlicher. Defenseur ist ein herausragender Zweikämpfer. Am Boden liegt er über dem Schnitt der Liga, in der Luft sogar deutlich. Seine besondere Stärke ist es jedoch, die 50-50-Zweikämpfe zu gewinnen, also jene, bei denen beide Spieler die gleiche Chance haben. Hier erreicht er seinen besten Wert. Wenn der Durchschnittswert im Liga-Index 50 ist, erreicht er 85.

Beim Offensivspiel zeigt sich ein anderes Bild. Defenseur mag sich elegant bewegen, den Eindruck großer Ballsicherheit vermitteln, sein Offensivspiel ist dennoch unterdurchschnittlich. Bei den erfolgreichen Pässen nach vorn liegt er im Index bei 35, also deutlich unter dem Mittelwert. Seine Gesamtbilanz im Passspiel ist bei 25 noch trüber. Also muss noch einmal in die Daten und die DVD geschaut werden, ob man dort eine Erklärung finden kann, wie es dazu kommt. Denn immerhin ist auch möglich, dass Defenseurs schlechte Statistik etwas mit dem Spiel der Mannschaft zu tun hat.

Bereits ein genauer Blick auf die Zahl der erfolgreichen Pässe unterstützt die Vermutung, dass er ein Opfer des Mannschaftsspiels ist. In Heimspielen erreichen 80 Prozent seiner Pässe den Mitspieler, in Auswärtsspielen sind es zwischen 55 und 60 Prozent, und das erklärt sich aus dem Mannschaftsspiel. Auf der DVD erkennt man, dass sein Team in fremden Stadien große Schwierigkeiten im Spiel nach vorn hat und der Trainer offenbar die Anweisung gegeben hat, es öfter mal mit langen Bällen zu versuchen. Defenseur ist einer der Spieler, der sie schlägt, und es ist nicht weiter verwunderlich, dass unter diesen Bedingungen die Erfolgsquote in den Keller geht.

Manager und Trainer bekommen jeden Tag reihenweise DVDs von Spielerberatern zugeschickt, auf denen Szenen der von ihnen betreuten Spieler sind. Tolle Tore und hinreißende Tacklings kann man da sehen, unterlegt mit dramatischer Musik. Dieses Werbematerial für Kicker frustriert aber die meisten Verantwortlichen, denn es sagt über die Qualität eines Spielers etwa so viel wie ein Fernsehspot über die Qualität eines Autos.

Das eingangs beschriebene Paket ermöglicht ein kombiniertes Video- und Datascouting und ist eine Antwort auf dieses Dilemma. Es kostet inklusive des statistischen Materials 500 bis 1000 Euro und stammt von der Firma Mastercoach, aber auch andere Analyseunternehmen bieten Ähnliches an. Einige Klubs verpflichten diesen Service gleich mit, wenn sie das Unternehmen als Dienstleister bei der Spielanalyse beauftragen. Vor allem in England wird das intensiv genutzt, viele Vereine buchen bei Vertragsabschluss, dass sie pro Saison zehn solcher Profile abrufen werden.

Ein Klub kann also das Material zu einem Spieler bestellen, der ihm angeboten wurde und interessant scheint. Auch bei den Firmen, die nur Daten ermitteln, kann man die gewünschten Informationen bekommen. All das spart Zeit und Geld, denn man schickt einen Scout vielleicht erst gar nicht los, um den Spieler anzuschauen, weil er sowieso nicht den Vorstellungen des Trainers entspricht. Man spart nicht nur Reisekosten, sondern auch Arbeitszeit, weil man keine Zeit mit Spielern verplempert, die sowieso nicht passen.

Es geht aber auch systematisch, wenn man etwa eine positionsspezifische Suche in Auftrag gibt. Man fragt dann nach einen Spieler für die linke Außenbahn, der überdurchschnittlich viele Defensivzweikämpfe gewinnt, viele Flanken in den gegnerischen Strafraum bringt und dessen Vertrag ausläuft. Dann bleibt von ein paar Tausend Spielern in Europa nur noch ein halbes Dutzend übrig.

Arsène Wenger ließ 2004, als er einen potenziellen Nachfolger für Patrick Vieira im defensiven Mittelfeld suchte, nach einem Spieler mit außergewöhnlicher Laufleistung fahnden. Gefunden wurde Mathieu Flamini, was nicht unbedingt auf der Hand lag, denn der Franzose spielte bei Olympique Marseille gerade seine erste Saison im Profifußball und kam nicht einmal in jedem Spiel zum Einsatz. Aber Wenger überzeugte es, dass Flamini bis zu 14 Kilometer lief. Weil sein spielerisches Talent und taktisches Können ebenfalls passten, holte er ihn nach London, wo sich Flamini in den darauffolgenden Jahren sehr gut entwickelte.

Solche Daten sind aber nicht aus allen Ligen abrufbar. Es werden vor allem die großen europäischen Ligen erfasst, die für die Bundesligisten aus finanziellen Gründen eher weniger in Frage kommen. Die meisten deutschen Klubs schauen eher in die ost- oder zentraleuropäischen Ligen oder nach Skandinavien – oder auch in die unteren Klassen. Um dieses Problem zu lösen, hat der 1. FC Köln ein Projekt gestartet, das unter der Tribüne des vereinseigenen Franz-Kremer-Stadions neben dem Geißbockheim im Grüngürtel der Stadt angesiedelt ist.

In Zusammenarbeit mit dem lokalen Telekommunikationsunternehmen NetCologne betreibt der Klub eine Abteilung für Analyse und Scouting, die *SportsLab* heißt. Dort wird einerseits die Analyse der Spiele des eigenen Profiteams sowie der Nachwuchsmannschaften betrieben und eine Datenbank mit allen Informationen über die eigenen Spieler erstellt. Vor allem aber unterstützt es ein weitreichendes Scouting.

Die Firma Open Source Factory liefert die Software, mit der komplette Spiele aus 18 Ländern aufgezeichnet werden können, deren Markt für den Klub interessant ist. Dazu gehören nicht England und Italien, weil sich der Klub die Spieler von dort eben kaum wird leisten können, sondern Polen und Portugal, Dänemark und Österreich. Die Spiele werden dann von 25 Studenten, die meisten kommen von der Deutschen Sporthochschule in Köln, nach einem vorgegebenen Raster analysiert. Wird dem Klub ein interessant klingender Spieler angeboten, kann das *SportsLab* genug Szenen zusammenstellen, mit denen eine erste, aber auch schon ausreichend fundierte Analyse möglich ist. Auch die Suche nach einem 1,80 Meter großen und sehr kopfballstarken Rechtsverteidiger soll so möglich sein.

Oder es fällt einfach ein Spieler wegen guter Leistungen auf. So wurde das *SportsLab* auf den Verteidiger Pedro Geromel aufmerksam, einen Brasilianer von Vitória Guimāres. Ricardo Tavarez, Student der »Regionalwissenschaften Lateinamerika«, der für die Analyse der portugiesischen Liga zuständig war, sah dessen starke Leistungen, und Geromel kam auf die Vorschlagsliste des Lab. Er gefiel Cheftrainer Daum und den Scouts bei ihren Beobachtungen vor Ort. Köln transferierte ihn im Sommer 2008 für 2,5 Millionen Euro in die Bundesliga, wo sich Geromel als eine der besten Verpflichtungen des Jahres entpuppte.

Die Evaluation von Spielern durch Videos und Fußballdaten wird aber kaum verhindern, dass es im Transfergeschäft weiter Rückschaufehler gibt. Wenn wir den tatsächlichen Ausgang eines Ereignisses kennen, korrigieren wir nämlich rückwirkend unsere Einschätzung. In diversen Tests ist diese Neigung zur Selbstverklärung belegt worden. Auch im Fußball kennt man sie. Haben sich Trainer oder Manager für einen Spieler entschieden, der sich als Fehleinkauf entpuppt, werden sie sich in der Rückschau verstärkt an die Aspekte der Diskussion erinnern, die gegen den Transfer sprachen. Haben sie einen anderen Spieler eher beiläufig unter Vertrag genommen und er schlägt groß ein, haben das alle natürlich längst geahnt.

Das gilt nicht nur für die Frage des einzelnen Transfers, sondern für die Zusammenstellung von Mannschaften insgesamt, die bislang erstaunlich wenig erforscht worden ist. Denn es ergeben sich eine Menge Fragen, wenn man einen Kader für eine Spielzeit zusammenstellt. Zumindest ein paar Leitlinien zur Kaderplanung verdanken wir dem Wirtschaftswissenschaftler Thomas Fritz. Er hat eine »effizienzorientierte Analyse der Fußballbundesliga« zwischen den Jahren 1979 und 2003 durchgeführt und dabei einige gängige Thesen auf ihre Richtigkeit überprüft.

So stellte Fritz fest, dass ein kleinerer Gesamtkader effizienter ist als ein größerer und auch ein kleinerer Stammkader von Spielern von Vorteil ist. Es bestätigte sich jedoch nicht die populäre Annahme, dass es von Vorteil sei, besonders viele Spieler aus der eigenen Jugend im Kader zu haben, oder von Nachteil, eine hohe kulturelle Diversität mit vielen ausländischen Spielern zu haben. Fans mögen es zwar, wenn viele Spieler aus der eigenen Jugend im Kader stehen, aber ein Vorteil ergibt sich daraus nicht. Und die so häufig gescholtenen Mannschaften, in denen besonders viele ausländische Profis stehen, schneiden nicht per se schlechter ab. Offenbar gibt es aber einen wichtigen Effekt, der mitunter übersehen wird.

Im Cluster von Zidane

Fußballklubs sind seltsame Unternehmen. Sie stellen eine Ware her, die man weder anfassen noch handeln kann. Ihr Unternehmensziel ist flüchtig, sieht man einmal von den Gravuren auf Pokalen oder anderen Trophäen ab. Mögen sie inzwischen auch in Deutschland Unternehmen sein oder an der Börse notiert, ihr Ziel ist es nicht, den Gewinn zu maximieren. Fußballvereine stellen Siege her und versuchen, dabei einigermaßen in wirtschaftlichem Gleichgewicht zu bleiben.

Niemand wird aber bestreiten, dass Erfolg im Fußball mit finanziellem Einsatz zu tun hat. Der Wirtschaftswissenschaftler Stefan Szymanski hat das am Beispiel von 40 englischen Klubs der Jahre 1978 bis 1997 nachgewiesen. In England ist es transparenter als in Deutschland, was die Klubs für ihre Spieler ausgeben. Beim Verhältnis der Personalausgaben zum erreichten Tabellenplatz konnte Szymanski eine Übereinstimmung von 92 Prozent finden. Man bekommt also meistens das heraus, was man investiert hat.

Welcher Mechanismus dabei am Werke ist, zeigt das Zidane-Clustering-Theorem. Abgeleitet war es von der O-Ring-Theorie des Harvard-Professors Michael Kremer, und Henning Vöpel vom Hamburgischen Weltwirtschaftsinstitut hatte es 2006 aufgestellt. Der O-Ring war ein nur wenige Dollar teurer, defekter Dichtungsring im Space Shuttle. 1986 hatte er die Explosion des Raumschiffs verursacht, sieben Menschen kamen ums Leben, und die viele Millionen Dollar teure Raumfähre wurde zerstört. Die O-Ring-Theorie besagt, dass bei komplementären Produktionsprozessen der schlechteste Inputfaktor über die Qualität des ganzen Produkts entscheidet.

Vöpel geht davon aus, dass es bei Fußballmannschaften nicht anders ist. Auch dort sei ein Prozess zu beobachten, bei dem ein schwacher Spieler durch individuelle Fehler die Mannschaftsleistung erheblich schwächen kann. Um diesem Umstand Rechnung zu tragen, müsste man seiner Meinung nach die Leistung einer Mannschaft nicht danach bemessen, dass man die Qualität der Spieler addiert, sondern multipliziert.

Die Feststellung, dass gute Spieler ihre Nebenleute besser machen, fasste Vöpel im Lauth-Axiom zusammen: »Die Leistung eines Spielers hängt positiv von der Qualität seiner Mitspieler ab.« Ein Spieler von der Klasse eines Zinédine Zidane würde daher Benjamin Lauth zu einem besseren Spieler machen. Vöpel ging aber noch einen Schritt weiter, indem er dazu ergänzend das Klose-Axiom formulierte, wonach Miroslav Klose stärker von einem Zidane in der Mannschaft profitieren würde als Lauth. »Je höher die eigene Qualität des Spielers ist, desto größer ist die Leistungssteigerung durch andere Spieler.« Aus diesen beiden Axiomen leitete Vöpel das Zidane-Clustering-Theorem ab, das besagt: »Spieler gleicher Qualität clustern sich, das heißt Mannschaften sind im Gleichgewicht auf allen Positionen qualitativ homogen besetzt.«

Zinédine Zidane war Teil von Los Galácticos bei Real Madrid. Die vorgeblich galaktische Mannschaft war das Ergebnis eines Marketingkonzeptes von Florentino Pérez, der damit im Jahr 2000 zum Präsidenten von Real Madrid gewählt wurde. Er hatte versprochen, den Portugiesen Luís Figo vom Erzrivalen FC Barcelona zu verpflichten, und hielt Wort. Der Transfer kostete damals die Rekordsumme von 60 Millionen Euro, die aber schon im nächsten Jahr übertroffen wurde, als Real Madrid für Zidane 74,5 Millionen Euro an Juventus Turin überwies.

Der Galácticos-Doktrin von Pérez folgend, kam auch in den nächsten Jahren jeweils einer der absoluten Superstars zu seinem Klub. 2002 war es Ronaldo von Inter Mailand, 2003 David Beckham von Manchester United und 2004 schließlich Michael Owen aus Liverpool. Mit den Spaniern Raúl und Iker Casillas sowie dem Brasilianer Roberto Carlos bildeten sie eine Art Weltelf und machten den Klub zu einer globalen Marke. Real steigerte seine Vermarktungserlöse und ist seit 2005 der umsatzstärkste Fußballklub der Welt.

Obwohl Real das Champions-League-Finale 2002 gegen Bayer Leverkusen gewann und damit den Europapokal der Landesmeister zum neunten Mal, war die Ära der Galaktischen nur zu Beginn sportlich erfolgreich. Defensivspieler, so sah es die Doktrin nämlich vor, sollten vor allem aus dem eigenen Nachwuchs kommen, durften jedenfalls nicht viel Ablösesumme kosten, weil sie als zu wenig glamourös galten und nicht zum globalen Vermarktungserfolg beitrugen. Das Ungleichgewicht im Team bestätigte das Zidane-Clustering-Theorem insofern, als die Spielerqualität in der Abwehr mit der Zeit zu schlecht geworden war. Die Klasse von Zidane multiplizierte sich in der Defensive mit einem zu geringen Wert, sodass der imaginäre Gesamtwert von Real hinter der Konkurrenz zurückblieb. Das Scheitern von Mannschaften kann man mit der Explosion des Space Shuttle vergleichen, es geht immer um das schwächste Teil.

Real verpflichtete in der Abwehr und im defensiven Mittelfeld eine Reihe von Spielern, die auch später ihren Mangel an Spitzenklasse bestätigten, wie den Argentinier Walter Samuel, den Dänen Thomas Gravesen, den Brasilianer Cicinho oder den Spanier Pablo García. Sie und eine Reihe von Kollegen waren die untauglichen Dichtungsringe, die letztlich dafür sorgten, dass die

Mission der Galaktischen im Sommer 2007 endgültig zu Ende ging, als David Beckham von Madrid nach Los Angeles wechselte. Ronaldo war schon ein halbes Jahr vorher gegangen, und Zidane hatte nach der WM 2006 seine Karriere beendet.

Das Zidane-Clustering-Theorem zeigt, dass eine Fußballmannschaft sich mit fußballerischen Billigteilen in höchste Gefahr begibt. Doch wenn man nun weiß, in welchem rechnerischen Verhältnis die Qualität einzelner Spieler zueinander steht, bleibt doch die Frage offen, wie man ihre Qualität berechnen könnte.

Kapitel 9
Die Fußball-Matrix

Fußball als Modell

»Moneyball«, das Buch von Michael Lewis über die außergewöhnliche Arbeitsweise von Billy Beane, war nicht nur ein erfolgreiches, sondern auch ein vielbesprochenes Buch. Ende 2004 erschien eine Rezension des Titels an einem ungewöhnlichen Ort. Im *European Sport Management Quarterly*, einer Fachzeitschrift für Sportmanagement, stellte deren damaliger Herausgeber das Buch mit enthusiastischen Worten vor. Bill Gerrard, Professor für Sportmanagement und Finanzen an der Business School der Universität Leeds, referierte zunächst Beanes Ideen zur statistischen Analyse von Baseballspielen und bekannte schließlich: »Es dürfte wohl inzwischen klar sein, der Rezensent ist auch ein Gläubiger.«

Ich setzte mich im Frühjahr 2009 mit ihm in Verbindung und stieß auf einen am Interesse an seiner Arbeit erfreuten Wissenschaftler, merkte zugleich aber auch, dass es eine Notwendigkeit zur Geheimhaltung gab, deren Hintergrund sich erst nach und nach erklärte. Gerrard operiert in einem teilweise vertraulichen Bereich, deshalb hatte er auch die Öffentlichkeit jenseits der wissenschaftlichen Gemeinschaft nicht gesucht. Abgesehen von einem holländischen Reporter war ich der einzige Journalist, dem er Auskunft gegeben hatte.

Gerrard war nicht nur fasziniert von »Moneyball«,

sondern überzeugt davon, dass man die dort beschriebenen Ideen auf Fußball anwenden könnte. Er selbst hatte in einer Amateurmannschaft gespielt und sich ab 1995, als er in Leeds zu arbeiten begann, auf die Ökonomie und Finanzen im Profisport konzentriert. Gerrard beschäftigte sich mit der Bemessung von Transfersummen und wurde Mitglied einer Task Force der UEFA zu Fragen der Lizenzierung von Klubs und Gehaltsobergrenzen.

Eine der Fragen, mit denen Gerrard sich systematisch beschäftigte, hieß: Wie bemisst man die Qualität eines Spielers? Er gab darauf 2001 erstmals eine Antwort, indem er ein mathematisches Modell ausschließlich auf Basis der Karrieredaten eines Spielers entwickelte. Der sogenannte Player Quality Index (PQI) setzte sich aus dem Alter des Spielers, seiner Erfahrung und Leistungen in vorangegangenen Jahren etc. zusammen. Die dazugehörige Gleichung sah einschüchternd aus:

$$P_{i,t-1} = \text{Konstante} + 0{,}488 \text{ALTER}_{i,t-1} - 0{,}0111 \text{ALTER}^2_{i,t-1} + 0{,}00303 \text{ERFAHRUNG}_{i,t-1} - 0{,}000000434 \text{ERFAHRUNG}^2_{i,t-1} + 0{,}994 \text{EINSÄTZE}_{i,t-1} + 1{,}122 \text{TOR1}_{i,t-1} + 0{,}476 \text{TOR2}_{i,t-1} + 0{,}466 \text{U21}_{i,t-1} + 0{,}38 \text{LÄNDERSPIEL}_{i,t-1} - 0{,}424 \text{LIGA2}_{i,t-1} - 0{,}910 \text{LIGA3}_{i,t-1} - 1{,}212 \text{LIGA4}_{i,t-1}$$

Wer sich aber nicht gleich erschrecken lässt, wird relativ schnell erkennen, dass man mit dieser Rechnung auch als Nichtmathematiker etwas anfangen kann. »P« steht für das zu ermittelnde fußballerische Potenzial bzw. die Qualität eines Spielers, für den die Konstante »i« steht. Der Zeitrahmen ist mit »t-1« angegeben, das ist hier die vorangegangene Saison. Das Alter ist in Jahren angegeben und wird mit dem von Gerrard vorgegebenen Wert 0,488 multipliziert, das Alter in Potenz relativiert ihn. Ähnlich wird es mit der Erfahrung gemacht, wo die erste Variable die Zahl der Erstligaspiele angibt, die zweite ihre Zahl in Potenz. Die erste Zahl der Tore bezieht sich auf die Treffer der Gesamtkarriere, die zweite Zahl auf die Tore in der vorangegangenen Saison. Einsätze in der U21-Nationalmannschaft fließen genauso ein wie A-Länderspiele, Abzüge gibt es für Jahre in den unteren Klassen, die umso größer sind, je tiefer die Liga ist.

Auf diese Weise war jeder Spieler der Liga zu bewerten, die Top Ten in der Saison 1998/1999 aus der englischen Premier League sah so aus:

1. Andy Cole	Manchester United	461,89
2. Chris Sutton	Blackburn Rovers	455,26
3. Emile Heskey	Leicester City	433,52
4. Tore André Flo	Chelsea	418,04
5. Nathan Blake	Blackburn Rovers	394,48
6. Robbie Fowler	FC Liverpool	389,01
7. John Hartson	West Ham/Wimbledon	387,92
8. Michael Owen	FC Liverpool	384,99
9. J. F. Hasselbaink	Leeds United	377,12
10. Julian Joachim	Aston Villa	365,55

Wer sich für englischen Fußball interessiert, wird angesichts dieser Liste gleich festgestellt haben, dass die zehn am besten bewerteten Spieler ausnahmslos Stürmer sind. Kein Wunder, geht doch die Zahl der erzielten Tore zu einem beachtlichen Teil in das Ergebnis ein.

Gerrard blieb bei seinen Berechnungen nicht bei den Spielern stehen, sondern ermittelte aus dem Player Quality Index auch einen Team Quality Index (TQI) für jede Mannschaft der Premier League. Er addierte dazu die Werte der einzelnen Spieler und orientierte sie am Mittelwert 100. Diesen Wert stellte er den Personalkosten gegenüber und kam für die fünf Topteams der Saison 1998/1999 zu folgendem Ergebnis:

	Punkte	Gesamt TQI	Spieleretat (in Mio. £)
1. Manchester United	79	139,68	36,97
2. FC Arsenal	78	85,39	26,48
3. FC Chelsea	75	104,47	30,18
4. Leeds United	67	94,23	18,55
5. West Ham United	57	87,59	17,66

Der FC Arsenal, wo Arsène Wenger damals in der dritten Saison Trainer war, wurde Tabellenzweiter der Saison mit einem Team Quality Index, der deutlich unter dem Mittelwert der Liga lag. Das erklärt sich dadurch, dass Wenger im Durchschnitt auf jüngere, weniger erfahrene Spieler setzte. Arsenal überholte mit dem FC Chelsea einen Klub mit deutlich höherem Spieleretat. Offensichtlich also schaffte Wengers Team eine Mannschaftsleistung, die größer als die Summe ihrer Teile war.

Gerrard verstand diese Berechnungen nur als ersten Schritt zu einer systematischeren Betrachtung des Zusammenhangs zwischen der Qualität der Spielerleistung, den Ausgaben für die Mannschaften und sportlichem Erfolg. Ihn beschäftigte vor allem die Frage, wie man die Leistungen der Spieler auf dem Platz stärker in solche Berechnungen einfließen lassen konnte. Der oben stehende Index war in diesem Zusammenhang noch sehr statisch und ungenau.

Also begann er 2002 weitere Berechnungen mit den Daten anzustellen, die zu jener Zeit von Opta Index publiziert wurden. Wie wir schon gesehen haben, wurden damals in Jahrbüchern ausführliche Daten zu jedem Spieler veröffentlicht. Aus diesen ermittelte Opta auch eine Bewertung der Spielerleistungen. Zur Erstellung des Index hatten der technische Direktor des englischen Fußballverbandes Howard Wilkinson und Alan Curbishley, damals Trainer von Charlton Athletic, und der Schiedsrichter-Obmann Philip Don ein Punktesystem erstellt. Für erfolgreiche Aktionen auf dem Platz gab es Pluspunkte, für schlechte konnten Punkte abgezogen werden. Am Ende eines Spiels wurde der Punktbeste zum »Man Of The Match« erklärt. Die Leistungen in den jeweils letzten sechs Spielen wurden zu einem Wert addiert, der die aktuelle Form des Spielers angab. Außerdem gab es einen Saison-Index für jeden Spieler.

Auf diese Weise konnte eine Mannschaft des Jahres der Punktbesten auf der jeweiligen Position erstellt werden. In der Saison 2001/2002, die wir schon weiter vorn genauer angeschaut haben, waren das folgende Spieler:

David James
West Ham United
991 Punkte

Jamie Carragher	Sami Hyppiä	Rio Ferdinand	Jon Arne Riise
FC Liverpool	FC Liverpool	Leeds United	FC Liverpool
835	1056	924	903

David Beckham	Roy Keane	Paul Scholes	Robert Pires
Manchester United	Manchester United	Manchester United	Arsenal
1177	1211	1093	1229

Thierry Henry   Ole Gunnar Solksjaer
Arsenal   Manchester United
1262   1118

Es ist verblüffend, dass vom Meister Arsenal mit Thierry Henry und Robert Pires nur zwei Spieler in der Mannschaft des Jahres stehen, aber vier vom Tabellendritten

Manchester United. Und da fehlt sogar noch der Holländer Ruud van Nistelrooy, der von den Profis in England zum »Spieler des Jahres« gewählt wurde. Doch sein norwegischer Mannschaftskamerad Solksjaer kam im System von Opta auf mehr Punkte, vermutlich weil er eifriger flankte und mehr erfolgreiche Pässe als der Holländer spielte.

In Deutschland wurde ein ähnlicher Index bekannt, der während der Europameisterschaft 2008 zur Werbeplattform des Motorölherstellers Castrol wurde. Er begleitet auch die Qualifikation zur Weltmeisterschaft 2010 und das Turnier in Südafrika selbst. Der Castrol Index ist eine Modifizierung des Opta Index, es wird dabei auch in Rechnung gestellt, wo auf dem Platz eine Aktion stattfindet. Das Spielfeld ist in verschiedene Zonen eingeteilt, wenn ein Pass in einer Zone nahe dem gegnerischen Tor ankommt, gibt es dafür eine höhere Bewertung als für einen Pass in der eigenen Hälfte. Umgekehrt gilt, dass Fehlpässe oder verlorene Zweikämpfe stärker mit Punktabzug belegt werden, wenn sie nahe dem eigenen Tor passieren. Einen weiteren Index bietet in Deutschland auch das Unternehmen Impire an, das aus seinen statistischen Erhebungen eine Art Schulnote errechnet, die in der Zeitschrift *Sport Bild* publiziert wird.

Dies alles sind keine sportfernen Spielereien für Fans und Verrückte, sondern es entspricht dem Bedürfnis von vielen Trainern und Managern, ihr Urteil zu objektivieren. Die Kontrolle des spontanen Eindrucks während eines Spiels anhand der Videoaufzeichnung war ein Schritt dahin. Das Erstellen eines Index ist hilfreich, wenn es um die langfristige Einschätzung von Spielerleistungen geht. Arsène Wenger benutzte aus diesem Grund bereits Ende der achtziger Jahre als Trainer beim AS Monaco ein Computerprogramm namens *Top Score,* das von einem Freund entwickelt worden war. Dabei wurde jede Aktion, die während des Spiels auf dem Platz stattfand, mit Punkten versehen. »Die meisten Spieler, die dabei sehr hohe Werte erreichten, hatten eine erfolgreiche Karriere«, sagte Wenger später. Dazu gehörten der spätere Weltfußballer George Weah und der französische Weltmeister Lilian Thuram. Die Verpflichtung des Italieners Luca Toni beim FC Bayern wurde von Ottmar Hitzfeld auch deshalb befürwortet, weil der Stürmer im Index führend war.

Hans Meyer gibt seit über drei Jahrzehnten, ob er Trainer in Jena, in Holland, bei Hertha BSC, dem 1. FC Nürnberg oder Borussia Mönchengladbach war, seinen Spielern nach jedem Training und nach jedem Spiel eine Note. Sie ist für ihn eine Art von Warnsystem, weil er Spieler bei Notenabfall gezielt ansprechen kann, ob sie gesundheitliche oder private Probleme haben.

Bill Gerrard war die Herangehensweise der von Experten ermittelten Indices jedoch immer noch zu sehr meinungsgeleitet. Indem man festlegt, welche Aktion wichtig ist, gibt man einen seiner Meinung nach zu engen Rahmen vor. Gerrards Interesse war es, der Beantwortung der Frage ein Stück näher zu kommen, welche Aktionen auf dem Platz entscheidend sind. Das Problem, so schrieb er in einem Aufsatz für die Fachzeitschrift *International Journal of Sport Finance,* »ist die hierarchische Natur des Spiels mit hochrangigen Aktionen wie Torschüssen und Paraden, die auf niederrangigen Aktionen beruhen, die notwendig sind, um Torgelegenheiten zu schaffen oder die Gegner daran zu hindern.« Hochrangige Aktionen seien zwar am wichtigsten, um den Spielausgang vorauszusagen. Aber dadurch würde

Spielern, die allein schon durch ihre Position an vielen Torschüssen beteiligt sind, ein viel zu hoher Beitrag am Sieg zugesprochen, vergleicht man sie mit den Spielern, die das durch ihre Aktionen erst möglich gemacht haben. Ein Problem, das uns später noch weiter beschäftigen wird.

Also entwarf Gerrard ein Strukturmodell des Fußballs, um sich von Expertenmeinungen unabhängig zu machen. Dazu unterteilte er das Spiel in zwei separate Teile: Offensive und Defensive. Als Offensive definierte er alle Aktionen, die zum Herausspielen von Torgelegenheiten führen. Die Defensive bemisst sich an der Zahl der Torgelegenheiten, die man beim Gegner zugelassen hat. Die Rate der davon verwandelten Chancen führt zu den Gegentoren.

Dann legte Gerrard fünf Kategorien fest, deren Werte er berechnen wollte. Der Kategorie »Allgemeines Spiel« liegt ein sogenanntes multivariates Modell zugrunde. Gerrard rechnete dort alle Werte aus dem Opta Jahrbuch wie Passspiel, Dribbling oder Flanken ein – außer den Torschüssen und dem Torwartspiel. Beim »Torabschluss« ging es um das Verhältnis von eigenen Torschüssen und erzielten Toren. Beim »Torwartspiel« um das Verhältnis von gegnerischen Torschüssen und Gegentreffern. Die Werte der jeweiligen Teams stellte er in den Zusammenhang mit dem Ligadurchschnitt, um die positiven oder negativen Abweichungen bestimmen zu können. Aus den Werten von Torabschluss und Torwartspiel entwickelte er jeweils ein statistisches Modell, wie viele Tore die Mannschaft hätte erzielen müssen bzw. wie viele Gegentore sie hätte kassieren können. Diese Voraussage wiederum verglich er mit der wirklichen Zahl von Toren und Gegentoren. Auf diese Weise konnte er eine Aussage darüber treffen, ob die kollektive Mannschaftsleistung besser war als jene, die sich aus den individuellen Qualitäten ergab, oder ob sie schlechter war. Für die Saison 2001/2002 sah das so aus:

	Benchmark Abweichung	Allg. Spiel	Torabschluss	Torwart	Off.	Defen.	Ergebnis
1. FC Arsenal	35,113	12,855	9,379	-5,818	3,438	3,837	11,422
2. FC Liverpool	28,113	7,284	10,193	5,611	1,267	0,019	3,739
3. Manchester United	25,113	22,552	10,900	-2,029	1,110	-6,414	-1,007
4. Newcastle United	19,113	10,491	9,743	-2,182	-0,359	-2,620	4,040
5. Leeds United	14,113	7,502	-0,476	3,013	-0,603	1,723	2,953

Der Wert in der ersten Spalte ist die Abweichung vom durchschnittlichen Punktgewinn in der Premier League 2001/2002. Dieser Wert lag bei 51,887 Punkten, Arsenal holte 87 Punkte, lag also 35,113 Punkte darüber.

In der Kategorie »Allgemeines Spiel« liegt Manchester United eindeutig vorn. Es bestätigt sich also auch in den Berechnungen von Gerrard, was wir in der Mannschaft des Jahres von Opta gesehen hatten. Das Team von Alex Ferguson verfügte eindeutig und mit deutlichem Vorsprung über die besten Einzelspieler. Das zeigte sich auch bei der Effektivität vor dem gegnerischen Tor. Beim Torwartspiel liegt Arsenal nicht nur von den Teams in der Spitzengruppe am schlechtesten, sondern nimmt in der Liga insgesamt den letzten Platz ein. Stammkeeper David Seaman war damals fast die Hälfte der Saison verletzt, und seine Ersatzmänner kamen auf sehr schlechte Werte.

Interessant wird es, wenn man die drei Werte Allgemeines Spiel, Torabschluss und Torwartspiel, die Auskunft über die individuelle Qualität der Spieler geben, mit den drei folgenden Werten vergleicht, die Mannschaftsleistungen bemessen. Hier liegt Arsenal deutlich vorn, während sich vor allem im Defensivspiel von Manchester United dramatische Probleme offenbaren.

Man sieht hier, dass Arsenal bei der Mannschaftseffektivität der Konkurrenz weit überlegen ist, während bei der Spielereffektivität Manchester United vorn liegt. Gerrard verglich in dieser Frage die beiden dominierenden Teams der Jahre 1998 bis 2002 miteinander, und es ergab sich folgendes Bild:

Arsenal			
Saison	Tabellenplatz	Spielereffektivität	Mannschaftseffektivität
1998/1999	2	20,995	5,117
1999/2000	2	2,193	18,919
2000/2001	2	8,267	9,846
2001/2002	1	16,415	18,697
Durchschnitt		11,968	13,145
Manchester United			
Saison	Tabellenplatz	Spielereffektivität	Mannschaftseffektivität
1998/1999	1	27,376	-0,263
1999/2000	1	32,995	6,117
2000/2001	1	27,191	0,921
2001/2002	3	31,424	-6,311
Durchschnitt		29,747	0,116

Bei der Spielereffektivität war Manchester mit einem Wert von 29,747 dem Rivalen aus London dramatisch überlegen, der nur auf 11,968 kam. Bei der Mannschaftseffektivität war es umgekehrt, dort lag Wengers Team mit 13,145 klar vor dem von Ferguson, das nur auf 0,116 kam. Um es auf eine einfache Formel zu bringen: Ferguson hatte aufgrund der größten wirtschaftlichen Möglichkeiten die besseren Spieler, Wenger hatte nicht ganz so gute Spieler, aber die bessere Strategie und Taktik.

Nun könnte man an dieser Stelle einwenden, dass es zu dieser Einschätzung nicht unbedingt einer aufwendigen statistischen Berechnung bedurft hätte. Man kann das Argument aber auch umdrehen und sagen, dass es ziemlich spektakulär ist, welche subtilen Unterschiede – wie der zwischen der Qualität von Spielern und der von Mannschaften – durch die Berechnung von Spielerdaten ermittelt werden können. Dass man auf diese Weise nachweisen kann, wie unterschiedlich ausgerichtet zwei englische Spitzenklubs waren und teilweise auch heute noch sind.

Manchester United und der FC Arsenal besetzen im Fußball ungefähr die Positionen wie im Baseball die New York Yankees und die Oakland A's. Manchester United betreibt aufgrund der überlegenen Wirtschaftskraft eine Vereinspolitik der starken Ressourcen, dagegen setzt der im Vergleich dazu etwas nachhängende Klub aus London auf eine wissensbasierte Strategie. Nur dass diese im Fall der Oakland A's publik gemacht wurde, wir aber über die besonderen Strategien beim FC Arsenal nur wenig Genaues wissen.

Dass Datenanalyse oder Wahrscheinlichkeitsrechnung dabei eine Rolle spielen könnten, ist sehr wahrscheinlich, nicht nur weil Wenger sich selbst als Datenjunkie bezeichnet hat und bereits früh einen eigenen Spielerindex benutzte. Dass er schon lange ein Mann der Zahlen ist, weiß auch sein Biograf Xavier Rivoire zu berichten. Als junger Spieler löste Wenger während einer Zugfahrt ein mathematisch-statistisches Problem, an dem sein damaliger Trainer gescheitert war – ein Mathematiklehrer am Gymnasium.

Gerrard verfeinerte seine Berechnungen weiter, indem er tiefer in das Spiel selbst eindrang. Er nahm Kontakt zur Firma ProZone auf, das Unternehmen ist ebenfalls in Leeds zu Hause, und erhielt unter Zusage der Verschwiegenheit den Zugang zu Spieldaten. Verständlicherweise hat das Unternehmen kein Interesse daran, aufwendig ermittelte Daten, für die Klubs viel Geld bezahlen, auf anderem Wege in die Öffentlichkeit geraten zu lassen. Deshalb konnte Gerrard seine Berechnungen nur privat anstellen, nicht einmal im akademischen Kontext darf er die Ergebnisse publizieren.

Er bekam außerdem Kontakt zu zwei Klubs in der Premier League, einem Spitzenverein und einem aus dem Mittelfeld der Tabelle, deren Identität er verschweigen möchte. Einer der beiden Klubs bat darum, die Unterschiede zwischen den Heim- und Auswärtsleistungen über zwei Spielzeiten zu analysieren. »In meiner Analyse ging es darum, die Perspektive auf ihre Leistungen zu verändern und ihnen zu zeigen, dass der Abfall vor allem mit schlechteren Leistungen gegen schwächere Teams zu tun hatte.« Der zweite Klub wollte sein eigenes Spielerbewertungssystem auffrischen, und Gerrard erklärte ihnen sein eigenes STAR-System, das er inzwischen entwickelt hatte. Der Klub stimmte zwar generell zu, doch stellte sich dann heraus, dass die zur Verfügung stehenden Daten nicht genau genug waren, um die entsprechenden Berechnungen zu machen.

Allerdings offenbarte sich bei der Zusammenarbeit ein Konflikt, wie es ihn im Fußball schon oft gegeben hat. In beiden Fällen bekam Gerrard keinen direkten

Zugang zum Trainer, sondern verhandelte mit den Abteilungen zur Spielanalyse, die dem Ökonomen aber tendenziell skeptisch begegneten. Seine Ergebnisse wurden dem Trainerteam von den Mitarbeitern des Analysedepartments vorgestellt. Alle Abläufe waren zäh, die Atmosphäre misstrauisch. »Einige der Analysten haben mich eher als Bedrohung gesehen denn als Partner«, sagt Gerrard. Im Grunde reagierten die Analysten so, wie es ihnen teilweise selber ergangen war, als sie im Profifußball auftauchten. Denn Experten wie sie wurden von den alten Assistenztrainern anfangs auch nur als missliebige Konkurrenz gesehen.

In einem Fall brach nach einer Woche Zusammenarbeit das Eis zwischen Gerrard und dem Analysten. Da Gerrard selber als Trainer gearbeitet hat und weiß, dass Fußball nicht nur aus Zahlen und mathematischen Modellen besteht, wurde die Zusammenarbeit schließlich besser. Doch nachhaltig wurde sie erst mit einem Geistesverwandten.

Fußball, das haben wir inzwischen gesehen, ist längst ein Spiel der Zahlen geworden, nur hat sie nicht jeder. In den USA konnte ein verrückter Fan wie Bill James nur deshalb so einflussreich werden, weil die Daten frei verfügbar sind. Man kann sie sich bis heute aus Zeitungen, Zeitschriften und dem Internet problemlos zusammensuchen. Das ist im Fußball nicht der Fall. Es gibt keinen Bundesligisten, der solche kompletten Datensätze zu jedem seiner 34 Punktspiele hat, wie wir sie am Beispiel Frankreich gegen Argentinien kennengelernt haben, weil diese Daten nur in einigen Stadien ermittelt werden.

Auch die anderen Zahlen stehen nicht jedermann zur Verfügung. Die Firma Opta stellte 2002 die Publikation ihrer Daten aus der Premier League ein, als der Namenssponsor Barclays an einem Jahrbuch das Interesse verlor. So haben zwar die Klubs in England oder auch in Deutschland die Informationen, aber mathematisch begabte Fans können keine eigenen Berechnungen anstellen. Auch wer ein wissenschaftliches Interesse hat, wird nur mit viel Glück einen Zugang zu diesen Informationen bekommen, sodass es bislang kaum Forschungen zu diesem Thema gibt. Es müsste schon einen Klub oder einen Verband geben, der davon überzeugt ist, dass man sich auf diesem Feld einen Vorsprung verschaffen kann, um das richtig in Schwung zu bringen.

Für Bill Gerrard nahmen die Dinge 2007 eine überraschende Wendung. Ein Professor der Stanford University in Kalifornien kannte sowohl ihn als auch den fußballinfizierten Billy Beane und brachte die beiden zusammen. Im Mai des Jahres trafen die beiden in Oakland erstmals zusammen und freundeten sich an. Beane war von Gerrards Arbeit genauso begeistert wie dieser von dessen Ansätzen, und 2008 ergab sich eine Möglichkeit, sie in der Praxis auszuprobieren. Nachdem Beane bei den San José Earthquakes eingestiegen war, bekam er auch Zugriff auf die von ProZone erhobenen Leistungsdaten der Spiele in der nordamerikanischen Major League Soccer.

Für Gerrard liegt der Schwerpunkt auf der Arbeit mit den taktischen Daten, also der Erhebung von Pässen, Flanken oder Zweikämpfen. »Die Fitnessdaten werden bereits ziemlich ausführlich benutzt, weil es bei vielen Klubs Sportwissenschaftler gibt, die viel Erfahrung mit der Analyse solcher Werte haben. Dagegen ist der Widerstand gegenüber der statistischen Analyse von taktischen Daten noch ziemlich groß«, sagt er. Aber kann man denn überhaupt einzelne Faktoren analysieren, die für den Ausgang eines Spiels entscheidend sind? »Ich glaube, dass es im Fußball keinen Heiligen Gral gibt, wie es das *On Base Percentage* im Baseball war. Ich glaube aber fest daran, dass Mannschaften ihren eigenen Satz von Key-Performance-Indikatoren (KPI) entwickeln müssen, je nachdem, welchen Stil sie spielen. Eine Mannschaft, die vornehmlich mit langen Bällen spielt, wird auf andere Schlüsseldaten setzen als eine, die Kombinationsfußball spielt.«

Genauer äußert sich Gerrard dazu nicht. Aber Beane hat erfahren müssen, dass seine Offenheit dem Journalisten Michael Lewis gegenüber letztlich die Halbwertzeit des wissensbasierten Vorteils bei den Oakland A's verkürzt hat. Noch, so behauptet Gerrard, hätten seine Forschungen auf die Entscheidungen bei den San José Earthquakes keinen Einfluss gehabt. In ihrem ersten Jahr in der MLS war die Mannschaft nur Letzter der Western Division geworden, aber hatte immerhin punktgleich mit Los Angeles Galaxy von David Beckham abgeschlossen.

Im Schatten der Zahlen

Die Idee, dass sich in den neuen Datenmengen des Fußballs Antworten auf die alten Fragen finden lassen, wie man gewinnt und welche Spieler dabei am besten helfen, wird in den kommenden Jahren eine Subkultur der Zahlendeuter entstehen lassen. Mathematiker, Statistiker und Informatiker werden vor allem versuchen, die Leistungen von Spielern präziser zu bemessen, um systematischer nach passenden Akteuren suchen zu können. Aber sie werden dabei auch die Erfahrung machen, dass es einen Schatten der Zahlen gibt, der sich nur schwer erhellen lässt. Man könnte ihn den Battier-Schatten nennen.

Shane Battier ist ein amerikanischer Basketballprofi, dessen Name selbst in den USA vielen Fans der NBA nicht besonders geläufig ist. Er kam 2001 als Spieler der Duke University, wo er als bester College-Basketballspieler der USA ausgezeichnet worden war, in die NBA. Dort nahmen ihn zunächst die Memphis Grizzlies unter Vertrag, fünf Jahre später wechselte er zu den Houston Rockets.

Die Wahrnehmung von Battier, falls er überhaupt jemandem auffiel, war die eines Rädchens im großen Getriebe des amerikanischen Profibasketballs. Es gibt keine Statistik, in der seine Werte überdurchschnittlich wären, und sogar einige, in denen seine Bilanz eher traurig ausfällt. Er macht nicht viele Punkte, gewinnt nicht viele Rebounds, blockt nicht viele Würfe, stiehlt nicht viele Bälle oder gibt viele Assists. Dennoch ist inzwischen in Houston jedem klar, dass die Rockets mit ihm auf dem Platz mehr Spiele gewinnen als ohne ihn – denn zumindest das ist statistisch zu beweisen. Battier ist also ein wertvoller Spieler, manchmal vielleicht sogar der wertvollste, aber niemand weiß, wie man das belegen soll.

Leslie Alexander, der Besitzer der Houston Rockets, hatte den Klub 1993 gekauft. Als Investor an der Wall Street war er daran gewöhnt, dass Entscheidungen über Investitionen aufgrund von Chartanalysen und anderen statistischen Untersuchungen getroffen wurden. Deshalb engagierte er 2006 für die Rockets den damals 33-jährigen Daryl Morey. Der hatte eine Managementausbildung hinter sich und nach deren Ende für die Boston Celtics gearbeitet, einen der großen Traditionsklubs der NBA. Dort hatte Morey sich nicht nur mit der Preisgestaltung für Eintrittskarten beschäftigt, sondern half auch dabei, die richtigen Mitarbeiter für die Evaluierung der Spieler zu finden. In Houston durfte er diese

Ideen selbst umsetzen und machte sich auf die Suche nach den unterbewerteten und unterbezahlten Spielern. Ganz weit oben auf dieser Liste stand bald Shane Battier, damals noch bei den Memphis Grizzlies. Das war erstaunlich, denn selbst Morey gibt zu: »Er kann nicht dribbeln, ist langsam und verfügt über keine besonders große Körperbeherrschung.« Dennoch hat er eine unsichtbare Stärke, die dazu führt, dass seine Mitspieler mit ihm besser spielen als ohne ihn und dass er die gegnerische Mannschaft deutlich schwächt. »Ich nenne ihn Lego, weil mit ihm auf dem Platz alle Teile plötzlich zusammenpassen.«

Die Geschichte des Schattenmanns Shane Battier hat für das Magazin der *New York Times* der Journalist Michael Lewis aufgeschrieben, der schon die Revolution von Billy Beane und Bill James im Baseball publik gemacht hat. In seiner Reportage heißt es: »Die längste Zeit in der Geschichte des Basketballs wurde nicht so sehr das gemessen, was wichtig war, sondern das, was man messen konnte – Punkte, Rebounds, Assists, Steals, geblockte Würfe –, und diese Messungen haben die Wahrnehmungen des Spiels geprägt. Wie viele Punkte ein Spieler gemacht hat, gibt noch keine wahre Auskunft darüber, wie sehr er seinem Team wirklich geholfen hat.«

Fußball ist eine Sportart, in der es noch relativ neu ist, auf Zahlen zu schauen. Doch schon die älteste aller Spielerstatistiken, die Torjägerliste, zeigt, dass sie nicht einfach erzählt, wie gut ein Spieler ist. Denn es kann durchaus einen Widerspruch zwischen dem Erfolg des Einzelnen und dem der Mannschaft geben. So offenbarte sich in der Saison 2008/2009, dass Miroslav Klose beim FC Bayern statistisch gesehen darunter litt, an der Seite von Luca Toni zu spielen. Anfang der Rückrunde, kurz bevor sich Klose schwer verletzte, stellte sich heraus: Stand er zusammen mit Toni auf dem Platz, traf er nur alle 532 Minuten. Spielte er ohne ihn, traf Klose alle 72 Minuten. Der Italiener Toni ist ein klassischer Goalgetter, dessen Beitrag zum Spiel im Wesentlichen im Verwandeln von Torchancen besteht. Ansonsten ist er weder im Defensivspiel noch als Teil von offensiven Kombinationen ein wesentlicher Faktor. Er hat auch einen klaren Umgang mit Torchancen. Ergibt sich eine, versucht er sie zu nutzen.

Klose hingegen schaut immer, ob vielleicht noch jemand eine bessere Einschusschance hat als er selbst. In der vorangegangenen Saison hatte er fünf Tore von Toni vorbereitet, umgekehrt hatte Klose von ihm nur eine Torvorlage bekommen. »Für mich ist eine gute Vorlage genauso wichtig und wertvoll wie der Schütze des Tores«, sagte Klose.

Ein anderes Beispiel für die Disbalancen zwischen individueller Leistung und Mannschaftserfolg gab es in der Saison 2006/2007 beim FC Arsenal. Niemand hätte bestritten, dass der Franzose Thierry Henry in seiner letzten Spielzeit in London immer noch einer der herausragenden Spieler war. Doch zugleich litten seine jungen Mitspieler unter ihm. Sie fühlten sich unter Druck, Henry in jeder Situation anspielen zu müssen, und hatten Angst davor, von ihm für Fehlpässe noch auf dem Platz harsch angegangen zu werden. Henry machte dadurch seine Mannschaft schlechter, Spieler wie Fàbregas oder Aliaksandr Hleb blühten erst richtig auf, als er zum FC Barcelona wechselte.

Andererseits können Spielerstatistiken auch die Probleme einer Mannschaft offenbaren. So kam Michael Rensing, der Torhüter des FC Bayern München, in seiner ersten Saison als Keeper in der Champions League auf einen sehr guten Wert: In den Gruppenspielen der

Saison 2008/2009 parierte er insgesamt 32 Schüsse, acht mehr als der Zweitplatzierte. Man kann diese Statistik als Argument für den Torhüter lesen, der von Jürgen Klinsmann kurz vor seinem Rauswurf in München noch auf die Bank gesetzt wurde. Aber wenn man genauer auf die Statistik schaut, ahnt man, dass sich hier ganz grundsätzliche Probleme des FC Bayern offenbarten. Es folgten nämlich die Torhüter des weißrussischen Meisters BATE Borisov, von Steaua Bukarest und aus Aalborg, also von Mannschaften, die in den Gruppenspielen chancenlos waren. Offensichtlich sagte die Statistik also vor allem, dass die Abwehr vor Rensing zu viele Torschüsse zugelassen hatte. Genau das, was bei der 0:4-Niederlage im Viertelfinalspiel in Barcelona so augenfällig wurde.

Es gibt besonders dann ein Problem der Fußballdaten, wenn Spieler dadurch glänzen, dass sie etwas nicht tun. Paolo Maldini ist einer der ganz großen Verteidiger in der Geschichte des Fußballs gewesen, und ein Teil seiner Verteidigungskunst bestand darin, Zweikämpfe gar nicht erst führen zu müssen. Kaum einmal war er zu einem Tackling genötigt, wo viele Durchschnittsverteidiger sich mit viel Herz und Schwung ins Gefecht stürzen müssen. Doch wie misst man so etwas wie gutes Stellungsspiel?

Eine Antwort darauf ist: andere Statistiken. Also gibt es nun die des vorletzten Passes. Man verfolgt die Entstehung eines Tores noch einen Mitspieler weiter zurück: vom Torschützen zum Vorlagengeber zu dem, der die Vorlage zur Vorlage gegeben hat. Oder man schaut auf die Bilanz der abgefangenen Zuspiele, die eine Kategorie des sonst Unauffälligen ist. Um den gegnerischen Pass zu erahnen, braucht es ein Auge fürs Spiel und nicht krachende Energie. Deshalb führte sie in der

Saison 2008/2009 unter den defensiven Mittelfeldspielern der Bundesliga auch ein 36 Jahre alter Tscheche an, der die Karriere in seiner Heimat schon auszutrudeln begonnen hatte. Trotzdem war der Gladbacher Tomás Galásek als Passunterbrecher besser als der hinter ihm platzierte Brasilianer Luis Gustavo aus Hoffenheim und der Leverkusener Simon Rolfes. Der besetzte damals im Mittelfeld der Nationalmannschaft immer häufiger die Position des Bremers Torsten Frings, der in jener Saison Drittschlechtester in dieser Kategorie war.

Doch Fußball ist so komplex, und schon die Bewertung einzelner Situationen ist umstritten. Ein Tackling kann schließlich Folge schlechten Stellungsspiels sein oder Ausdruck einer fantastischen Defensivleistung. Im Grunde muss man vorher ein Skript des Idealspiels erstellen, wie es das »Team Köln« an der Deutschen Sporthochschule erarbeitet hat. Kein Wunder, dass Trainer, Manager oder Scouts ewig Details aneinanderreihen können, wenn es um die Bewertung von Spielern geht. Ein schönes Beispiel dafür zeigte sich in einem Interview der englischen Sonntagszeitung *Observer* mit Bobby Charlton, der in England einen ähnlichen Status hat wie Franz Beckenbauer bei uns. Wie dieser mit dem FC Bayern, so ist Charlton mit Manchester United verbunden, wo man sich schon seit vielen Jahren dem Studium aller Nuancen im Spiel der Spitzenspieler des eigenen Teams hingibt.

Das Interview wurde bald zum Monolog des Weltmeisters von 1966 über den Bulgaren Dimitar Berbatow, der früher in der Bundesliga in Leverkusen gespielt hatte. »Ich lerne Berbatow immer besser kennen. Als er noch bei Tottenham gespielt hat, habe ich gedacht, dass er sein Schicksal selbst in der Hand hält und die richtigen Entscheidungen fällt. Aber bei Manchester United geht es anspruchsvoller zu. Da erwartet man nicht nur, dass ein Spieler all die großartigen Dinge macht, die er gut beherrscht, sondern auch seinen Anteil Drecksarbeit erledigt. Berbatow ist einmalig, aber zunächst war ich ihm gegenüber sehr kritisch. Ich habe gedacht: Schau dir das an. Sobald er den Ball verloren hat, hört er zu laufen auf und geht nur noch, als wollte er damit signalisieren, jemand anders soll das machen. Aber allmählich habe ich seine Klasse am Ball verstanden, seine Aufmerksamkeit und physische Stärke, sich die Leute vom Hals zu halten. Und wenn er einen Pass spielt, serviert er ihn dir immer einfach und perfekt. Alles ist so präzise und manchmal auch frustrierend. Wenn ich einen Ball verloren hatte, wollte ich instinktiv nachsetzen und den Fehler ausbügeln. Aber vielleicht muss man Berbatow so wie George Best akzeptieren, wie er ist. Er hat das Potenzial, ein ganz großer Spieler zu werden, denn er verfügt über eine Ballannahme und Wachheit, die fantastisch sind. Er versucht die unmöglichen Bälle und denkt für dich, du musst nicht selber denken. Es hätte mir Spaß gemacht, mit ihm zu spielen, aber ich hätte mich auch mit ihm gestritten. Sogar ziemlich viel.«

Man kann das für die interessante Reflexion eines großen Experten halten, oder für unbelegtes Schwadronieren. Doch noch gibt es keinen Datensatz, der Einschätzungen wie die von Bobby Charlton gegenstandslos machen würde. Die Expeditionskorps sind noch klein, die Schneisen durch den Datendschungel schlagen. Und wer weiß, zu welchen Ergebnissen Prof. Gerrard aus Leeds gemeinsam mit Billy Beane aus Oakland kommt.

Einige professionelle Datenanalysten sind der Ansicht, dass Fußball zu komplex ist, um aus den Spielerdaten aussagekräftige Schlüsse über die Qualität eines

Spielers ziehen zu können.«Wahrscheinlich müsste man dazu Hunderte von Mathematikern über viele Jahre daran rechnen lassen«, sagt der Profiwetter Jim Towers.

Er hat über diese Frage mehr als nur flüchtig nachgedacht, denn mit den Profiten seines Wettimperiums würde er gerne einen Verein kaufen, am besten seinen Lieblingsklub. Dann würde er seine Computer Berechnungen anstellen lassen, die dann aber nicht dazu da wären, schlauer als die Buchmacher zu sein, sondern schlauer als die anderen Klubs, wenn es um die Jagd nach Spielern geht.

In seinem Kopf gibt es das Modell dazu schon, und es würde nicht den Weg über die Leistungsdaten gehen. Towers würde seine Überlegungen da weiterführen, wo er auch bei der Berechnung seiner Wetten angesetzt hat. Er würde also schauen, in welchem Spiel eine Mannschaft wie gut ausgesehen hat, und dazu würde er nicht auf das Ergebnis blicken, auf Ballbesitzzeiten, gewonnene Zweikämpfe oder die Zahl der Flanken. Er würde sich erneut vor allem darauf konzentrieren, wie viele Großchancen oder Halbgelegenheiten ein Team herausgespielt hat. Und dann würde er schauen, welche Spieler auf dem Platz gestanden haben.

Zu Beginn seines Studiums hat Towers für kurze Zeit mal gerudert und kennt daher die Probleme, die mit der Besetzung von Booten verbunden sind. Man könnte glauben, dass man einfach nur die acht stärksten Männer in ein Boot setzen müsste, um den besten Achter zusammenzubekommen. Schließlich kann man ihre Kraft leicht messen und schauen, auf welcher Seite ein Rechts- oder Linkshänder besser aufgehoben wäre. Doch in Wirklichkeit ist es ein geheimnisvoller Prozess, die Mannschaft eines Achters richtig auszuwählen. Im Fußball ist es ungleich schwerer.

Deshalb glaubt Towers, dass man herausfinden muss, wer auf dem Platz steht, wenn gegen schwache oder starke Gegner viele oder nur wenige Torchancen herausgespielt bzw. zugelassen werden. Im Grunde beschreibt er das Verfahren, das Daryl Morey angewandt haben dürfte, als er herausfand, das Shane Battier ein toller Spieler ohne besonders gute individuelle Statistiken ist. Towers glaubt, dass es für ihn nur ein kleiner Rechenschritt weiter wäre, um seine bisherigen Daten aus dem Wettgeschäft in diese Richtung zu erweitern.

Das wäre dann vielleicht das entscheidende Werkzeug beim Finden der wichtigen Spieler und würde möglicherweise viele Übersehene aus den Untiefen der Halbpositionen im Mittelfeld oder der Defensive ins Rampenlicht befördern. Es würde die Ansicht vieler Trainer bestätigen, die abwinken, wenn sie nach ihren Torjägern, Spielmachern oder Torhütern gefragt werden, und lieber auf stille Arbeiter hinweisen, die angeblich aber alles richtig machen und viel wichtiger sind als die Stars des Teams.

Towers Kniff, bei der Bewertung einer Spielleistung nicht auf die erzielten Tore schauen zu wollen, sondern auf die Verteilung der Torchancen, reduziert auch einen der ganz wichtigen Faktoren im Fußball: den Zufall.

Die Macht des Zufalls

Der älteste Wettbewerb in der Geschichte des Fußballs ist der Pokal des englischen Fußballverbandes, der FA-Cup. Am 16. März 1872 wurde zum ersten Mal ein Endspiel ausgetragen, im Kennington Oval in London siegte der Wanderers FC gegen die Royal Engineers mit 1:0. In England ist der FA-Cup auch heute noch der populärste Wettbewerb, auch wenn die Spitzenteams dort oft ohne ihre besten Spieler antreten. Doch immer wieder neu beziehen die Pokalspiele ihren Reiz daraus, dass unterklassige Teams gegen die Großen des Fußballs unvergessliche Momente schaffen. Es ist der Stoff, aus dem die Fußballträume sind, wenn die Underdogs über sich hinauswachsen, Amateure gegen Millionäre siegen und Unbekannte zu Stars für einen Tag werden. Auch in Deutschland kennt jeder Fußballfan die Stätten der Sensationen: Geislingen oder Eppingen, Weinheim, Trier oder Vestenbergsgreuth. Dort stolperten der Hamburger SV, Borussia Dortmund und der FC Bayern in der Blüte ihrer Kraft gegen Mannschaften, die für einen Tag über sich hinauswuchsen.

Auch in anderen Mannschaftssportarten werden Pokalwettbewerbe ausgetragen, aber im Basketball, Eishockey oder Handball sind sie fast bedeutungslos. Denn anders als im Fußball fehlt die Aussicht auf den Favoritensturz fast vollständig. Es ist weder auf dem Eis noch unter dem Korb wirklich möglich, dass ein Erstligist gegen eine Mannschaft aus der zweiten oder gar dritten Liga verliert. Vielleicht werden die Außenseiter mal kurzzeitig vorn liegen, aber über ein ganzes Spiel wird sich der Klassenunterschied fast immer durchsetzen.

Im Fußball ist das anders, weil so wenig Tore fallen. Während der 90 Minuten kann ein erfolgreicher Angriff des Außenseiters reichen. Vielleicht ist es sogar ein nur zaghafter Vorstoß über die Mittellinie, auf den ein harmloser Schuss folgt, der noch abgefälscht wird oder so verspringt, dass er ins Tor trudelt. Wir alle haben schon Spiele gesehen, bei denen dem Favorit danach trotz massiver Überlegenheit kein Tor gelang. Weil der Torwart sensationell hielt und der Ball an Pfosten oder Latte klatschte, aber einfach nicht ins Tor gehen wollte.

Im Fußball kennen wir den unverdienten Sieg, den überaus glücklichen Sieg, den verschenkten Sieg, wie es ihn im Eishockey, Handball oder Basketball in dieser Form nicht gibt, weil kein Glücksschuss allein entscheiden könnte. Fußball ist das Spiel, in dem der Zufall wichtiger ist als in fast allen anderen Sportarten.

Für den Sportwissenschaftler Martin Lames von der Universität in Augsburg ist die Erforschung des Zufalls beim Fußball ein wissenschaftliches Steckenpferd. 2005 untersuchte er zunächst 638 Tore aus den ersten Ligen in Deutschland, England, Spanien, Italien, Frankreich und den Niederlanden. Bei genau 38,9 Prozent aller Treffer sah er den Zufall mit im Spiel, wobei das klassische Eigentor mit 3,6 Prozent nur eine Nebenrolle spielte. Als Indikatoren für eine ungeplante Torentstehung identifizierte der Forscher sechs Merkmale: abgefälschte Bälle, Tore, bei denen der Torwart noch am Ball war, Abpraller von Latte oder Pfosten und sonstige Abpraller, Tore aus großer Entfernung und mit Beteiligung der Abwehr. Einen besonders großen Anteil von 12,4 Prozent hatten nach seinen Beobachtungen solche Fernschüsse, bei denen die Torhüter durch abgefälschte Bälle, eine verstellte Sicht, überraschendes Aufsetzen oder Flattern nicht angemessen reagieren konnten.

Bei der Auswertung aller Tore, die bei der Weltmeisterschaft 2006 fielen, ermittelte Lames ähnliche Werte: Bei insgesamt 41,8 Prozent der Tore spielte der Zufall mit. Besonders viele Tore resultieren aus Distanzschüssen, was sich nach Ansicht von Lames' Forscherkollegen Alex Rössling vor allem auf die dem WM-Ball nachgesagten Flattereigenschaften zurückführen lässt: »Nur so ist etwa Schweinsteigers berührungsloses Tor zum 1:0 über den Scheitel des portugiesischen Torwarts hinweg zu erklären.«

Allerdings macht es den Eindruck, als ob die Forscher aus Augsburg mit einem sehr weit gesteckten Zufallsbegriff arbeiten würden, denn auch das erste Tor des Turniers, als Philipp Lahm gegen Costa Rica vom linken Flügel nach innen zog und ins obere rechte Eck traf, zählte Lames dazu: »Alle haben gesehen, dass das herrliche Tor vom Pfosten ins Tor prallte, was allein schon recht glücklich war. Aber dass der Ball zum Torschützen ein gegnerischer Fehlpass war, belegt zusätzlich, dass es sich um ein so nicht geplantes und auch nicht planbares Tor handelte.«

Wenn man den Rahmen jedoch so weit zieht, sieht man den Fußball natürlich komplett im eisernen Griff des Zufalls. So kam Lames bei der Auswertung einer inzwischen 2306 Tore umfassenden Datenbank auf einen Anteil von 44,4 Prozent an Toren, bei denen der Zufall eine besondere Rolle spielte.

Dies alles sind auch Gründe dafür, warum im Fußball so viel wie bei keiner anderen Sportart das Schicksal beschworen wird. Sogar vom Fußballgott ist mitunter die Rede, so etwas hat man beim Basketball oder Eishockey noch nicht gehört. Dennoch ist Fußball kein Glücksspiel, und der Faktor Zufall kann kein Grund dafür sein, auf systematische Arbeit und methodisches Vorgehen zu verzichten. Es reduziert schließlich die Gefahr, dass Zufälliges passiert, wenn man den Gegner planvoll vom eigenen Tor fernhält. Dann wird man seltener abgefälschte Sonntagsschüsse beklagen. Und wer andererseits entschlossen angreift, wird eher vom Glück profitieren.

Man kann sogar versuchen, den Zufall zum Verbündeten zu machen, und jedes Wochenende passiert das auf vielen Fußballplätzen. Wenn in den Schlussminuten unbedingt noch ein Tor aufgeholt werden muss, werfen die Teams in Rückstand möglichst viele Spieler in den gegnerischen Strafraum und versuchen, den Ball hineinzudreschen. Dann wird dem Zufall eine Chance gegeben, auf dass der Ball irgendwie doch noch dem richtigen Spieler vor die Füße prallt und der das Tor schießt.

Kapitel 10
Detail und Chaos

Das Genie des Otto Rehhagel

Ich war aus niederen Beweggründen nach Salzburg gereist: Ich wollte Otto Rehhagel untergehen sehen. Ich wollte, dass er mit Griechenland gegen Schweden gleich im ersten Spiel der Europameisterschaft 2008 verlor. Ich wollte damit die Fußballgeschichte korrigiert sehen und den Irrtum, dass Griechenland die vorangegangene Europameisterschaft gewonnen hatte. Mein Trip auf die in windiger Kühle liegenden Stahlrohrtribünen des Stadions der Red Bulls kam einem Exorzismus gleich.

Vier Jahre vorher war ich durch die Hitze des portugiesischen Sommers gefahren und hatte gelitten, als Griechenland sich zum Titelgewinn mauerte. Ich mochte den Spaßverderberfußball nicht, und dass Otto Rehhagel auf der Bank saß, machte es kaum besser. Man hörte ihn nach den Spielen des großen kontinentalen Wettbewerbs und dachte, auf der Pressekonferenz nach einem Bundesligaspiel der neunziger Jahre zu sein. Verstaubt geglaubte Weisheiten bekamen plötzlich eine europaweite Gültigkeit. »Im Leben muss man Regeln anerkennen«, sagte Rehhagel in Lissabon. »Bleibt bescheiden und freut euch«, sprach er in Richtung Athen, wo Zehntausende auf den Straßen waren, um die Siege zu feiern. Und er beschwor den Mannschaftsgeist: »Die Gruppe steht immer im Vordergrund.« Das System Rehhagel –

das eines ewig Verkannten und Unterschätzten –, nun hatte es internationalen Standard.

Bei der griechischen Mannschaft konnte man die Grundregel seiner altbekannten Wagenburg-Strategie wiedererkennen: Wir sind klein, und deshalb können wir nur etwas erreichen, wenn wir fest zusammenhalten. Dazu trennt Rehhagel die Welt streng in ein Drinnen und ein Draußen. Drinnen sind die Spieler und ihr Trainer, der sie unerbittlich schützt, wenn sie ihm folgen. Draußen sind Medien, Funktionäre und sonstige Störenfriede, die nur darauf lauern, denen drinnen ihren Zusammenhalt und damit Erfolg kaputt zu machen. Ich konnte es nicht mehr hören.

Vier Jahre später in Salzburg waren die Zuschauer schon nach wenigen Minuten sauer, weil die Griechen nicht angriffen. Rehhagel war mit Beginn des Turniers überraschend zum Spielsystem der Europameisterschaft in Portugal zurückgekehrt. Er bot den hünenhaften Traianos Dellas als Libero hinter einer Viererabwehr auf, doch der Zauber dieser Zeitreise wirkte nicht mehr. Nach vorn ging nichts, und hinten wackelte die Abwehr trotzdem. Als Schweden nach der Pause in Führung ging, löste Rehhagel den Libero auf, wie man früher gesagt hätte. Zwei Minuten später traf Schweden zum zweiten Mal, Griechenland war erledigt.

Ich war zufrieden, doch später wurde mir klar, wie dumm das war. Die Pleite in Österreich würde den Triumph von Portugal nicht ungeschehen machen, und selbstverständlich hatte Rehhagel dort nicht nur angemessen gehandelt, sondern im Grunde sogar genial. »Otto ist immer noch young at heart«, sagte mir Ralf Rangnick, und vielleicht ist das die Erklärung dafür, dass er noch mit über 70 Jahren erfolgreich ist. Das junge Herz steht für einen frischen Blick, denn Rehhagel machte nicht einfach das, was in Mode ist, sondern oft das überraschend Richtige.

Er schenkte etwa dem Stürmer Manfred Burgsmüller eine nie erwartete zweite Karriere, als der selbst im Alter von 35 Jahren schon glaubte, dass alles vorbei war. In den anschließenden fünf Jahren spielte Burgsmüller noch 115 Mal für Werder Bremen, schoss 34 Tore und wurde zum ersten Mal in seiner Karriere Deutscher Meister. Rehhagel gelang mit dem 1. FC Kaiserslautern als bis heute einzigem Aufsteiger der Titelgewinn in der Bundesliga. Und 2004 hatte Rehhagel einen originellen Schluss aus der Situation der Griechen gezogen, als er gegen alle Theorien des modernen Fußballs plötzlich einen Libero installierte. Dass es den nicht griechischen Zuschauern keinen Spaß machte, konnte man ihm nicht vorwerfen. Fußballmannschaften müssen keine ästhetischen Programme erfüllen, Schönheit ist immer nur ein Nebenprodukt des Erfolgs.

Führer in die Unwahrscheinlichkeit

Der Philosoph Peter Sloterdijk hat in seinem Buch »Du musst dein Leben ändern« den Trainer als eine zentrale Figur in den Mittelpunkt seiner Überlegungen gestellt. Gemeint ist damit nicht nur der Trainer im Sport, aber eben auch. Für Sloterdijk ist er ein »Führer in die Unwahrscheinlichkeit«. Seine Aufgabe sei durch die »Erhebung des Unnachahmlichen in den Rang des Exemplarischen« entstanden. Das trifft den Berufsalltag der Trainer im Profifußball gut, und die besten von ihnen kann man auch als »Führer in die Unwahrscheinlichkeit« sehen. Heute noch mehr als früher.

Wir leben in einer Ära des Fußballs, in der das Spiel

auf neue Art sichtbar wird. Die inzwischen auf breiter Basis durchgesetzte Videoanalyse hat das Bewusstsein der Spieler für das eigene Tun verschärft. Die Digitalisierung, die Möglichkeit von Statistikanalyse und die Wahrscheinlichkeitsrechnung mit den Daten werden die Entwicklung des Spiels stark beeinflussen. Sie sind Teil einer längst noch nicht abgeschlossenen Entwicklung im Fußball, bei der sich das Spiel von einem der Meinungen in eines des Wissens verändert. Das trägt dazu bei, dass auf dem Platz weniger Fehler gemacht werden und man sich noch mehr Mühe geben muss, um den Gegner dazu zu zwingen.

Je mehr Aufwand in jeder Hinsicht getrieben wird, desto deutlicher wird aber die Bedeutung der Dialektik von Totalität und Detail, denn das Große und das Kleine stehen im Fußball in einem besonderen Spannungsverhältnis.

Als Sepp Herberger im Jahre 1977 seinen 80. Geburtstag feierte, erschien im Nachrichtenmagazin *Spiegel* eine ungewöhnliche Gratulation. Sie wurde von einem verfasst, der durch den ehemaligen Bundestrainer besonders gelitten hatte: Gyula Loránt. Er hatte in jener ungarischen Nationalmannschaft gespielt, die 1954 als großer Favorit ins WM-Finale von Bern gegen Deutschland gegangen und unterlegen war. Später war Loránt selber Trainer geworden und hatte auch in Deutschland etliche Klubs betreut, darunter den FC Bayern München, den 1. FC Köln und Schalke 04.

In seiner Laudatio schrieb er: »In unserem Lager war jeder überzeugt, dass wir Weltmeister werden würden. Nur ich war anderer Meinung. Ich wusste, dass Herberger den totalen Fußball erfunden hatte.« Mit dem Begriff »totaler Fußball« meinte Loránt aber nicht die Spielweise, die der holländischen Nationalmannschaft der siebziger Jahre zugeschrieben wird, sondern eine bestimmte Art zu arbeiten. Aus Sicht des Ungarn leistete Herberger bei der WM in der Schweiz etwas Ungewöhnliches. »Er war schon lange vor dem WM-Turnier in der Schweiz gewesen, um das beste Quartier auszusuchen. Er hatte auch unser späteres Hotel in Solothurn besichtigt, dann aber darauf verzichtet, weil alle halbe Stunde die Kirchenglocken dröhnten. Außerdem hatte Herberger herausgefunden, dass für den Endspieltag frühmorgens ab sechs Uhr noch ein Kapellenwettstreit angesetzt worden war. Herberger zog mit seiner Mannschaft in ein weniger gutes, aber ruhigeres Quartier. Jeden Tag schickte er in unser Quartier einen Kundschafter, den ehemaligen Nationalspieler Albert Sing. Der schrieb alles auf, was wir machten, was wir aßen, wann wir tafelten, wann und wie wir trainierten, wann wir zu Bett gingen, ob allein oder nicht, und was wir abends tranken. Daraus kann ein Trainer, das weiß man heute, viele Erkenntnisse sammeln.

Herberger kannte unsere Stimmung, unsere Kondition, unsere Sorgen, unsere Zuversicht, unsere Stärken und unsere Schwächen. Wir hatten die Deutschen überhaupt nicht beobachtet, nur im letzten Spiel vor dem Finale. Wir kamen wie die Sieger auf den Platz und hatten schon verloren. Dann führten wir bald 2:0 und wurden noch gedankenloser. Da fiel das 2:1. Unsere Kraft ließ nach, unser Torwart wurde nervös. Am Ende hieß es 2:3. Wir hatten den Deutschen nur noch die biegsameren Kniegelenke voraus – sonst nichts.

Hinterher kam Herberger zu mir und sagte: ›Ihr habt was gemacht, das ich noch nicht kannte, den Bozsik habt ihr freien Mann spielen lassen, ohne Gegenspieler, eine sehr gute Variante, sehr gefährlich, das werde ich auch machen.‹

Es war die Vorstufe zum Libero, zu dem, was heute der Beckenbauer spielt. Herberger war ein Mann, der von morgens bis abends nur an Fußball dachte, er hatte keine Kinder, war fast nie zu Hause, sah sich überall Fußballspiele an. Damals gab es ja noch nicht die Bundesliga. Er musste immer fast 100 Mannschaften beobachten.«

Loránt beschreibt einen besessenen Trainer, dessen Blick auf den Fußball deshalb total ist, weil er kein Detail zu übersehen versucht, ob es um die Taktik des nächsten Gegners geht oder die Geräuschkulisse an einem potenziellen Mannschaftshotel. Zugleich war Herberger aber kein Mensch, der sich im Detail verzettelte oder verlor. Denn das ist die Gefahr des Detailinteresses: dass die Dinge zu kleinteilig werden.

Arsène Wenger ist auch ein Besessener, der sich ganz dem Fußball verschrieben hat. Der Franzose sagt, dass er 90 Prozent seiner wachen Zeit über Fußball nachdenkt. Sein Ansatz von Fußball ist nicht minder total und hat im Trainingsgelände von Arsenal physisch Gestalt angenommen. Nichts in Colney ist einfach nur irgendwie gemacht worden, sondern jeder Aspekt so weit durchdacht, dass es fast schon beängstigend ist. Dass alle Trainingsplätze exakt die Abmessungen der Spielfläche im Emirates Stadion haben, erscheint noch logisch. Dass aber Kies auf dem Parkplatz für die Autos der Spieler verlegt wurde, damit niemand Dreck an den Schuhen ins Gebäude trägt, offenbart schon eine besondere Hingabe ans Detail. Erst recht gilt das dafür, dass Wenger das Trainingscenter so hat bauen lassen, dass möglichst viel diffuses Licht in die Räume fällt, wodurch sich angeblich der Serotonin- und Dopaminspiegel der Profis verbessert. Die Trainingspläne sind so angelegt, dass sie zum Biorhythmus passen. Trainingsbeginn am Morgen ist um 10 Uhr 45, danach gibt es Mittagessen. Zwar gibt es nach wie vor auch Nudeln, das Lieblingsessen vieler Fußballprofis, aber in Absprache mit dem Ernährungsberater, der schon 25 Jahre mit Wenger arbeitet, ist die Menge Parmesankäse reduziert worden. So ist der Käse schon verdaut, wenn es nachmittags ins Training geht oder ein Spiel stattfindet. Der französische Trainer Christian Damiano, der Wenger gut kennt, sagt über ihn: »Er hinterfragt ständig, modifiziert, entwickelt, sucht und denkt die ganze Zeit über Effektivität nach. Er verbindet die Bereiche des Technischen, Taktischen, Physischen und Mentalen.«

Herberger und Wenger sind nicht nur Trainer aus zwei unterschiedlichen Ländern, sondern aus zwei unterschiedlichen Zeitaltern. Doch beide sind Sucher nach dem perfekten Spiel und dadurch Führer in die Unwahrscheinlichkeit. Und beiden sind eigene Fußballentwürfe gelungen. Herberger hat die Basis des extrem pragmatischen, taktisch eklektischen und durch starken Mannschaftsgeist geprägten deutschen Fußballstils gelegt. Wenger ist der Visionär eines internationalisierten Kombinationsfußballs in höchster Geschwindigkeit. Doch unter diesem Dach hatten oder haben Herberger und Wenger nicht nur eine Idee zum Fußball, sondern Hunderte, vielleicht sogar Tausende.

Herbergers Datenbank war ein schwarzes Notizbuch, in das er Namen von Spielern oder taktische Beobachtungen eintrug, die er auf seinen Reisen über die deutschen und internationalen Fußballplätze gemacht hatte. Wenger hat ein Analysedepartment, das ihn mit Spieldaten und Videozusammenschnitten versorgt, die jeden Spieler gläsern werden lassen. Herberger verschaffte seiner Mannschaft bei der Weltmeisterschaft 1954 einen

Hardwarevorteil, indem er für Fußballschuhe mit auswechselbaren Stollen sorgte, sodass sie bei harten wie matschigen Plätzen immer guten Stand hatten.

Wahrscheinlich würde er als einer, der stets alle Aspekte des Fußballs im Auge behielt, heute jeder wissenschaftlichen Neuerung nachgehen und auf ihre Nützlichkeit hin überprüfen. Er würde mit Videos arbeiten, mit Spieldaten und vermutlich sogar einen Mathematiker herausfinden lassen, ob es irgendwo einen Vorteil zu errechnen gäbe.

»Die beste Spielanalyse und die modernste Datenbank gewinnen kein Spiel, aber sie tragen ihren Teil zur optimalen Vorbereitung bei«, sagt Hans-Dieter Flick, der Assistent von Bundestrainer Joachim Löw. Die Dinge sind in der Welt, sie können benutzt werden und einen Vorsprung verschaffen, wie groß auch immer er sein mag.

Die meisten Fußballspieler, Trainer und Manager hassen es aber, darüber zu reden. Sie rollen die Augen, wenn es um taktische Systeme geht oder um fußballerische Konzepte, weil ihnen dieser Rahmen viel zu weit gesteckt ist. Sie werden missmutig, wenn über neue Technologien gesprochen wird, weil alle wissen, dass doch erst einmal ein Pass sauber gespielt oder eine Flanke an den Mann gebracht werden muss. Weil der schlechte Tag des Innenverteidigers oder ein Patzer des Torwarts alle Pläne komplett durchkreuzen können.

Aber so richtig das ist, Abwehrbewegungen gegen eine vermeintliche Verwissenschaftlichung des Spiels sind daraus trotzdem nicht zu begründen – so weit verbreitet sie auch sein mögen. Bei der documenta 12 in Kassel, der großen Kunstausstellung im Sommer 2007, gab es ein Videoprojekt, das aus der Zukunft des Fußballs zu stammen schien. Unter dem Titel *Deep Play* hatte der deutsche Filmemacher und Videokünstler Harun Farocki sich des WM-Finales von 2006 angenommen. Auf zwölf Bildschirmen konnte man das Spiel auf unterschiedliche Weise verfolgen. Es gab eine 3-D-Animation des gesamten Spiels und Beobachtungen einzelner Spieler. Die Passfolgen der gesamten Partie wurden in eine Grafik übersetzt, und es gab eine dynamische, zweidimensionale Animation taktischer Bewegungen auf dem Platz. Man sah Bilder der über 50 Überwachungskameras am Olympiastadion und Spielbeobachter, die Aktionen des Spiels als Diktat in ein Mikro sprachen. Farocki hatte auch eine überraschende historische Ebene eingezogen, denn man konnte das Spiel in Labanotation verfolgen. Das ist eine Tanzschrift, mit der Choreografien beim Ballett festgehalten werden.

Für Farocki zeigte sich in dem, was er da zusammenstellte, ein Blick auf die Zukunft des medialen Fußballs, aber auch des realen. »Gegenwärtig drängt es zu hybriden Bildern, zu einer Mischung von analogem Realbild und digitalem Schema. Ich bin ziemlich sicher, dass die Grafiken mit den Messwerten der Spieleraktivitäten und die analytisch-schematischen Darstellungen bald auch in die Fernsehübertragungen von Spielen eingehen werden. Vielleicht sogar aus dem romantischen Grund, zu zeigen, wie der Spieler trotz aller Zwänge seine Freiheit behauptet.«

Auch den Kulturtheoretiker Diedrich Diederichsen, romantischer Verklärung nicht unbedingt verdächtig, überfiel beim Blick auf die Bildwelten von *Deep Play* eine gewisse Melancholie. Er sah auf den Monitoren eine Folge von Bildern, »die uns die Erkenntnis vermitteln, dass das intelligente, spontane Einzelentscheidung wie spielkulturelle Gewohnheiten und taktische Ideen absorbierende Netz aus Bezügen zwischen ballführenden, passenden und ballannehmenden laufenden Spielern, bezogen auf die Größe des Spielfeldes, ungefähr der Vielfalt von Konstellations- und Bewegungsmöglichkeiten entspricht, die ein gewöhnlicher Schwarm Guppys in einem mittelständischen Aquarium bietet. Das ist erhaben, stimmt aber auch wehmütig.«

Waren Zinédine Zidane und Franck Ribéry, Luca Toni und Fabio Cannavaro im WM-Finale wirklich keine Genies am Ball, sondern nur Teil im Schwarm ihrer Mannschaften? Diederichsen resümierte in seinem Katalogbeitrag über das Videoprojekt: »Fußball ist bekanntlich unser Leben. Wie dieses versuchen wir ihn immer genauer in den Griff zu bekommen. Sein Witz besteht darin, diese Maßnahmen zu verhindern. Auch das wollen wir optimieren.«

In Hoffenheim bosselten sie in der zweiten Hälfte ihrer Aufstiegssaison nicht weniger fleißig und facettenreich am Fußball der Zukunft, und doch – so recht wollten sich keine Erfolge mehr einstellen. Wenger musste in London frustriert feststellen, dass trotz eines eigenen Fußballentwurfs und trotz aller Liebe zum Detail jene Klubs an ihm vorbeizogen, die einfach mehr Geld ausgaben. Prof. Gerrard träumt nicht einmal davon, die alles entscheidende Siegformel errechnen zu können. Und mögen beim Schach längst alle Eröffnungsvarianten analysiert sein, beim Fußball können wir nicht einmal drei Kurzpässe weit vorausplanen.

Fußball bleibt auch unter den Bedingungen von Wissenschaft und Digitalisierung ein System mit der Neigung zu Instabilität und Chaos. Das muss man aushalten können, wie im wahren Leben.

Der Autor bedankt sich ganz herzlich bei:

Prof. Jürgen Buschmann
Christofer Clemens
Bruno Demichelis
Volker Finke
Uli Fuchs
Prof. Bill Gerrard
Lothar Gorris
Helmut Groß
Andreas Gursky
Christian Güttler
Henning Harnisch
Dr. Torsten Hefer
Raphael Honigstein
Werner Kern
Lars Leese
Konstantin Lwowsky
Felix Magath

Helge Malchow
Prof. Daniel Memmert
Hans Meyer
Prof. Tim Meyer
Dr. Andreas Meyhoff
Michael Oenning
Marcel Reif
Jan Schindelmeiser
Birgit Schmitz
Battista Severgnini
Dr. Markus Stauff
»Jim Towers«
Jens Urlbauer
Raymond Verheijen
Jonathan Wilson
Ralf Zumdick

> Weitere Informationen:
> www.fussball-matrix.de

Christoph Biermann ist Sportkorrespondent für *Spiegel* und *Spiegel Online*, als freier Autor schreibt er für *11 Freunde* und *taz*. Biermann gehört seit Jahren zu den profiliertesten Fußballjournalisten Deutschlands. In seinen Artikeln und Büchern hat er den Lesern immer wieder neue Aspekte des Fußballs erklärt. Er beschäftigte sich mit der Welt der Fans, als diese noch abschätzig betrachtet wurde, und beschrieb die Entwicklung der Fußballtaktik, als »Viererkette« in Deutschland noch ein Kampfbegriff war. Auch »Die Fußball-Matrix« betritt neues Terrain. Doch was heute noch teilweise wie Science-Fiction klingt, wird schon bald im Fußball selbstverständlich sein.

Weitere Titel bei Kiepenheuer & Witsch:
»Wenn Du am Spieltag beerdigt wirst, kann ich leider nicht kommen«, KiWi 383, 1995. »Der Ball ist rund, damit das Spiel die Richtung ändern kann« (mit Ulrich Fuchs), KiWi 702, 2002. »Meine Tage als Spitzenreiter«, 2004. »Aus spitzem Winkel« (mit Marcel Reif), 2004. »Fast alles über Fußball«, KiWi 910, 2005. »Deutschland. Ein Sommermärchen« (mit Sönke Wortmann), KiWi 970, 2006. »Wie ich einmal vergaß, Schalke zu hassen«, KiWi 986, 2007.

Register

A
Aalborg BK 226
Abseitsfalle 129, 131
AC Bologna 119
AC Chievo Verona 74
AC Mailand 68, 70, 75, 88, 108, 110 ff., 115 f.
AC Parma 123 ff.
AC Perugia 74
AC Siena 74
AC Turin 68, 120
Adebayor, Emmanuel 194
Agnelli-Familie 70
Agricola, Riccardo 117 ff., 124
Agüero, Sergio 155
AJ Auxerre 16
Ajax Amsterdam 120, 129 ff.
Aktuelles Sportstudio 136
Alba Berlin 147 f.
Alemannia Aachen 90
Alexander, Leslie 223
Alonso, Xabi 151
ALS (Amyothrophen Lateralsklerose) 125 f.
Ambrosini, Massimo 115
American League 31
Amisco Pro 44, 55, 65
Amyotrophe Lateralsklerore siehe ALS
Anderson, Sparky 29
Anelka, Nicolas 59, 155
»Anpfiff«, Schumacher, Toni 122
Aragonés, Luis 145
Argentinien (Nationalmannschaft) 55, 58 f., 88, 101, 145, 155, 220
Arieli, Dan 190
Arminia Bielefeld 23 f., 30
AS Monaco 141, 213
AS Rom 116

Ascensio System 133
Asian Handicap 186
Ayton, Peter 90 f.

B
Ba, Ibrahim 116
Baggio, Roberto 117
Baptista, Nelsinho 138
Barclays Bank 49, 221
»Baseball Abstract«, Bill James 25 f.
»Basketball on Paper«, Dean Oliver 34
Bastrup, Lars 140
BATE Borisov 226
Battier, Shane 223 f., 230
Bayer Leverkusen 42, 55, 113, 192, 206, 227
BBC 11
Beane, Billy 30 ff., 34, 36 f., 187, 195, 208, 221 f., 224, 228
Beck, Andreas 18
Beckenbauer, Franz 41, 88, 100, 103, 121, 163, 227, 240
Beckham, David 49, 206 f., 222
Benítez, Rafael 144, 150
Benjamin, Bernard 174 f.
Benzedrin 119
Berbatow, Dimitar 192, 227 f.
Berlusconi, Silvio 110
Best, George 228
BFC Dynamo Berlin 121, 147
Bild 123
Biofeedback 171 f.
Biorhythmus 241
Blochin, Oleg 153
Body-Mass-Index 103
Boer, Frank de 123
Boeri, Tito 68 ff., 74 f., 81
Bolton Wanderers 49 ff.
Borussia Dortmund 43, 143, 231

Borussia Mönchengladbach 99, 152, 160, 192, 197, 214
Boston Celtics 223
Boston Red Sox 33
Bozsik, József 239
Braennberg, Anna 90f.
Brain (Fachzeitschrift) 126
Brandt, Gil 34
Brasilien (Nationalmannschaft) 96, 101
Bronckhorst, Giovanni van 192
BSkyB (Fernsehsender) 48
Buchwald, Guido 88
Bundesliga 14, 17, 30, 42, 77, 88f., 120, 130, 142, 144, 149, 162, 227, 237, 240
Burgnich, Tarcisio 96
Burgsmüller, Manfred 237
Busby, Matt 119
Buschmann, Jürgen 38f., 40
Butt, Hans-Jörg 86

C
Cabrini, Antonio 139f.
Cafú (Marcos Evangelista de Moraes) 116
Calciopoli 68–71, 74, 81
Cambiasso, Esteban 145
Cannavaro, Fabio 124f., 244
Captagon 121f.
Carew, John 179
Carlos, Roberto 206
Carrizo, Juan Pablo 155
Casillas, Iker 206
Castrol 213
Catenaccio (Spielsystem) 130
Champions League 12, 17, 24, 55, 80, 115, 116, 137, 141, 225
Champions League 2002 206
Champions League 2004 141
Champions League, afrikanische 137
Chapman, Herbert 46, 176
Charlton Athletic 212
Charlton, Bobby 227, 228
Cicinho (Cícero João de Cezare) 206
Clemens, Christofer 53f., 58, 62ff., 137
Clenbuterol 122
Concordia Basel 182f.
Copa América 123
Cortisol 112
Costa Rica (Nationalmannschaft) 233
Couto, Fernando 123

Cramer, Dettmer 88, 121
Crespo, Hernan 124
Cruyff, Johan 131
Cullis, Stan 175
Curbishley, Alan 212
Czernai, Pal 134

D
Dallas Cowboys 34
Damiano, Christian 241
Dänemark (Nationalmannschaft) 16
Dartfish 44
Daum, Christoph 42, 123, 202
David Winner 129
Davids, Edgar 123
Deckungsschatten 135
Dellas, Traianos 236
Demichelis, Bruno 108–115, 117, 171ff.
Derby County 49f.
Derwall, Jupp 99
Deschamps, Didier 124
Deutsche Zeitschrift für Sportmedizin 102
Deutscher Fußball-Bund (DFB) 98
»Deutschland – Ein Sommermärchen«, Sönke Wortmann 54
Deutschland (Nationalmannschaft) 38, 41, 43, 63f., 97, 100ff., 119, 142, 144, 163, 227, 238
Deutschland (U21-Nationalmannschaft) 162, 168
DFB 113, 123, 158
DFB, Jugendnationalmannschaft 158f.
DFB-Pokal 87, 152
Diarra, Lassana 155
Diederichsen, Diedrich 243f.
»direct play« 176f.
documenta 12, Kassel 242
Don, Philip 212
Dopaminspiegel 240
Drei-Punkte-Regel 76ff., 81, 83
Drohba, Didier 141
Dugarry, Christophe 123
Duke University 223
Dynamo Kiew 136

E
Eintracht Frankfurt 11
11 Freunde (Fußballmagazin) 45

Émerson Ferreira da Rosa 42, 116
Energie Cottbus 194
England (Nationalmannschaft) 48, 87, 178
England (U21-Nationalmannschaft) 210
Epagogix 66
Ephedrin 122
Epo (Erythropoetin) 118, 123f.
Ericsson, K. Anders 167
Essien, Michael 194
Eto'o, Samuel 150
Europameisterschaft (Jugend) 2008 160
Europameisterschaft 1976 86, 88
Europameisterschaft 1992 16
Europameisterschaft 2000 127
Europameisterschaft 2004 141, 235f.
Europameisterschaft 2008 64, 104f., 142, 144, 151, 213, 235
Europapokal der Landesmeister 1983 139
Europapokal der Landesmeister 1987 162
Europapokal der Landesmeister 120
Europapokal 81, 88
European Sport Management Quarterly 208

F
Fàbregas, Cesc 151, 225
Facchetti, Giacinto 97
FA-Cup 62, 230
Fantasy Football 29
Farocki, Harun 243
Favre, Lucien 96f., 99, 103
FC Arsenal London 46, 50f., 75, 80, 144, 149, 151, 154, 176, 192, 211f., 216ff., 225, 240
FC Barcelona 12, 47, 58, 123, 144, 149, 151, 156, 162, 192, 205, 225
FC Bayern II 197
FC Bayern München 15, 20, 24, 30, 55, 103, 115, 121, 134, 137, 142f., 153, 162ff., 214, 224–227, 231, 238
FC Brentford 177
FC Carl Zeiss Jena 214
FC Chelsea 44, 75, 80, 141, 211
FC Getafe 12
1. FC Kaiserslautern 237
1. FC Köln 43, 122, 201, 238

FC Liverpool 51f., 75, 80, 115, 150f., 206
FC Meyrin 182
FC Modena 74
1. FC Nürnberg 188, 214
FC Porto 140f., 162
FC Schalke 04 15, 90, 238
FC Sunderland 49
FC Wimbledon (*Crazy Gang*) 17, 20
1. FC Mainz 05 89
Fencamfamin 121
Ferguson, Sir Alex 35, 50, 216, 218
Feyenoord Rotterdam 131
FIFA 16, 40, 76, 127, 137, 179
Figo, Luis 162, 205
Finke, Volker 17, 142–147, 151, 194
First Division, England 177
Fjörtoft, Jan Age 179
Flamini, Mathieu 201
Flick, Hans-Dieter 242
Flo, Tore André 179
Football Outsiders 34
Fox (Fernsehsender) 34
Frankreich (Nationalmannschaft) 55, 58, 123, 128, 134, 155, 220
»Freakonomics«, Stephen Levitt 78, 83
Frings, Torsten 168, 227
Fritz, Thomas 203
Fuchs, Rudi 130
Fußball-Manager 29
Futre, Paulo 162

G
Gaal, Louis van 133
Galášek, Tomáš 227
García, Pablo 206
Garicano, Luis 76, 78
Gauck-Behörde 121
Gazzetta dello Sport 14
Gentile, Claudio 140
Gerland, Hermann 197
Geromel, Pedro 202
Gerrard, Bill 208–211, 214–217, 219–222, 228, 244
Giggs, Ryan 49
Giraudo, Antonio 117
Girulatis, Richard 98
Gladwell, Malcolm 161, 167
Glasgow Rangers 192
González Blanco, Raúl 206
Gravesen, Thomas 206

Griechenland (Nationalmannschaft) 16, 141, 235 ff.
Groß, Helmut 19, 134 ff., 140
Guardiola, Pep 123
Guariniello, Raffaele 125
Güttler, Christian 165 ff.
Guimãres, Vitória 202
Gumbrecht, Hans Ulrich 156
Gursky, Andreas 127 f.
Gustavo, Luis 227
Gutendorf, Rudi »Riegel-Rudi« 130

H
Haller, Helmut 120
Hamann, Dietmar 51 f.
Hamburger SV 15, 50, 55, 93, 131, 134, 139, 231
Happel, Ernst 131, 134, 140
Henchoz, Stéphane 50
Henke, Michael 42
Henry, Thierry 59, 150, 155, 212, 225
Herberger, Sepp 98, 238–241
Hermann, Hans-Dieter 18
Hertha BSC 96, 188, 214
Heynckes, Jupp 99
Hiddink, Guus 104 f., 107
Hitzfeld, Ottmar 42, 214
Hleb, Aliaksandr 154, 225
Hockeyanalytics.com 35
Hoeneß, Uli 88, 103
1899 Hoffenheim 14 f., 17 ff., 43, 55, 134, 140, 147, 227, 244
Holzweiler, Kevin 160
Hopp, Dietmar 14
Höppner, Manfred 121
Houllier, Gérard 52
Houston Rockets 223
Howe, Don 48
Hrubesch, Horst 140
Hughes, Aaron 51
Hughes, Charles 178 f.
Hulshoff, Barry 120
Hyppiä, Sami 50

I
Ibišević, Vedad 14
Igor Schalimow 123
Il Processo (Fernsehsendung) 69
Impire 65, 213
»individueller Ballbesitz« 59
Iniesta, Andrés 151

Inter Mailand 75, 206
International Journal of Sport Finance 214
Italien (Nationalmannschaft) 96, 101 f., 104, 117

J
Jacoby, Gisbert 93
James, Bill 25–31, 33 f., 66, 88, 111, 220, 224
Jancker, Karsten 141
Johnston, Willie 121
Jordet, Geir 87
Journal of the Royal Statistical Society 174
Juventus Turin 68, 70, 74 f., 117, 123 f., 139 f., 205

K
Kaka (Ricardo Izecson dos Santos Leite) 115
Karpow, Anatolij 93
Keller, Kasey 192
Kern, Werner 163 f., 168
Kerner, Johannes B. 89
Keul, Joseph 99
Key-Performance-Indikatoren (KPI) 222
KFC Turnhout 122
Khedira, Sami 158
Kicker 103, 122
Kirsten, Ulf 42
Klaus Theweleit 46
Klinsmann, Jürgen 18, 39, 54, 101 ff., 226
Klopp, Jürgen 89
Klose, Miroslav 205, 224 f.
Klose-Axiom 205
Klubweltmeisterschaft 2008, Japan 137
Kocher, Martin G. 86
Köpke, Andreas 54
Körte, Peter 156
Köster, Philipp 45
Kortschnoi, Wiktor 93
Krabbe, Katrin 122
Krampe, Ralf 167
Kremer, Michael 204

L
Labanotation 243
Lahm, Philipp 137, 162 f., 168, 197, 233

Lames, Martin 232 f.
Lattek, Udo 168
Lauth, Benjamin 205
Lauth-Axiom 205
Lazio Rom 68, 123
LDU Quito 137
League Cup (englischen Pokal) 141
Lehmann, Jens 38, 149
Leininger, Wolfgang 85
Lenz, Marc V. 86
Levitt, Stephen David 78, 83
Lewis, Michael 32, 208, 222, 224
Liesen, Heinz 100
Liga-Index 199
Ligue 1 (Frankreich) 77, 198
Liposom 117
Livio, Angelo Di 124
Lobanowski, Walerij 135 f.
Lombardi, Adriano 126
Loránt, Gyula 238, 240
Los Angeles Galaxy 207, 222
Löw, Joachim 54, 152, 242
Loy, Roland 87–90, 92
Luka Pavićević 148
Lwowsky, Konstantin 147 ff.

M

Magath, Felix 93–96, 108, 138 ff.
Maier, Hermann 172
1. FSV Mainz 05 89
Major League Baseball (MLB) 28, 30 ff.
Major League Soccer (MLS) 37, 221 f.
Maldini, Paolo 115, 226
Malouda, Florent 133
Manchester United 21, 35, 37, 49 ff., 75, 80, 115, 119, 137, 141, 192, 206, 213, 216 ff., 227
Maradona, Diego 11, 88
Mastercoach 54, 200
Match Analysis 44
Match Expert 133
Matthäus, Lothar 163
Mayer-Vorfelder, Gerhard 123
Meersseman, Jean-Pierre 110, 113–117
Memmert, Daniel 170 f.
Memphis Grizzlies 223 f.
Merton, Robert 161 f.
Messi, Lionel Andrés 12, 47 f., 59, 61, 150, 155, 196
Metzelder, Christoph 168

Meyer, Hans 197, 214
Meyer, Tim 102
Michael Lewis 32
Michels, Rinus 129 f., 131
Mielke, Erich 147
Mikel, Obi 194
MilanLab 109–112, 114–117, 171
Milla, Roger 44
Mind Room 171
Misimović, Zvjezdan 153, 163
MLB siehe Major League Baseball
MLS siehe Major League Soccer
Moggi, Luciano 74
Morey, Daryl 223, 230
Mosetter, Kurt 18
Mourinho, José 141
Müller, Gerd 103
Myoreflextherapie 18

N

Nandrolon 123
NAS (italienische Dopingpolizei) 118
NBA (National Basketball Association) 34, 148, 223
Neeskens, Johan 85
Neoton 125
Netzer, Günter 41, 152
Neururer, Peter 121
New York Times 14, 224
New York Yankees 32, 218
Newcastle United 51
Niederlande (Nationalmannschaft) 16, 20, 104, 107, 128 f., 131, 238
Nistelrooy, Ruud van 213
Nopp, Stephan 166
Norwegen (Nationalmannschaft) 16, 20, 179
Nottingham Forest 119

O

Oakland Athletics (Oakland A's) 30 ff., 36 f., 195, 218, 222
Observer 14, 227
Ockenfels, Axel 85
Odonkor, David 154
Olic, Ivica 153
Olson, Egil 179 f.
Olympique Lyon 155
Olympique Marseille 123, 125, 201
On Base Percentage 31, 67, 222

Open Source Factory 201
Opta Index siehe Opta Sport Daten
Opta Jahrbuch 215 f.
Opta Sport Daten 48 f., 52, 65, 211 ff., 216, 220
Owen, Michael 206

P
Page, Katie 81
Page, Lionel 81
Palacios-Huerta, Ignacio 75 f., 78 f., 84 f., 84
Panenka, Antonin 86
Pelé 11, 96 f.
Pereira, Aurélio 162
Pérez, Florentino 205 f.
Persie, Robin van 133
Pervitin 119
Peters, Bernhard 18, 147
Pires, Robert 212
Player Quality Index (PQI) 209 f.
Pleger, Helmut 93
Polen (Nationalmannschaft) 101
POMO, »position of maximum opportunity« 178
Portugal (Nationalmannschaft) 129, 141
Premier League (England) 48 f., 50 f., 62, 77, 80, 90 f., 141, 151, 175, 216, 219 f.
Pro Football Prospectus 34
ProZone 44, 62, 65, 219, 221
Puskás, Ferenc 11, 119

R
RAI (italienisches Staatsfernsehen) 124
ran (Bundesligasendung) 48
ran-Datenbank 48 f., 88
Rangnick, Ralf 14, 17 ff., 134 ff., 147, 236
Raúl (González Blanco) 206
Ravanelli, Fabrizio 117
Real Betis Sevilla 154
Real Madrid 11, 20, 111, 155, 205 ff.
Red Bulls 235
Reep, Charles 174–180
Rehhagel, Otto 235 ff.
Rensing, Michael 225 f.
Ribéry, Frank 59, 244
Rijck, Luc De 122
Riquelme, Juan Ramón 153

Rivelino, Roberto 96
Rivoire, Xavier 219
Robben, Arjen 132, 153
Rolfes, Simon 227
Rolink, John 120
Ronaldinho (Ronaldo de Assis Moreira) 116
Ronaldo, Cristiano 116, 153, 162, 206
Rooney, Wayne 153
Rosenborg Trondheim 17
Rössling, Alex 232
Rotisserie Baseball 29
Roux, Guy 17
Royal Engineers 230
Rumänien (Nationalmannschaft) 16
Rummenigge, Karl-Heinz 153
Russland (Nationalmannschaft) 104 f., 107

S
Sabermetrics 26, 29, 32
SABR (*Society for American Baseball Research*) 26
Sacchi, Arrigo 135
Samuel, Walter 206
Samyr 118
San José Earthquakes 37, 221 f.
Sarstedt, Achim 146 f.
SC Brescia 123
SC Freiburg 17, 20, 55, 142 f., 144 f., 147, 194
SC Geislingen 134, 136
Schatz, Aaron 34
Schewtschenko, Andrej 116, 172 f.
Schindelmeiser, Jan 18
Schmidtlein, Oliver 103
Schöllhorn, Wolfgang I. 169
Schön, Helmut 41
Schrey, Rainer 18
Schumacher, Harald 86, 121
Schumacher, Ralf 172
Schweden (Nationalmannschaft) 235 f.
Schweinsteiger, Bastian 163, 232
Scirea, Gaetano 139
Seaman, David 216
Seattle Supersonics 34
Seeler, Uwe 163
Sensomotorik 147
Serbien & Montenegro (Nationalmannschaft) 145

Serotonin-Spiegel 240
Severgnini, Battista 68 ff., 74 f., 81
Siegenthaler, Urs 38 f., 54
Simão (Simão Pedro Fonseca Sabrosa) 162
Simonsen, Allan 153
Simpamin 120
Sing, Albert 239
Sloterdijk, Peter 237
Solksjaer, Ole Gunnar 213
»Soziogramm« 62
Spanien (Nationalmannschaft) 58, 64, 104, 107, 142, 144, 151
Spiegel 122, 238
»Spieler des Jahres«, England 213
Spielsysteme
    2-3-2-3-System 128
    4-1-4-1-System 139
    4-2-2-2-System 139
    4-3-3-System 131, 139
    4-4-2-System 134, 139
    4-5-2-System 139
Sport Bild 213
Sport Universal Process 55
Sporthochschule Duisburg-Wedau 158
Sporting Lissabon, Jugendakademie 162
Sportschule Ruit 136
SportsLab (1. FC Köln) 201 f.
SSC Neapel 123
SSV Ulm 136
Stam, Jaap 123
STAR-System, Bill Gerrard 219
Stauff, Markus 45 f.
Steaua Bukarest 226
Stefano, Alfredo di 11
Steiner, Paul 42
Stern 121
Südkorea (Nationalmannschaft) 104 f.
Sutter, Matthias 86
Szymanski, Stefan 204

T
Tapping 164
»Táticas« (Computerprogramm) 139
Tavarez, Ricardo 202
»Team Köln« 39, 227
Team Quality Index (TQI) 210 f.
Telecom Italia 74
Tesch-Römer, Clemens 167
Testosteron 112

Theweleit, Klaus 46
Thuram, Lilian 214
Toni, Luca 214, 224 f., 244
Top Score 214
Torricelli, Moreno 118
Tottenham Hotspur 36 f., 192, 227
Totti, Francesco 133
Toulalan, Jérémy 59, 155
Towers, Jim 186 ff., 229 f.
Tracap 54
Trapattoni, Giovanni 139, 141
Trochowski, Piotr 163
Tronchetti Provera, Marco 75
Tschechien (U20-Nationalmannschaft) 161
TSG 1899 Hoffenheim 14 f., 19
Türkei (Nationalmannschaft) 129
twall 18
Twente Enschede 158

U
Udinese Calcio 74
UEFA 88, 209
UEFA-Klubwettbewerbe 120
UEFA-Pokal 23, 125
Ungarn (Nationalmannschaft) 15, 238
Urawa Red Diamonds 146
US Lecce 74
US Pergocrema 75

V
Verheijen, Raymond 103–107, 115
Veron, Juan Sebastián 145
VfB Stuttgart 55, 123, 154, 197
VFL Wolfsburg 93, 153
Vieira, Patrick 51, 201
Viererkette 136 f.
Villa, Aston 50
Vogts, Berti 136
Vöpel, Henning 204 f.
Vrij Nederland (Magazin) 120

W
Wacker Burghausen 137
Wal-Mart 66
Walter, Fritz 163
Wanderers FC 230
Weah, George 214
Weltmeisterschaft 1954 15, 119, 238 f., 241
Weltmeisterschaft 1958 175, 177

Weltmeisterschaft 1962 175
Weltmeisterschaft 1966 175, 178
Weltmeisterschaft 1970 96
Weltmeisterschaft 1974 85, 131
Weltmeisterschaft 1978 121
Weltmeisterschaft 1990 44, 88, 100
Weltmeisterschaft 1994 76, 179
Weltmeisterschaft 2006 38, 115, 133, 145, 232, 243
Wenger, Arsène 50, 154, 201, 211, 213f., 218f., 240f., 244
Werder Bremen 15, 237
Wilkinson, Howard 212
Wilson, Jonathan 177
Winner, David 130

WM-System 128
Wolff, Lewis 37
Wolverhampton Wanderers 175
World Series 32f.
Württembergischer Fußballverband 135

X
Xavi 151

Z
Zeitler, Peter 14, 19
Zidane, Zinédine 12, 143, 205, 207, 244
Zidane-Clustering-Theorem 204–207